ANGEL

天使の証明

神のメッセンジャーと遭遇した52人

エヴリン・ベンス 編著
Evelyn Bence
大内 博 訳

太陽出版

天使の証明

神のメッセンジャーと遭遇した52人

ANGELS EVER NEAR: Everywhere from A to Z
Compiled and edited by Evelyn Bence

Japanese translation published by arrangement with
Guideposts a Church Corporation through
The English Agency (Japan) Ltd.

序文

主よ。私はあなたを信頼しています。
私は告白します。「あなたこそ私の神です」
私の時はあなたの御手の中にあります……。

『聖書』「詩篇」31－14・15

それはあなたがいと高き方を、あなたの住まいとしたからである。
まことに主は、あなたのために御使いたちに命じて、
すべての道であなたを守るようにされる。

『聖書』「詩篇」91－9・11

「すべての道で」ということは、どれほど高い山であれ、どんなに激しい嵐の最中であれ、神によって遣わされる天使たちは私たちを探し出すことができるということでしょう。

この事実は本書で語られている実話の一つひとつにおいてドラマチックに展開され証明されています。神の慈悲深い心遣いがあらゆる場面において示されています。

それぞれの本には誕生までのユニークな物語がありますが、本書『天使の証明』（Angels Ever Near：

Everywhere from A to Z）は二十世紀という時代に世界中で展開された天使の物語を集めるところから始まりました。『Angels on Earth』（地上の天使たち）という雑誌に掲載された豊富な体験談を見て私たちは思いました――「すべての道で神のメッセンジャーが私たちを導き、守り、勇気づけてくれるというメッセージを明確に伝えるために、本をどのような構成にしたらいいだろうか？」。比喩は有効であることは分かっていましたが、時間を超越したスピリチュアルな現実に足を下ろしたものでなければなりません。

そのように考えていたとき、神の偉大さを例証するような『聖書』の言葉が心に浮かんだのでした。「ヨハネの黙示録」1－8で、神が「わたしはアルファであり、オメガである」という一節です。〝アルファ〟と〝オメガ〟はギリシャ語の〝A〟と〝Z〟です。そのようにすべてを包括する存在である神が私たち人間と出会う場所はどこでしょうか？ それはすべての道です。人生のアルファとオメガが展開されるすべての道において神は私たちと出会うはずです。人生のあらゆる場面において、あらゆる時において、神は自らを代表する天使を派遣して人間の日常生活と関わり、導きを与え、神の意思を実行する勇気を与えてくださるのです。

読者の中には実際に天使を見たり、天使の声を聞いたり、天使に触れた体験がある方もいらっしゃるでしょう。このような読者は本書を手に取り、お気に入りの場所に座って本書の物語を心から楽しまれることでしょう。ひょっとしたら、あなたも本書で体験を語っている人たちと同じように、天使との遭遇によって人生が一変した体験をされているかもしれません。

また読者の中には、別の反応を示される方もいるに違いありません。「どうして私は天使の翼を見たことがないのだろう？」「なぜ、天使の天国の歌を聞いたことがないのだろう？」。人間は、その質問に答えることは不可能です。「イザヤ書」55－9に「神の道はあなたがたの道よりも高く」とあります。しかし、本書のエピソードの中に共通する一つのテーマははっきりしています。神と天使たちはそれが奇跡的な形で明らかにされないときでも、常に私たちのそばにいるということです。本書の次の実例を考えてみてください。

＊エヴリン・フェルバーグの守護天使であると名乗った男は群集の中へと歩いてゆき姿を消しました。「しかし」と彼女は「地下鉄の見張り番」（第3章）の中で言っています。『彼を私のところに送ってくださった存在はいつも私のそばにいてくださることでしょう』

＊「消えた通知表のミステリー」（第3章）の中でパメラ・カイザーは幼少時代のある暗い恐怖の夜に、一度だけ天使の訪問を受けました。しかし、その出会いはより大きな人生の物語のごく一部に過ぎないということを彼女は知っています。『私は幼少の頃から一人ぼっちでした。しかし、決して決して一人ぼっちではなかったのですから』

＊「いつか見た光」（第2章）の中で、ベッドサイドに立っていたこの世の者とは思えない三人の存在についてロビン・ラングストン・バイアーマイスターは次のように語っています。『私はこの天使たちを知っている。天使たちはこれまでずっと私と一緒にいてくれ、そして、これからもずっと一緒にいてくれるだろう』

もしも、あなたが天使を見たことがなく、その声を聞いたことがなくとも、神と神の天使たちはいつもそばにいることを知ってください。思い切って「詩篇」の次の言葉を自分の真実として受け入れてみてはどうでしょう。「あなたの人生の時はすべて神の手に委ねられている。あなたの道はすべて神によって守られている」。そして「どれほど高い山であれ、どんなに激しい嵐の最中であれ、神の天使たちは私たちを探し出すことができる」という言葉を毎日思い出してみたらどうでしょうか。

エヴリン・ベンス

目次

序文

第1章　**空を飛ぶ天使**　15

フライト・アテンダント／ジューン・E・バサード　15

東に航路をとりなさい／クレイグ・シルバー　23

第2章　**ベッドサイドの天使**　27

いつか見た光／ロビン・ラングストン・バイアーマイスター　28

愛情いっぱいの子守唄／デリラ・ラ・ヴィアノ　33

第3章 **都会で遭遇した天使** 38
地下鉄の見張り番／エヴリン・フェルバーグ 38
消えた通知表のミステリー／パメラ・K・カイザー 40

第4章 **死の扉に立つ天使** 47
星の交響曲／ローズ・ロック 47
天国の傍らで／ベサニー・ウィスロー 52

第5章 **闇夜の天使** 60
どちらに行けばいいですか？／フレッド・A・アイケン 60
炎の中に現われた天使／デブラ・ファウスト 67

第6章 **農場にいた天使** 73
輝かしい収穫／バイロン・D・ミラー 73
二人の農夫／アナ・マリー・ロビンス 79

第7章 **守護天使** 82
地下室にいた天使／ロバート・プラマー 82
ファレスへの帰還／ウィリアム・P・ウィルソン 87

第8章 病院で働く天使 92
用意された場所／キャシー・ディートン・ボハノン 92
翼のある人たち／ビリー・バクスター 97

第9章 氷上に現われた天使 104
氷の湖上で迷って／ウィリアム・N・リンダーマン 104
危機一髪での回避／チャールズ・エルズワース・スミス 109

第10章 仕事を見守る天使 114
思いがけない天使／ピエール・L・ローク 114
ペンキ屋の助手／ロイド・C・トヒル 120

第11章 キッチンの天使 125
エリヤの光／メアリーベス・ヴァインストック 125
メキシコ人の訪問者／テルマ・M・ロドリゲス 130

第12章 幼子と一緒にいる天使 136
夜中の話し声／ミラグロス・トレホ 136
ハナのかわい子ちゃん／アヴァ・チェインバース 141

第13章 **山に棲む天使** 146
シグナルマウンテンを降りたとき／アラン・W・トラファガン 146
嵐の山／シャーリー・ブレイヴァーマン 151

第14章 **子どもを見守る天使** 155
ドアの向こうの見知らぬ人／アーサー・A・ベスト 155
マイキーの使命／メイベル・グレイソン（仮名） 162

第15章 **海の向こうの天使** 170
中国横断／ジョセフ・セロナ 170
あるロシアの兵隊さん／レニー・シラク・バーガート 177

第16章 **警官とともに働く天使** 183
ブルーのユニフォームを着た天使／ウィリアム・ギリーズ・カライジャン 183
「神様、今こそ助けてください」／ドリス・スミス 187

第17章 **静寂の中にいる天使** 192
オータムのクリスマス・ベア／キャロル・リー・ヒューズ 192
決して一人じゃないよ／ジェーン・ミッチェル（仮名） 200

第18章 道を守る天使 209
父と放浪者／ヴァレリー・キャップスーウォルトン 209
クオーターホースと呼ばれて／ウエイン・ハーンドン 215
第19章 店にいた天使 220
コンビニエンスストア強盗事件／カレン・デイビス 220
完璧なプレゼントを求めて／ナンシー・ボーギーズ 225
第20章 混乱の最中に現われた天使 230
オリシア号の遭難／ダン・カルチスキー 230
光るドレス／パム・S・プライアー 235
第21章 失業者に寄り添う天使 242
愛とゆるし／ロンダ・リン・マクラウド 242
助けが必要ですか？／ジョン・パワーズ 249
第22章 休暇で出会った天使 257
あり得ない観光客／ヤン・スミス 257
一月のバラ／キャシー・リー・フィリップス 262

第23章 **戦場の天使** 266
私を見守ってくれた顔／ラリー・ホーン 266
真実の告白／ポール・カランティ 272

第24章 **特別な物語の天使** 276
目に見えない守護／アマンダ・プロクター（仮名） 276
そんな犬はいないよ／カーター・アレン 284

第25章 **庭に現われた天使** 289
芝生の成長が止まったとき／コニー・リン・スミス 289
アンバーの天使たち／エリザベス・D・パーディー 293

第26章 **決定的瞬間で待つ天使** 299
人ではない声がして／ロバート・J・ケアン 299
心の掃除／マリー・タフト・ターリー 301

訳者あとがき 305

第1章

空を飛ぶ天使

『聖書』の「詩篇」139—8に、たとえ私たちが「天に上っても」そこに神は存在するという言葉があります。フライト・アテンダントのジューン・バサードとパイロットのクレイグ・シルバーもそれを確信しているに違いありません。飛行経験が豊かな二人は、その日、コックピットの何かが異常だということに気づいていました。安全な大地ははるか下方にあり、空中で危険に直面しながら、二人は明らかに天使の導きの手に触れ、悲惨な事故を回避することができたのです。

フライト・アテンダント

ジューン・Ｅ・バサード

私はカンザスシティー空港の滑走路を急いで横切り、搭乗用のタラップを昇ってＤＣ—４の機内に入りました。業務用のトラックはすでに機体から離れつつありましたが、私もカリフォルニア州バーバンクに向かうフライトの最後の準備に取りかかりました。グレート・レイクス航空のフライト・アテンダントの仕事はとても気に入っていましたが、真夜中に叩き起こされることもしばしばあり、それが欠点の一つでした。機長のジャック・ペデスキーが電話で言いました。「ジューン、悪いね。予定の女の子が足首を挫いてしまってね」。当時、私たちはまだ〝女の子〟と呼ばれていたものです。

真夜中に人気《ひとけ》のない機内を歩きながら、チェックリストで一つひとつ確認していきます。毛布、枕、〝ゲップ用のコップ〟と婉曲的な言い方をしているもの、それから狭い調理室に置いてあるサンドイッチ、スナック、コーヒーなどなど。〈私もコーヒーが必要みたい〉と、あくびを押し殺すこともできない私はそう思ったものです。

最後の仕事は七十五の座席のヘッドレストに糊《のり》のきいたカバーを掛けることでした。ため息をつきながら一列終えて通路の向こうを見ました。後部座席で一人のフライト・アテンダントがヘッドレストのカバーを掛けているのを見てびっくりしました。ライトブルーのユニフォームを着て、黒い髪の毛を後ろで束ね、帽子をちょっとかしげてかぶっていました。見覚えがあるような気もしましたが、でもいったい、ここで何をしているのでしょう。フライトにはフライト・アテンダントは一人しか付かないことになっていたのです。

私は瞬《まばた》きをして、もう一度、そちらの方向を見ました。しかし、通路には誰もいません。〈疲れのせいで幻覚でも見たのかしら?〉

私は両目をこすりました。そのとたん、あの女の子の顔が心に浮かんだのです。どこで彼女に会ったのか、突然、思い出しました。何日か前に夢の中で会った人です。同じ女の子でした。髪を後ろで束ねて、帽子を少しかしげていました。夢の中の彼女は飛行機の入り口に立っていて私を歓迎してくれました。

〈これっていったいどういうこと？〉

タラップの方から聞き馴れた声が聞こえ、私は制服を正し、笑顔を浮かべました。機長のジャックと副操縦士のフランク・マクドナルドが機内に入ってきました。

「客室のチェックリストを完了しました」と私は言いました。

「ありがとう、ジューン」と言いながら、機長のジャックが私に乗客名簿を渡してくれます。「こんな時間に電話して本当に悪かったね」

「大丈夫ですよ。仕事ですから」と私は言いました。

「嵐の前線が移動中だね」と彼は教えてくれました。「前線の上空に行くまでは荒れるよ」

副操縦士のマクドナルドが私の肩に手を置きました。私たちは一緒の飛行経験が何度もある間柄でした。

「元気そうだね、ジューン。着陸したらババで朝食を一緒にしない？　僕のおごりだ」と彼は言いました。

私は笑って「いいわよ、マック」と答えました。

満席の乗客名簿の中には、子ども連れのご婦人が二人、それと、韓国に向かう軍人がたくさんいました。乗客のすべてが搭乗し、座席に着きました。

離陸してまもなく嵐に突入しました。飛行機は上昇気流と下降気流に揉まれて揺れにゆれます。ジグザグの稲妻が空を引き裂き、機内は不気味な白光に満たされます。ほとんどの人が怯《おび》え、なかには気分が悪くなる人も出てきました。飛行機が乱気流に巻き込まれたときにはフライト・アテンダントは補助席にシートベルトを締めて座っているようにと指示されています。しかし、乗客には私の助けが必要でした。私はバランスをとるために座席につかまりながら通路を綱渡りのように歩いて乗客の気持ちをしずめ、枕を渡してあげました。ふと上を見ると、機体のエンジンから火花が出ているのが見えましたが、異常事態というわけではありません。時々、排気とともに火花が放出されることがあるからです。

「どうぞご自分の席に座ってください」と私は平静を装いながら言いました。

突然、土砂降りの雨に叩かれている窓越しに火花がたくさん目に飛び込んできました。背筋がゾクゾクした私はコックピットまで歩いてゆき、ドアを開け、機長のジャックに火花のことを報告しました。

「よく気がついたね」とジャックは言いました。彼は機器の点検を開始し、私は客室へと戻りました。稲妻の閃光が青い矢のように客室を駆け抜けてゆきます。私は座席にしっかりと座って腰を背もたれに着けて次の下降気流を待ちました。窓越しに機体のエンジンを見てみましたが、すべて正常のように思えました。それなのに、恐怖がまるで稲妻のように身体を貫きます。

〈疲れているだけだわ〉。私は自分にそう言い聞かせ、乗客の気持ちをしずめるために立ちあがりました。通路を苦労しながら進んでいると、奇妙なヒューという音が聞こえました。それから長い沈黙があって、突然、第三エンジンから真っ赤な炎がドッと噴出しました。

「火事よ。火事よ！」と、一人の女性が叫び声をあげました。炎は飛行機の胴体をまるで巨大な旗のように打ちつけ、パタパタとひるがえりました。まさか、大変だ！　炎の轟音が鉄鋲《てつびょう》で固定された厚いガラスの丸窓越しに聞こえます。誰もがパニック状態に陥りました。第三エンジンにいちばん近い乗客の何人かが座席から離れ、飛行機の反対側に行こうとしていました。

私はインターフォンをつかんで「座席に戻ってください。座席を離れないでください」と叫びました。

一人の女性がよろめきながら通路に飛び出してきました。私はそばにいた軍人さんの方を向いて叫びました。「兵隊さん、あのご婦人が座席に戻るように手を貸してあげてください」。もう一人の軍人さんの軍服に袖章がついているのを見て、「軍曹、乗客を助けてあげてください」と依頼しました。私は何度も叫びました。「どこにも行く場所はありません。ご自分の座席がいちばん安全です。シートベルトをきつく締めてください」

このような指示を繰り返した後に、なんとか機内に落ち着きが戻りました。しかし、よろめきながら操縦室のドアをくぐった私は凍りついてしまいました。警報が狂ったように点滅していたのです。パネルの機器のすべてが混乱状態にありました。二人の操縦士は制御装置を作動させようと必死になってスイッチに手を伸ばそうとしています。私は恐怖のあまりドアの枠にしがみついて動けません。

そのとき、彼女が見えたのです。二人の操縦士の間に、夢に出てきたあのフライト・アテンダントが立っていたのです。彼女は二人の操縦士の肩の上に手を置き、それから姿を消しました。

一瞬、ハッと息が止まった私の耳に、機長のジャックが自信たっぷりに無線で連絡する声が聞こえました。「第三エンジン火災発生のため制御不能。強制着陸。オクラホマでゲージの滑走路。推定二十分」

私は何をするべきか知っていました。頭上の荷物棚から落ちてくる物に当たらないようにしながら、客室の通路を歩いてゆきます。女性客の中には泣き叫んでいる人もいます。

「大丈夫です！」と私は大急ぎで進みながら乗客に向かって叫びました。〈神様、どうぞお助けください。この人たちを助けてあげてください〉。私は折りたたみ補助席に座り、シートベルトを締めましたが、いろいろなところにぶつかったために全身がズキズキ痛みます。

すると機長の声がインターフォンから聞こえてきました。「八分後に着陸します。フライト・アテンダントの指示にしっかりと従ってください」

調理室の隔壁が私の背中でガタガタと揺れ、私はベルトをさらに締め直しました。非常な恐怖心と孤独感を感じていましたが、義務を果たさなければならないことは承知していました。数多くの生命が私の肩にかかっているのです。インターフォンのスイッチを押して、燃えさかる炎の轟音に負けじと大きな声でアナウンスしました。「私が合図したら枕を膝に置き、顔を枕に埋めてください。完全に機体が停止するまでは、その姿勢のままでいてください」

飛行機が降下を開始しました。私はマイクを取って説明します。「着陸態勢に入りました。ペデスキー機長は機体が炎に直接当たらないよう斜めに飛行しています。機長はドイツで戦闘爆撃機のパイロットでした。必ず機体を無事に着陸させてくれます」

そのとき、電気が消えたのです。マイクは使えず、真っ暗です。暗闇の中に見えるのは機体の外で真っ赤に燃える炎だけです。私は機内の子どもたちのために、女性の乗客のために、若い軍人さんたちのために、操縦士のために、みんなのために祈りました。緊急着陸する滑走路は大きなDC－4が着陸するのに十分な長さがあるのだろうか？

下降気流が機体をとらえたのが分かりました。一人の女性客の腕がダランと垂れ、床に触れているのが見えました。失神したのです。ほかにも失神した人がいるに違いありません。〈どうぞ神様、お助けください〉。車輪が下ろされるガチャンという音で私はハッとしました。機長は機体を制御する体勢に入りました。低速で翼を下げます。

私は叫びました。「身体を前に折ってくるぶしをつかんでください。次の人にこれを伝えてください。着陸します。隣りの人に伝えてください。体を前に折ってくるぶしをつかんで、そのままの姿勢でいてください」

私は両膝をしっかりと抱えました。車輪が滑走路に触れてキーッという音が聞こえ、さらにもう一度、キーッという金切り音が聞こえました。

〈神様、着陸しました〉

私はシートベルトを取り払い、よろめきながら緊急脱出用のハッチへと向かいます。機体の右翼は燃えています。ガタンという大きな音を立てて、機体が燃えている翼の方に傾きました。機内の私たちは巨大なコマに乗っているかのように振り回されて、私の体は通路に吹き飛ばされ、頭からガツンと落ちました。一瞬、真っ暗になったかと思うと、次に明るい光の点がたくさん見えました。轟音が聞こえたかと思うと、次に安らかな思いがやってきました。突然、私の上に夢の中に出てきたフライト・アテンダントの微笑む顔がありました。私は彼女の方に手を伸ばして行こうとしました。すると優しい声で「いいえ、ジューン、そのときはまだ来ていません」と聞こえました。

強い手が私を引っぱりあげてくれました。機内は泣き声や叫び声でいっぱいです。私は全身の力を振り絞ってハッチに突進し、ハンドルを握りました。

「手を貸して！」と私は軍曹に向かって叫びました。「手もとに引っぱって、それから押しあげます。もう一度やって！　もう一度、強く引っぱってみて。捻って、そして上に、もう一度！」。軍曹と私は力を合わせてドアを押しました。ついにドアの掛け金が外れ、冷たい外気がドッと機内に流れ込んできました。皆、落ち着いていました。乗客は何も言わずに素早く立ちあがり、機敏に行動しました。「この掛け金を外すと滑り台が降ります」と私は言いました。「そこのお二人さん、飛び降りて滑り台をしっかりと抑えてください」

軍人さんたちが乗客を機内から外に誘導している間に、私は乗客の間を縫って機内に入り、「止まらないで、進んでください！」と叫びました。「もうすぐ全員脱出完了です」。失神した婦人を運んでいる軍人さんに手を貸しました。

マックが私の腕をつかんで言いました。「ジューン、飛び降りて。乗客は全員出たよ。それ行け！」と言って私を押し、私は滑り台を降りました。下には機長のジャックがいて、私を助け起こしてくれました。私たちも乗客の後を追って飛行機から少し離れたところにある斜面へと向かいました。そこに到着した瞬間に大爆発が起こり、私たちは地面に叩きつけられました。飛行機が爆発したのです。私はひんやりとした大地を感じていました。湿った大地、どっしりとして安全な大地を感じていました。さらにもう一度、爆発音がして大地が揺れました。

〈神様、ありがとうございます〉。私は喘ぎながら感謝しました。〈皆、無事でした〉

そのとき、私の心にあの若いフライト・アテンダントの顔が浮かびました。神様から遣わされた天使が私たちと一緒に空を飛んでくれたのでした。

東に航路をとりなさい

クレイグ・シルバー

それは六月のことでした。その日のフライトはとくに難しいものではありませんでした。任務はシングルエンジンの赤と白のセスナ機で、ニューヨークのシラキューズからヴァージニア州のリーズバーグまで、上司のボブを乗せて飛行するというものでした。所要予定時間は二時間、飛行距離は国際海里にして二六〇マイル（約四一六キロ）。とくに問題はありません。

「夕食までには家に帰れますよ」と私はボブに言ったものです。一つ気がかりなことがあるとすれば、アパラチア山脈沿いの一連の雷雨でした。

私は飛行計画をファイルにしましたが、このセスナ機にはレーダーも稲妻探知装置も取りつけられていないことを記しておきました。問題が起こったときには、腕の良い航空管制官に頼らなければなりません。しかし、それが航空管制官の仕事というものです。

地上での点検を終了してから、ボブと私はエンジンの騒音越しでも聞こえるようにヘッドセットを着用し、午後になって降りはじめた小雨の空へと飛び立ちました。管制官の指示に従って雷雨の中心部を回避し、高度九〇〇〇フィート（約二七〇〇メートル）で飛行コースに戻ります。自動操縦で飛行していたので、セスナ機のほとんどすべての装置を使って進路に沿って進んでいました。操縦パネルは赤・黄・緑の光で明るく輝き、まるでクリスマスツリーのようです。

ところが、突然誰かが電気のコードを抜いたかのように、すべての明かりが消えてしまいました。自動操縦といえども電源を奪われてセスナ機は急降下し、地上に向かって垂直に落下しはじめました。

「ボブ、大変だ！」。私は片手で自動操縦のスイッチを切り、もう一方の手に全身の力を込めてステアリングコラム（前輪操向を支えるシャフト）を戻そうとしながら叫びました。ヘッドセットの電気が切れてしまったので叫ぶしかありません。

「分かった」と彼も叫び返してきました。

私はなんとか機首をあげることに成功しました。遮断機をチェックすると、どれもあがっていません。ということは、簡単に直せる故障ではないということです。電気装置はどれも停止しています。無線機がないので管制官に助けを求めることもできません。私の応答機が働いていなければ、レーダーで私のセスナ機を見ることも不可能です。しかし、私にはとっておきの手段がありました。こんなときこそ頼りになる携帯用無線機です。

携帯用無線機をボブに手渡しながら、「この数字を打ち込んで」と言って私は緊急時の周波数を教えました。エンジンの轟音のためにボブはなかなか数字を聞きとることができず、私は数字を繰り返しながら私のヘッドセットを携帯用無線機とつなぎました。

「メーデー、メーデー、こちらノヴェンバー４５４１。ヴィクターどうぞ」。応答なし。「メーデー、メーデー、こちらノヴェンバー４５４１。ヴィクターどうぞ」。何の応答もなし。もう一度、繰り返しましたが応答なしです。「ボブ、だめだよ。バッテリーがだめみたいだ」

突然、雲の間に切れ目ができました。下方に山が見えます。私は急降下してゴツゴツした起伏の多い山塊の上空すれすれの高度三〇〇フィート（約九〇メートル）で水平飛行に切り替えました。

「なんとかなりますよ」と私は言いましたが、確信はまったくありません。ボブがお前には二度と昇給はないぞ、という顔で私を見たものです。

私は南南東に航路を維持するつもりでした。というのは西の方向には山があることを知っていました。しかし、東の方向に何があるか知らなかったのです。それで南に向かっているものと思っていました。ジャイロコンパス（転輪羅針盤）をチェックすると、「東」を指しています。そこで進路を南に向けようとしましたが、セスナ機は言うことを聞きません。操縦桿を動かそうとすると何か抵抗する力があって、まるで重石《おもし》が乗っているようなのです。それとも左翼の上に天使が座って右に方向を変えようとする私を邪魔しているのかもしれません。このセスナ機は東に向かう、それしか選択肢がないかのようでした。

ついに私も観念しました。状況をコントロールしている風に見せかけようと、ボブに向かって言いました。「しばらく東に向かって飛行します。飛行場が見えたら教えてください」

それから数秒もたたないうちに、ボブが窓の外を指差しながら叫んだのです。「あそこに飛行場が見えるぞ！」

確かに見えました。霧雨の中で山に囲まれた小さな飛行場の短い滑走路が見えます。スピードを制御する下げ翼なしで着陸できるだろうか？　やってみるしかありません。

「ボブ、とにかくあの飛行場を見失わないでくれ！」と私は大声で叫びました。

着陸の準備態勢に入るために、弧を描いて飛行しましたが早すぎました。車輪は滑走路に触れたのですが、停止するのに十分な距離が残されていませんでした。私は操縦桿を一〇度上げてスロットルを開いて再び離陸しました。もう一度、弧を描いて飛行し、着陸態勢を整え、セスナ機のスピードを失速寸前の状態まで落としてなんとか着陸に成功。滑走路に十分な余裕を残して止まることができました。

滑走路の端にある小さな建物に向かってゆっくりと滑走しながら、ボブと私は顔を見合わせ、「神に感謝します！」と、期せずして声を揃えて言ったものです。

「東に航路をとりなさい」というあの沈黙の促しは何だったのだろうと、私は次の日になっても考えていました。飛行チャートを見ると、この地域にはあの小さな飛行場しかありません。私が操縦していたセスナ機の電気が切れた地点から見ると、あの飛行場は真東に位置していたのです。頼りにできるすべてのものがだめになってしまったとき、神みずからが正しい方向を私に示してくださったのです。

栄光の世界に住む天使たちが、地上の飛行に翼を与えてくれる。

ジェームズ・モントゴメリー

第2章
ベッドサイドの天使

「長い夜の間、神の使いである天使が白い翼を私の周囲に広げ、ベッドのまわりで私を見守ってくださいますように」

今から百年前、セービン・ゴールド師が、自ら主宰する教会学校の子どもたちのために、就寝前の祈りの言葉として書いたのが上記の祈りです。なんと適切で力強い祈りでしょう。子どもだけでなく大人にとってもふさわしい祈りです。

ロビン・ラングストン・バイアーマイスターとデリラ・ラ・ヴィアノが必死になって夜の祈りを捧げたとき、ベッドサイドに立つ天使を目にすることができたのでした。たとえあなたの目には見えなくとも、天使はそこにいるのです！

いつか見た光

ロビン・ラングストン・バイアーマイスター

私はクリスマスの贈り物が入っているショッピングバッグを車の後部座席に投げ入れて、ショッピングモールの駐車場を出る車の流れに入ってゆきました。一年に一度の産婦人科医との予約の時間に、すでに遅れそうな気配です。この予約は一度、延期してもらったものです。年末のさまざまな雑用がないときでも、四人の娘と夫のジオフリーの面倒を見ることだけで、私の生活は結構忙しいものでした。それに、産婦人科医との予約はそれほど切迫した必要性に迫られたものではないように思えました。私は三十七歳、健康そのものでした。医院の待合室で検査が早く終わらないかとやきもきしていました。というのも、早く家に帰って二歳のヘイリーと四歳のライアンにクリスマスの物語を読んであげたくて仕方がなかったからです。

それから数日して電話がありました。子宮ガンのマーカー検査で異常が出たので二、三カ月後にもう一度、検査をした方がいいでしょうとのことでした。

〈検査の間違いよ〉と私は思いました。気分は爽快だし、クリスマスの準備でやることがたくさんあって心配している暇などありません。しかし、三カ月後に二回目の検査をして「異常あり」と結果が出たために、生体組織検査を受けることになりました。

生体組織検査の予定日の前日、不安をしずめようと長い散歩に出かけました。角を曲がると小さなギフトショップがありました。私の目はショーウィンドーの中にある美しい金色の十字架に惹きつけられました。十字架は夕日を浴びて輝いていました。〈店に入って買わなきゃ〉という衝動を感じました。店を出たときには十字架を胸もとで固く握りしめ、不安が少し消えたように感じていました。

生体組織検査の結果が出ると、すぐに看護師さんが医師との予約を入れてくれました。看護師さんは「心配しないでね」と言いましたが、私は不安でいっぱいでした。翌日、医院の静かな部屋で医師が検査の結果の説明をしているのを聞きながら、首の近くに止めてある十字架に何度も手を伸ばしました。医師は生体組織検査の結果、ガン細胞が見つかったことを私に告げました。私は大きな樫《かし》の机の端を両手で握り目を閉じました。この七カ月間、ひょっとしたらという不安に悩まされてきました。しかし、今や死ぬかもしれない病気に罹っているという事実を受け入れなければならないのです。

「すぐに子宮摘出手術をすることも可能ですし、あるいはもっと詳しく調べるために、再度、生体組織検査をすることもできます」と医師が言いました。

私は首を横に振って医師の目をしっかりと見つめました。はっきりしない状態のままでいるのはいやだったのです。早く元の状態に戻りたいという思いでいっぱいでした。

「いいえ、手術をお願いします」と私は言いました。

医師は私の言葉にうなずきながら言いました。「ガンがどれくらい進行しているかは手術をしてみるまで分かりません。しかし、ガンが子宮頸管以上に広がっている場合に備えて専門医に待機してもらうことにします」

その日はずっと不安と後悔の念に苛まれていました。〈子宮ガンのマーカー検査をどうしてもっと早く受けなかったのだろう。ガンが広がっていたらどうしよう〉

その夜、娘のライアンが就寝前のお祈りをするのを聞きながら、私はライアンのベッドの端に疲れて座っていました。

「どうぞ神様、ママを病気にしている悪いものを取ってあげてください。ママがもう一度、幸せになれるように、どうぞ取ってあげてください」

私は喉を詰まらせながら彼女を抱き寄せ、素早く寝かしつけました。子どもの前で泣き崩れるわけにはいきません。〈神様、どうぞこの闘いに耐える力をお与えください〉

手術の前夜、術前のさまざまな準備をするために病院に入院しました。何も口にすることは許されません。喉が少し痛かったために、点滴で抗生物質が投与されました。私は病室の天井を見て、病気が身体の外に出てくれればいいのにと思いながらベッドに横になっていました。頭上に大きな柱時計があって、ガン細胞が身体全体に広がるまでの時間をカチカチと告げているように感じたものです。時計と競争だと思いました。

朝になっても喉の痛みは激しく、高熱が出ていました。これでは手術をすることができないということになり、医師は私が帰宅できるように手配をしてくれ、手術は十日後に延期されました。しかし、熱は下がりません。手術が予定されていた日が来ても、私の熱は四〇度もありました。

「いったい、どうしたのでしょう。何か薬はないのですか?」と私は電話で医師に懇願しました。

「ロビン、検査によると、これはバクテリアが原因ではないですよ。そのために抗生物質が効かないのです。いま言えることはウイルスが身体の外に出るまで待つしか方法はないということです。これでストレスや心配を募らせると悪化するだけです。どうぞ休むようにしてください」

口で言うのは簡単ですが、実践するのは簡単ではありません。幼い子どもたちの面倒も見ることができず、私は途方に暮れていました。ジオフリーと年上の娘たちが下の子どもの面倒を見てくれて、私のベッドサイドには、いつも飲み物と鎮痛剤を置いてくれました。両腕に幼い子どもたちを抱きしめたいと切ないほどに思いましたが、水が入ったグラスを持ちあげるのもやっとというほどに弱っていました。

その夜、一人でベッドに横たわっていました。ジオフリーは私に高熱があるので階下で寝ていました。私は何度も寝返りを打ちました。〈高熱で手術ができない状態で、どうすればこのガンに打ち勝つことができるのだろう？〉〈もう手遅れだったらどうしよう？〉〈娘たちは母親なしで大人にならなければならないのかしら？〉

私は薄紫と黄色の大きなキルトの布団に包まっていました。祖母が大好きだったキルトです。何かに強く引っぱられているのを感じて下を見ました。十字架がキルトの糸に引っかかっていました。絡まっていた糸をほどいて十字架の表面を指でなぞりました。それから手のひらにしっかりと握りしめて祈ったのです。〈神様、手術を受けられるように、どうぞこの熱を取ってください〉

私の信仰心は篤い方です。しかし、このように祈ったことは一度もありませんでした。眠りに落ちそうになる自分を覚ましながら何度も祈りました。手術を受けるだけの体力が回復できるように神様に懇願しました。誇りも疑いも捨てて祈りました。魂の底から祈りの言葉が湧いてくるような感じでした。ブルブルと身体が震え汗が噴き出しましたが、祈り続け神様に援助の手を差しのべてくださるようにお願いしたのです。

少し眠ったようでしたが、朝早く目を覚ましました。しかし、目を開くことができません。身体は奇妙な感じがして、まるで優しく振動しているようです。やっとのことでまぶたを開けてベッドの下の方を見ると、パッチワークのキルト越しに、自分の身体が黄金と緑色の混じった光の中に浸っているのが見えたのです。光の源はどこかと目を移すと、純粋そのものの光から成る三人の存在がベッドサイドに立っていました。目も眩むような明るい光がまるで翼のように三人の背後に広がり、私の身体を包み込んでいる光は彼らの手から放射されているようでした。私はすっかり目が覚めました。

ほんの一瞬、怖れを感じました。それからメッセージをはっきりと理解することができました。「あなたは安全です。あなたは愛されています。安心して眠りに戻りなさい」。私は言われた通りにしました。しかし、体験していることの素晴らしさが心にこみあげてきて、この存在たちが何をしているのか見てみようと目を開けました。

私の身体はまだ光に包まれていました。絶対に動いてはいけないと思いました。右側の天使が何かを伝えようとするかのように、真ん中の天使に向かってちょっと首を傾けました。〈この天使たちを知っている〉。突然、そう思いました。この天使たちは前にも来てくれたことがある。助けに来てくれたんだ。それが分かった私は目を閉じて安らかな眠りについたのです。

夜明けの最初の燭光が窓のブラインド越しに差し込んだとき、私は目を覚ましベッドから降りてトイレに行くことができました。消耗しきった感じでしたが、同時にエネルギーが湧いてくるようでした。

ジオフリーはネクタイを締めていましたが、私を見て手のひらを額に置いて驚いて言いました。「ハニー、熱くないよ。でも、まだ寝てなきゃいけないよ。あとで電話するからね」

ジオフリーは急いで仕事に出かけてゆき、私は顔を洗いました。そのとき、思い出したのです。昨夜、天使たちがここに来てくれたんだ。そのとき、再び思いました。天使たちはこれまでずっと私と一緒にいてくれたこと。そして、これからもずっと一緒にいてくれるだろうと。

それから一週間して、私は手術を受けました。術後、目が覚めかけたとき、再び天使たちが見えました。天使たちはカーテンで仕切られたベッドの上を浮遊してほかの患者たちを見ていました。私の方には、来ることも見ることもしません。しかし、それは私の危機が去ったからだと直感で分かりました。その後、医師が来て良いニュースを教えてくれました。

「ロビン、ちょうどいいタイミングでガンを捕まえることができたようですよ。完治すると思います。あなたはとってもラッキーですよ」

それから無事に三年がたちましたが、ただラッキーなだけではないことを私は十分承知しています。しかし、ガンが完治しただけではありません。今の私は神様が私たちの上にいつも光を注いでくださるということを確信しています。私たちが試練の暗闇の中にいるときほど、その光は強くなることを確信しています。

愛情いっぱいの子守唄

デリラ・ラ・ヴィアノ

〈ああ、これでまた一日が終わったのか〉。その日の夕方、職場の駐車場を車で出ていきながら、ため息をついて思いました。近くのサンタ・アナ・ハイウェイをたくさんの車が疾走しています。誰もが目的地にできるだけ早く着きたいと車を走らせているようです。しかし、私はそうではありません。誰も待っていないアパートに帰るだけでした。カリフォルニアの南部に住みはじめて三年がたっていましたが、友達をつくることができませんでした。本当の友達のことです。興味ある人たちとの出会いはありましたが、ほかの場所で体験したような本当のつき合い、人間関係を見つけることができないでいました。

家族が恋しくてたまりません。夫と私はしばしの別居生活の後、離婚していました。親しい人はみんな遠いところにいました。友人や母はアーカンソー州、妹はジョージア州、娘はミシガン州で独立生活を始めたところです。〈私はどうすればよいのだろう?〉

独立気分を味わいたい、冒険してみたいという気持ちでカリフォルニアにやってきたのでした。両親はいつも言っていました。「私たちは何でもできる家族だ」と。私はそういうポジティブな姿勢を崩さずに人と接していたので、圧倒されんばかりの孤独に悩まされているなどとは、神のみぞ知るというところでした。そういうわけで、小さなアパートで一人ぼっちの夜を過ごすことが楽しみなはずがありません。

車のラジオのスイッチを入れ、音楽のチャネルを探しました。子どもの頃から音楽が大好きで、教会の聖歌隊のピアノを弾いていました。最近は寂しさを癒してくれるものは音楽しかありませんでした。

家に着いてしばらくすると電話が鳴りました。バイブルクラスのメアリーからでした。私はこのクラスには出ていました。メアリーには家族がなく、寂しさについて二人で話したことがありました。「時々、耐えられないような気持ちになるわ」と、彼女がいつか言ったことがあります。私と同じような体験をしている人がいると知って慰められたものです。

「どうしたの? 私、なんだか今夜はすごく寂しいの。いつものことだけどね」と私は言いました。

「神様に慰めてくださるようにお願いすれば？」とメアリーは言います。

「それはもうやったわ」

「具体的な慰めがほしいのですって神様にお願いするのよ」とメアリーが応じます。

『聖書』を勉強する中で、慰めという言葉が新約・旧約の『聖書』に何度も登場することに気づいたというのです。聖霊はときには「慰める者」という意味であることをメアリーは思い出させてくれました。

「最近はお祈りするとき、慰めの言葉に集中することにしているのよ」と彼女は言いました。電話を切る前にメアリーは、私のために素敵なお祈りの言葉を教えてくれました。少し気持ちが落ち着いて、私も寝る支度をしました。

私の寝室はとても小さく、ドアとクローゼットの間になんとかレコードプレーヤーのスタンドを置くスペースがあるというだけのものです。私は毎晩、長時間お気に入りのレコードをかけて部屋の静寂を満たし眠りについていました。レコード針をレコードの上に乗せてベッドにもぐり込みます。最初の歌が始まったとき、メアリーに教えてもらった祈りの言葉を唱えました。〈神様、どうぞ慰めをもたらしてくださいますよう、お願いします〉

月が銀色の光のブランケットを私の目の前に広げました。羽毛の枕を叩いて膨らませ、赤ちゃんのように丸くなって音楽に耳を傾け、ぐるぐる回るレコードにじっと見入っていました。レコードは私の人生と同じようにぐるぐる回り続けます。

部屋は音楽で満たされ、私は音楽に抱擁されてうっとりとしていました。レコードプレーヤーの方に目をやると、何か黒い点々のようなものがレコードプレーヤーから湧きあがっているではありませんか。目を凝らして見ると、なんと音符が空中に浮かんでいるのです！　私はもっとよく見えるようにと頭をもたげました。音符がぐるぐると回転しているレコードから湧きあがって天井へと昇ってゆくのです。音符はどんどん溢れ出て部屋は音符でいっぱいです。その音符は演奏されている音楽を表わしたものです。

天井を見ると天井がまるで窓のように開いて二人の人物が降り立ち、それぞれがレコードプレーヤーの両端に私の方を向いて立ったのです。彼らは人のように見えました。翼のない天使のようでもあり、柔らかく真っ白な服を身にまとっています。ドアの高さよりも背が高く、真っ白で波打った髪の毛が肩までありました。夢を見ているのではないということは確かです。

それぞれが筋肉豊かな腕をお互いに差しのべると、一枚の大きく真っ白なシーツが二人の間に現われ、天使たちはさっと腕を動かしてシーツの端を持って広げました。たちまち音符がシーツの上に現われ、一つのパターンをつくりました。それから天使たちは、私のベッドの横をゆっくりと歩き、その後ろをシーツが軽やかに波打ちながらついていきます。天使たちはシーツをベッドの上に被い私を包み込ませたかと思うと、シーツをマットの下に挟み込んで私を静かに寝かしつけてくれたのです。

天使たちは音も立てずに寝室のドアから出ていきました。どういうわけか壁は透明になり、居間に天使たちがいっぱいいるのが見えます。言葉は聞こえませんが、天使たちが口を動かして話をしているのが見えます。私は大人たちがまだ起きて話をしているときに、優しく寝かしつけられる子どものような気持ちでした。しっかりと守られていると感じた私は、音楽が流れ続ける中で、すぐに夢のない眠りへと落ちたのです。

目を覚ましたとき、私は生まれ変わったように感じました。眠っていた数時間に私の人生が変わったわけではありませんが、まるで生まれ変わったような感じがしたのです。
それから四年後、私はカリフォルニアを離れ、妹が住んでいるアトランタへと引っ越し、そこでやりがいのある仕事を見つけました。今でも時々、孤独感に襲われることはあります。しかし、慰めに満ちた音楽に包み込まれたあの夜の体験をしてからというもの、神様、そして神様が遣わされる天使たちが、いつも一緒にいるということを私は知ったのです。

私は部屋に身を投げ出し
助けを呼ぶ
神よ、天使たちよ
どうぞ、ここに来てくださいと

ジョン・ドン

第3章

都会で遭遇した天使

大都会には何か言い知れぬ不安を掻き立てるものがあります。たくさんの見知らぬ人たちが、たくさんの秘密を持って生きているといった感じかもしれません。たくさんの通りがあり路地があって、今にも道に迷いそうです。こんなにたくさんの人がいるのだから、私なんかいてもいなくても、同じだと感じてしまいます。私のことを見守ってくれる人なんているのかしら。私が姿を消しても気づいてくれる存在なんているのだろうか。いや、いるのです。天使たちはいつも見守っているのです。

地下鉄の見張り番

エヴリン・フェルバーグ

ニューヨークはエキサイティングな町であると同時に怖い町でもあります。デザインの勉強をしていた大学一年のとき、このことを思い知らされました。その頃の私は「ビッグ・アップル」という別名を持つニューヨークに住みはじめたばかりでした。入学後、しばらくはニュージャージー州の両親の家から通学していましたが、やがてグリニッジ・ヴィレッジに小さなアパートを見つけ、そこに住みはじめました。

一月のある日曜日の夜、西３４２番通りの地下鉄の駅で電車を待っていました。駅には人っ子一人おらず、私は不安になりました。プラットホームに人がいっぱいいるのが普通だったからです。天気のせいかなと思いながら、凍えるような寒さに身を小さくしました。〈電車はどうしたのだろう？〉

誰かほかの乗客が来ないかと思って階段の方に目をやりました。いつもはニューヨークは怖い町だとは思っていませんでした。人ごみの中で不安を覚えたり、暗い夜道を一人で歩いていて怖いと感じたときには、〈何の問題もないわ。神様がいつも一緒にいてくれるのだから〉と自分に言い聞かせたものです。それでＯＫだったのです。ところが、この夜はそうはいきませんでした。何か気味の悪い夜でした。

やっとのことで近づいてくる電車の音が聞こえました。その電車の轟音は私には素敵な音楽のように聞こえたのです。電車のドアが開き、ほっとして乗り込みました。しかし、地下鉄もまた空っぽで、またまた不安でいっぱいになりました。ドアに近い座席に座りました。グリニッジ・ヴィレッジまで三駅ほどでした。

次の駅で一人の男性が乗り込んできました。彼はしばらくあたりを見渡していましたが、電車のドアが閉まると私のすぐそばに座りました。〈神様はいつもそばにいてくださる〉。私は自分に言い聞かせました。

その男性は静かに前方を見ながら座っていました。電車が動きはじめました。彼は長いボサボサの髪の毛でしたが、その上にニットの帽子をかぶり、肩からは長いショールが垂れていました。大男ではありませんが、私よりはずっと大きく、けんかを吹っかけられたら私にはとても勝ち目はありません。そのとき、

「あなたは知らないだろうけれど、私はあなたの守護天使です」と彼は言いました。

〈どうしよう?〉。私はあせりました。〈狂人と電車に閉じ込められてしまった!〉

ガタンという音がして車両と車両の間のドアが開いて、十代の男の子の集団がなだれ込んできました。数えると九人はいます。その連中が叫び声をあげ、悪態をつきながら一列になって車内を歩いてきます。互いを小突き合い、座席を蹴飛ばしながら傍若無人に通路を闊歩して近づいてきます。

私はブルブル震えながら財布を握りしめ、自分の膝を見つめていました。この連中は何か仕出かすつもりだと思いました。隣りの男性は静かに座ったままです。連中が私たちの前まで来たとき、一人が言いました。「ここには誰もいねえな」

彼らは次の駅で降りました。隣りに座っていた男性は私の手を軽く叩きました。二人ともグリニッジ・ヴィレッジで降りましたが、彼に何と言ったらいいのか分かりませんでした。私の守護者はプラットホームの人ごみの中にあっという間に姿を消していきました。しかし、彼を私のところに送ってくださった存在はいつも私のそばにいてくださることでしょう。

消えた通知表のミステリー

パメラ・K・カイザー

全身の神経を緊張させながら、私はサンフランシスコの暗い通りを急ぎ足で歩いていました。真昼でも恐ろしいこの地域は、真夜中をちょっと回ったこの時間はさらに不気味な感じがします。午前二時にこんな汚らしい路地裏に来るのを決意させるものがあるとすれば、それは緊急事態しか考えられません。実際、緊急事態のために私はやってきたのです。私の手には小学三年生の通知表がしっかりと握られています。明日までに保護者の署名をもらって提出しなければなりません。「言い訳は無用ですよ」と担任の先生から警告を受けていました。そういうわけで、何がなんでも母親を見つけなければならなかったのです。

私はまた一軒、騒々しくタバコの煙の立ちこめるバーの裏戸を押し開けました。バーの中に入ってしばらく立ったまま、薄明かりに目を慣らしてからバーの中を見渡します。ここにはいないわ。私はバーを抜け出してゴミの散らかった路地を歩き続けます。

担任の先生の声が耳の中で鳴り響きます。「パメラ・パートン、今度はごまかそうなんて考えないことですよ」

六週間に一回、通知表が渡され、そのたびに保護者にサインをしてもらい、翌日返却することになっていました。最初に渡された通知表を返却するまで、私には一カ月もかかりました。一カ月の間、毎日、担任の先生は私をクラスのみんなの前で立たせました。次に通知表をもらったときは自分でサインをして提出してしまったのでした。

「あなた、これでごまかせるとでも思ったの？」と先生は子どもっぽい私の字でサインされた通知表を振り回しながら叫んだものです。クラスのみんなはこんな簡単なことができない私に冷笑を浴びせました。自分の母親にサインしてもらうことほど簡単なことはないはずです。しかし、麻薬やアルコールのせいで、それができない母親もいるということなど、クラスの誰も知りませんでした。

手にしっかりと通知表を握りしめながら、どうしたらいいか考えました。まだ、チェックしていないバーは一つだけ、「ハーレイ・ハー・ハー」と呼ばれている暴走族のたまり場です。私は路地を覗いてちょっとためらいを覚えました。その路地は二ブロックほどあり、何が潜んでいるか分かったものではありません。しかし、街灯のある表通りを行けば距離は二倍になります。〈思い切って行ってしまおう〉。私は深呼吸をして路地を歩きはじめました。

三分の一ほど歩いたあたりで背後に重い足音が聞こえました。肩越しに振り返ると、板が打ちつけられたドアの前にとても大きな男が立っているのが闇を透かして見えました。男はドアの枠の高さぐらいの背丈で、夜の闇のように黒い人でした。

私は数歩踏み出しました。すると背後の足音もそれに続きます。私が早足に歩くと男の足も速くなります。私は両腕を振って路地に散らかるゴミをまたいで走りはじめました。すると彼の靴音がすぐ後ろに聞こえたかと思うと、私は宙吊りにされてしまいました。彼が私のシャツを持って宙吊りにしたのです。私は足をバタバタさせてもがきましたが、どうにもなりません。やがてゆっくりと回転して、まるで糸で垂れ下がっているクモのように、私を捕まえた男と顔を向き合わせました。彼の燃えるような茶色の目は、まるでレーザー光線のように私を射抜きます。彼の首筋の血管はよじれて、まるで鋼鉄のケーブルのようです。

「お前、ここで何してる?」と彼は怒鳴るように言いました。

私は口を開けましたが、声は出てきません。

「一緒に来なさい」。唸るような声でそう言った彼は、まるで丸めた新聞のように私を小脇に抱えて私が来た道を引き返しはじめました。私は恐ろしさのあまり動くこともできず、げんなりと静かにしていました。そのとき、手に何もないことに気づいたのです。通知表がない! 路地に落としたのだろうか?

〈今となってはどうってことない〉と私は思いました。これからどんな恐ろしいことが起こるのかと考えたからです。私に何があったとしても別に誰も気にしたりしない。誰も私のことを探してもくれないだろう。いつか街路に立っていた一人の老人が、天国の神様が私たちを見守っていてくださると話しているのを聞いたことがありました。〈神様、いま私を見守ってくださっているのですか？〉と私は心の中で聞きました。

大通りの歩道に着いたとき、男は小脇に抱えていた私を下ろして「立ちなさい！」と言いました。

私はふらつきながら立って待ちました。男は身をかがめて言いました。「白人の女の子よ、私の言うことを聞くんだ」。ライオンのようながなり声です。「バス代をあげよう。バスに乗って帰るんだ。こんなところに二度と来るんじゃないぞ。分かったかい？」。私は頷きました。先生になんと言われようとかまわない。母親を探しにここに来るなんて、もうこりごりでした。すると、市バスがまるで動く光の島のような感じで男の背後に突如、姿を現わしたのです。それは私の家の方向に向かうバスでした。

居間のソファーの後ろに隠れている私のベッドにもぐり込んだとき、時計の針は朝の三時三十分を指していました。家で寝るのに人から見えるところで寝るのは危険なことでした。その夜、誰が家に泊まるか分からないのですから。

次の日の朝、驚いたことに母親がいました。私はベッドの上で彼女のそばに座り、ブルブル震える彼女の手を握って、前の晩にあったことを全部話しました。母はベッドの上で身体を震わせながら座っていましたが、時々、緑色の目で私をじっと見つめ微笑みかけようとしました。

「通知表をなくしてしまったから、また先生にいろいろ言われるわ」と言って私は話を終えました。

「嘘だろう」。私の背後で嘲《あざけ》るような声がしました。「そんな馬鹿げた話は聞いたことない」。母親のボーイフレンドのスパイスが寝室のドアのところに立って私を見て嘲笑っていました。「俺はそのあたりで育ったんだ。そんなにでかい奴なんていないぜ」

私はカバンをひったくるようにして家を出ました。〈スパイスなんかに分かるものか〉

教室に着くと私のまわりでクラスのみんながおしゃべりをしていましたが、私は机にじっと座っていました。母親のサインのある通知表を持ってきていないことを話さなければならない瞬間が恐ろしくてたまりません。

「名前を呼ばれた人は前に出てきてください」と先生が言いました。

クラスメイトの一人ひとりがサインされた通知表を先生の机の上に置いていく間、私はカバンを胸に抱きしめながら待っていました。

「パートン」と先生が私の名前を呼びました。私はカバンを胸に押しつけて座っていました。聞こえるはずの足音がしなかったため、先生は頭を上げてメガネを半分ずらして私を見ながら言いました。「パートン、通知表を持ってきなさい」

私は言われるままに頷いて教科書が入っているカバンを開け通知表を探すふりをしながら言い訳を考えていました。カバンの中に入っているものを手で探りました。教科書、みかんの皮、壊れたヘアークリップ、人形。〈あれっ、これ、何だろう?〉。四角に折りたたまれた厚い紙に手が触れました。

クラス全体がシーンとしずまり返り、先生は立ちあがりました。私は四角いその紙を握りしめました。今朝、暗かったのでこの紙を通知表と間違えて持ってきてしまったと言い訳をしようと思い、その紙をカバンから取り出しました。嘘をつくためにカラカラに乾いた唇を舌でなめながら紙を開くと、なんと私の通知表ではありませんか。

「持ってきました」と私は吃《ども》りながら言い、歯を剥き出している犬に骨を差し出すように通知表を出したのです。

「ここに持ってきなさい！」と先生が命令しました。

私は先生の机のところまで歩いていき、折れ曲がったマニラ紙を通知表の山の上に置きました。

「お母さんのサインはしてあるのでしょうね？」と先生は眼鏡越しに私を睨みながら言いました。

私は通知表を見下ろしました。サインの欄に母のサインがしてあるではありませんか。私は驚きのあまりそれをじっと見て立ち尽くしていました。

「はい、サインしてあります」。私は呟くような声で言いました。「サインしてあります」。背後で何人かのクラスメイトがクスクス笑っているのが聞こえました。

「それで、ほかに何か言いたいことがあるのですか？」。先生が眉をひそめながら聞きました。

「何もありません」と私は答えました。

「それでは、どうぞ席に着いてください」

私は席に戻りながら一人で微笑んでいました。奇跡が起こったことを先生は知らない。母親のサインがしてある通知表は奇跡の序の口だ。神様が路地裏にいた私のために天使を遣わしてくださった。もう一度、会いたくなるような薄く軽やかな翼を持った天使の代わりに、物凄い存在感のある巨人を遣わされ、私に世の中の常識を教えてくださった。〈好きなときにどこにでも出かけるのは少し問題ですよ〉と諭してくだサった。当時の私のまわりには、そういうことを教えてくれる大人は誰もいませんでした。それで神様の使いである天使が、それを思い出させてくれたのだと思いました。

それからまもなく、州政府が母親の手もとから私を引き離し、州の施設で世話になることになりました。やがて父親のところに戻されて、父は親戚や友人に私を預けました。いったい、どうやって生きてきたのか、と人によく言われます。簡単です。私は幼少の頃から一人ぼっちでした。しかし、決して決して一人ぼっちではなかったのですから。

第4章

死の扉に立つ天使

「私の時は御手の中にあります」と『聖書』「詩篇」31－15に書かれています。肉体が苦しみに喘ぎ死の淵にあるとき、魂が肉体を離れるべきか、それともとどまるべきか、神のみぞ知るところです。死の床にあったローズ・ロックとベサニー・ウィスローはあの世を垣間見て、あの世の音楽を聴きました。それ以来、彼らの人生は一八〇度転換を遂げることとなりました。

星の交響曲

ローズ・ロック

眠っているはずでした。でも、私は完全に目が覚めて手術台の上に座っていたのです。お医者さんや看護師さんたちは気がつかないようです。ここはイリノイ州ヴィラ・パークのエルム・ハースト病院の手術室です。お医者さんたちが手術台に横たわっている七歳の女の子の身体に一生懸命治療を施しているところです。手術を受けているのは私の身体ですが、どういうわけか私は、もうその身体の中にはいないのです。

ずいぶん前のことですが、その手術までの一年間、私は脊髄膜炎のために入退院を何度も繰り返していました。そして、いま受けている手術は乳様突起炎と呼ばれるもので、耳の後ろにある骨の炎症ですが、子どもにとってはとくに危険なものでした。手術のために麻酔をかけられた私は一瞬のうちに意識を失ったのですが、突然、目を覚ましてしまったのです。少なくとも自分のまわりで起こっていることが分かるのです。手術台のそばに座っているアジア系の男性が黒い袋を手で絞る動作を繰り返すのを私はじっと見ていました。数字が書かれた丸いものの上を矢印が右方向に回ったかと思うと、また元に戻ります。私はそれが面白くてじっと見ていました。

そのとき、誰か別の人がいるのに気づきました。短い顎ひげを生やし、肩まで髪の毛が伸びた背の高い男の人が私のそばに立っているのです。目は私の母の結婚指輪についているサファイヤのように輝いています。着ているものは長いガウンですが、それがまるで何百という電灯がついたみたいに明るいのです。お医者さんや看護師さんたちは大忙しで、彼のことが見えているのは私だけだということが、なんとなく分かります。彼は私を天国に連れていくためにやってきたのです。私が神様にそのようにお願いしていたのです。でも、彼には翼がありません！

何週間もの間、毎朝、私の病室に向かって廊下を歩いてくるお医者さんと看護師さんの足音が聞こえるたびに、私は泣き叫びました。次に起こることが恐ろしくて泣いたのです。二人の看護師さんが私を押さえつけている間に、お医者さんが耳の後ろに針を刺すのです。この苦痛に満ちた治療が終わるまで、いつも泣き叫んだものです。身体に力がなく、起きあがる力もなく、首を回すことさえできません。幼い弟のいる家に帰ることは、もうあきらめていました。病院を脱出しようという夢もあきらめました。その代わりに天国に行けますようにと、お祈りをしていました。

教会の日曜学校の教科書で見た写真のような存在を神様は遣わしてくださるだろうと期待していました。長い金髪の流れるような長いガウンをまとった翼のある天使さんを期待していたのです。〈どうして神様は翼の代わりに顎ひげのある人なんか派遣したのだろう？〉

顎ひげの人は何も言いませんでしたが、私が何を考えているかを理解していることが分かりました。

「私は神様がおられるところからやってきました。あなたを神様のところに連れていきましょう。私には翼は必要ありません」と彼は言いました。

彼はまるで羽根を持ちあげるように軽々と私を両腕に抱きあげ、私たちはゆっくりと天井に向かって昇りはじめました。下の方に手術室が見え、手術台の上の痩せっぽちの子どものためにいろいろ世話をしています。手術台の上にいるのは私ですが、天使さんと一緒にいるのも私なのです！

天井はまるで霧のように姿を消して、私たちはそこを通り抜け、棚に緑色の手術用のガウンがたたんで重ねられている部屋を抜け、当直の看護師が座っている廊下も通り抜けます。

〈看護師さんには私たちが見えないんだ〉。私は得意げに笑いました。

天使さんは私を一人のお年寄りの病室へと連れていきました。三人の女性と二人の男性が、悲しげにベッドサイドに座っていました。女性の一人がティッシュペーパーで涙を拭いていました。その老人の後ろの壁のところに、もう一人の天使さんがいました。キラキラと輝く目をして、着ているガウンは百個の電灯がついているように明るく輝いています。彼はただそこに立って辛抱強く待っていました。何を待っているのか、それは私にはよく分かりません。

〈ママとパパはどこかしら?〉と思いました。天使さんは私を連れて何階か降りましたが、そこにも廊下があって木製のベンチに両親が座っていました。パパは前向きにうつむいて両肘を膝に置いて顔を両手で覆っていました。ママはラベンダー模様の縁取りがしてあるハンカチで涙を拭いていました。私は手を伸ばしてママの頬に触れました。〈ママもパパも喜んで拍手をしてくれるべきなのに〉と私は思いました。ついに神様がおられる天国に行くことができるのですから。

「さようなら!」。私は大きな声で叫びました。「天国に行くからね」

それから、天使さんは凄いスピードでたくさんの階を昇って病院の天井を突き抜けました。遠くに行けば行くほど暗くなります。たくさんの星の間を通り抜けていくと、「同情曲」のような美しい音楽が聞こえました（子どもの頃、私は〈交響曲〉を〈同情曲〉と言っていました）。ママと叔母さんがデュエットでクラシックのピアノ音楽を演奏するのをよく聴いていました。それから、ラジオで「同情曲」もよく聴きました。しかし、いま聞こえる音楽はそのような音楽よりもさらに美しいものでした。チャイムの音もあれば聖歌隊の歌声も聞こえましたが、音階はピアノの音よりもさらに高低差がありました。音楽がまるで星のように私を取り囲み、質感があまりにもリアルなために手で触れることができるようでした。私は美しい音楽に抱擁されて深い慰めを感じました。

さまざまな雲があらゆる方向に向かってたなびいている天の川も通りました。パパが銀河系の話を何度もしてくれていたので、それが銀河系であることがすぐに分かりました。星がまったく見えない真っ暗な場所を通ったときも、怖いとは感じませんでした。天使さんと一緒にいれば安全だと感じていました。神様にお願いしたように、もうすぐ天国に行けるのですから。

するると、私の家にある地球儀のような世界が見えてきました。太陽も月もありませんが、世界全体が電球のように輝いているのです。どんどん近づいていくと、茶色に見えた場所が緑色に変わりました。顎ひげの天使さんは私をある庭の中に降ろして後ろに立ちました。

まわりを見まわすと、見たこともないような鳥やウサギ、さまざまな樹木があり、花々が咲き乱れていました。それは私の水彩絵の具の色にはないような色です。私は幸せいっぱいでした。何の痛みもなく、星々が奏でる音楽も聞こえます。

〈イエス様はどこにいるのだろう？〉と思いました。すると足音が聞こえ、とっても強い愛のエネルギーを感じました。顔をその方向に向けると、物凄く大きな真っ白な光に目が眩みました。何も見えません。すると声が聞こえました。「我が子よ。あなたは帰らなければなりません」

「帰る？　いやよ！　痛みや手術の世界に戻るのはいや！　病院には戻りたくない」。私は地球に戻りたくありませんでした。目を閉じて静かに懇願しました。〈私はいつまでも天国にいたいの〉

目を開けると私は病院のベッドに横になっていました。両親が傍らに立っていて、二人のお医者さんと看護師さんが一人いました。

「パンケーキを食べたいの」と私は起きあがりながら言いました。

大人たちは突然、あらゆる方向へと動きを開始しました。ママは私を両腕に抱きかかえ、パパはベッドの横に跪《ひざまず》いて泣いています。まもなく看護師さんができたてのパンケーキを乗せたお皿を持ってきてくれて、私はあっという間にそれを平らげました。病院に私を送り返した神様のことを私は少しだけ怒っていましたが、喜んでいる両親を見て嬉しくなりました。命を助けてくださいとお祈りする必要は、もうなくなったことが私には分かっていました。私はついに回復して家に帰ることができるのです。

それから何年もたってから、あのとき、手術台にいた私の心臓は止まってしまい、再び動き出すまでにお医者さんたちが四十五分間、心臓マッサージをしたということを聞かされました。この病気のお陰でハンディキャップが少し残りましたが、私の子ども時代は家族の溢れんばかりの愛情で満たされ、神様の「同情曲」の思い出が私を支えてくれました。私はあの音楽を聴いたのです。天国がリアルなものであることを私は知っています。いつの日か私の天使さんが再び迎えに来てくれ、天国に連れていってくれることでしょう。

天国の傍らで

ベサニー・ウィスロー

その夜は一晩中、心臓は激しく鼓動し、ウトウトと眠ったかと思うと、また目を覚ますということを何度も繰り返していました。それは寒い十二月の朝でした。私は暖かい毛布から苦労しながら起きあがりました。来る日も来る日も、朝、目を覚ますときは前の日よりもさらに疲れている自分がいるのを感じていました。

それを遡《さかのぼ》ること八年、十七歳のときに紅斑性狼瘡《こうはんせいろうそう》という診断を受けました。この病気は全身に退行性の症状が現われ、関節炎を含むさまざまな身体器官の機能衰弱をもたらします。さまざまな症状が突発するために、私は数カ月家で寝たきりの状態でした。熱が四一度まで上がることもあり、そういうときは入院しなければなりませんでしたが、ステロイド系の薬を常用した結果、糖尿病になってしまいました。その日はこれまでにないほど辛い感じがしました。

呼吸することすら苦痛です。しかし、何かもっと奇妙なことが起きているようです。手で顔に触ってみると何か変な感じです。足を引きずりながらバスルームの鏡まで歩いていきました。鏡に映っている顔はほとんど見分けのつかないような顔でした。顔は異常なまでに膨れあがって、左目はだらりと垂れ下がっているように見えます。

「バッチ！」。私は夫の名を呼びました。

夫は私の顔を一目見て電話に走っていきました。「医者を呼ぶからね」

アレグザンダー先生はすぐに私を病院に連れてくるようにと夫に告げました。私はこの病気のために数多くの危機を体験していましたが、夫は常にそばにいてくれました。その夫がショックを受けている様子を見て、私も怖くなりました。〈ひょっとしたら紅斑性狼瘡の発作が起こったのかもしれない〉

居間で苦労しながらコートを着ようとしていた私は、窓越しに茶色い何かが動くのが見えました。木の生い茂っている私の家の庭に、尾の白い小鹿がぽつんと立っているではありませんか。〈こんなに近くまで来るなんて不思議だこと〉。私たちの目が合いました。私は動物が大好きです。突然、優雅に跳躍しながら小鹿は姿を消しました。しかし、この小鹿を見たことで私の心は安らかになりました。

玄関を出ようとすると、カンザス州のウイチタに住んでいる母からの電話が鳴りました。私がどうしているかと電話をかけてくれたのです。とても私のことを心配しているのが分かります。私が子どもの頃、母は神様に「天使の垣根」で子どもたちを守ってくださいますようにとお祈りしていたものでした。私は母に、きょう天使さんたちを私の近くに置いてくださるように神様にお願いしてね、と頼みました。

紅斑性狼瘡はさまざまな顔を持った病気で、アレグザンダー先生は私の身体のどこに問題があるのかが特定できず、したがって、どのように治療すべきか分からないでいました。X線写真を撮り、血液を採取した後、私は家に帰ることになりました。

「ベス、安静にして何か異常があったらすぐに電話をしてください」。先生がトラウマになりかねない入院はなるべく避けようと考えてくださっていることが私にも分かりました。生命が危機に瀕している状態でなければ私は家にいたかったのです。

車の中で私はバッチを観察していました。私を家に置いて仕事に行くことがいやで仕方がないことを私は知っていました。彼は私の手をつないで家の中に入り、私がソファーに心地よく座れるようにしてくれました。それから身をかがめて私に口づけをしました。私は額に涙が落ちるのを感じました。

「心配しないで。大丈夫よ」と私は囁きました。

しかし、それから症状は悪化しました。心臓が早鐘のように鳴りはじめ、私はソファーの上で何度も寝返りを打ちながら耐えようとしました。午後になって我慢しきれずアレグザンダー先生に電話を入れましたが、つかまりません。身体からどんどん力がなくなっていくようです。再び母と電話で話しました。母は教会の友達とできるかぎりの誠実さを込めてお祈りをしていると言いました。心配した母は私の家の近くに住んでいる父に電話を入れてくれ、その後、訪ねてきた父は私を見てすぐに病院に連れていってくれたのです。

真夜中に私は再び集中治療室に戻り、酸素吸入器をはじめ、いくつもの機器につながれて横たわっていました。バッチはベッドサイドにある足掛け台のある椅子にいつものように座り、医師や看護師は病室に入ったり出たり慌ただしく動きまわっています。午前三時三十分になると、そうした動きも一段落です。バッチは私の手を握ったまま眠っています。私も眠りに落ちていくようでした。そのとき、まったく違った何かが私に起こっていることに気づきました。それは不可思議にしてファンタジーのような出来事でした。

私は煙のような灰色の世界を浮かぶでもなく、歩くでもなく漂っています。つい先ほどまでつながれていたさまざまな医療機器からまったく自由になっています。長い通路を通っていきます。まるで望遠鏡の中にいるみたいです。薄暗闇を透かしてずっと向こうに一条の光が見えます。驚いたことに何の痛みも感じられません。遠くに見える燦然と輝く黄金の光に向かって私は軽々と移動しているのです。光に近づくにつれて、光の中に美しい存在が両腕を招くように伸ばして立っています。言葉に表わすことのできないやすらぎが私の五感を満たします。光の中に立っている存在に近づくにつれて、その感覚は強くなっていきます。

突然、私はイエス・キリストの前に立っていることを知ります。天使たちが至るところにいてあちこち飛びまわりながら、一人ひとりの天使がみずからの黄金の光の渦の中で神様からいただいた仕事を一生懸命実行しているようです。彼らが身に着けているガウンは透明で、表情はといえば静かで、高貴で、叡智に満ちています。

言葉は発せられていないにもかかわらず、イエス様が私に直接語りかけていることが分かりました。彼の言葉が私の中を流れていくのです。「恐れることはありません、あなたを受け入れる準備がまだできていません、あなたは戻っていかなければなりません」と彼は語りました。「あなたにはなすべきことがまだあります。うたうべき歌があります」。愛されているという圧倒されるような感覚が私に押し寄せました。それまで感じたことのないような深い喜びです。それはキリストの愛を一〇〇パーセント体験しているという感じでした。

　突然、まるでカーテンが引かれたみたいに、息を呑むような美しい風景の中に私は立っていました。荘厳な山々、なだらかに続く草原、小川のせせらぎ。遠くの方に赤い屋根の農家の物置小屋が見え、私はとてもハッピーな気持ちになりました。あのような小屋があるということは、天国にも動物がいるのです。その日の朝、庭で見た小鹿やそのほか私が大好きな動物たちのことが心に浮かびました。

　イエス様の後ろに一人の男性と一人の女性が立っていることに気づきました。天使たちが二人の頭の上を舞い、歌をうたっています。その女性は私の祖母でした。彼女はその前の年に亡くなったのですが、骨《こつ》粗《そ》鬆症《しょうしょう》のために腰が折れるほどに曲がっていました。彼女は今やすっきりと立っていて祖父の手を握っています。祖父は私が生まれるずっと前に亡くなっていましたが、写真で何度も見ていました。空いている方の手にボウルを持っています。

　そのボウルの中に何が入っているか私は知っていました。祖父は土曜日が来るといつも特製のチリを作ることをとても楽しみにしていました。秘密のおいしさが詰まった材料でチリを作ったのです。このボウルには土曜日のチリが入っているに違いありません。天国のこの不可思議ともいうべきシーンを見て、祖父が祖母と一緒に天国で幸せにしていることを私は確信しました。天国はすべての人のために神様がつくってくださった場所であるに違いありません。

するとﾞ、イエス様が再び私に話しかけてきました。「あなたには特別な夫を授けましたからね。そして、あなたのケアができるように彼には特別な力も授けたのですよ」。バッチがユニークな存在であることは私も常々自覚していました。このイエス様の言葉は誇りと感謝の思いで私の心を満たしたのです。

イエス様は、私にはするべきことがまだたくさんあることを再び思い出させてくれました。すると、まるで時間を逆行しているような感覚で望遠鏡の中を猛スピードで戻りはじめました。ほとんど一瞬のうちに私は病室に戻り、モニターや酸素吸入器とつながっていました。でも、失望してはいません。私は感謝の気持ちでいっぱいになり、喜びではち切れるような思いでした。

横にいるバッチに起こったことをすべて話したいと思いましたが、彼はとても安らかに眠っています。起こすのはかわいそうです。私がいなくなった間にモニターはどうして鳴らなかったのだろうと思いました。旅は長いあいだ続いたように思えました。しかし、神様の時間は地上の時間とは異なります。私たちには数時間に感じられることが、天国では瞬きを一回するくらいの時間なのかもしれません。

戻ってきてから初めて病室を見渡しました。すると、天使たちが至るところにいて、キャンドルの灯のようにチカチカ光を放ちながら私たちを守って飛び交い、まるで垣根のように、そうです「天使の垣根」になって私たちを取り囲んでいるのです。

病院の人たちは早起きです。まもなく看護師や医師は慌ただしく動きはじめました。バッチも目を覚ましました。バッチに起こったことをすべて話しました。私に起こったことが真実であることを一瞬たりとも疑うことをせずに、バッチは私の手をさすりながらじっと私の話を聞いてくれました。

その日はすべてのものが別世界のもののように見えました。私が見たあの光は私が出会うすべての人や物にも触れて光を注いだようです。それからも病室の中に天国の存在たちがいることを感じ続けました。バッチのまわりにも天使のようなオーラがあるように感じられたのです。

顔の腫れがひいて、左目も正常な位置に戻ったことに医師たちは驚いていました。それからの数日はMRIなどの検査が続けられました。MRIの検査を受けるためにシリンダーの中に滑り込んだとき、まるで天国に続く道の中に入ったような感じがして、ここでも天使たちが見えました。検査の前に待合室にいたとき、検査を受ける順番を待っている小さな男の子がいましたが、とても怯えているようでした。一人の天使が彼の上を舞っているのが私には見えました。私が見たことを話すと、彼は穏やかな表情になりました。

ついに、アレグザンダー先生が退院の許可をくれました。「ベス、私たちに分かっていることは、あなたは紅斑性狼瘡の大発作を起こしたけど、今は回復に向かっているということだけです。でも、あなたは本当に危険な状態だったのですよ」。それから彼はニッコリとして「もう、おどかしっこなしですよ」と言ったのでした。

私は誰もおどかしたいとは思っていません。なぜかといえば、神様と一緒であれば怖れることなど何もないということを、あの旅を通して知っているのですから。神様は私たちをいつも守ってくださり、いつも愛してくださるのです。その愛を一〇〇パーセント自覚することに勝るヒーラーは存在しません。

天使を見て以来、私の人生は一八〇度転換を遂げました。インシュリンを打つ必要はなくなり、熱もなくなり、心臓の鼓動は正常に戻りました。今でも紅斑性狼瘡には罹っていて具合が悪くなることもあります。でも、以前ほどひどい症状が出ることはありません。今の私は人生の隠された美しさを常に感じながら生活しています。

母にも見たことをすべて話しました。母は両親が天国で神様と一緒にいることを知って喜びの涙を流しました。そう、「天使の垣根」が娘を守ってくれたことにも喜びの涙を流したのでした。

それでも天使たちの声は
私たちのところまでやってくる
星から星へと運ばれてやってくる
天国に建てた私たちの家は
ときには近くにはっきりと見えることもある

フランシス・リドリー・ハヴェンガル

第5章

闇夜の天使

暗い夜、人は希望を見失いがちです。昼から夜へと変わる変化は過去と未来のつながりを鏡のように映します。苦しみに満ちた「昨日」がいまだ知られていない「明日」を彩ることを許し、怖れのために私たちは身動きがとれなくなってしまうこともあります。思い出してください。あなたは一人ぼっちではありません。あなたの守護天使が一晩中あなたを見守ってくれています。

どちらに行けばいいですか?

フレッド・A・アイケン

学生の頃、ハイキングが大好きでした。とくにグローヴ市立大学アウティングクラブの仲間と一緒に行くのが大好きでした。クラブはペンシルベニア州ケナーダルの近くにある、州政府が管理する狩猟地区の中に山小屋を持っていて、私はその地域はかなり探索してよく知っていました。しかし、三十五年前の十二月のその日、私はまだ足を踏み入れたことのない地域に一人で午後のハイクに行くことにしました。計画は単純でした。流れに達するまで北上し、その流れに沿ってアレゲニー川まで行き、そこから南下して崖まで行く。そこからはっきりした標識のある道を伝って、崖の上にあるクラブの山小屋に行くというものでした。私は夕食までには戻れるだろうと思っていました。

しかし、道行きはなかなか厳しく、流れに沿って歩いていましたが、ブーツは踵《かかと》ぐらいまで泥の中に沈みます。潅木が生い茂った藪の中を進んでいかなければならず、ときにはあまりにも藪が密集しているために流れを横切って流れの反対側を歩かなければなりません。それでも私は歩き続けました。いったん川に到達すれば崖までは簡単に行けることを知っていました。遠くの方にアレゲニー川の轟音が聞こえたとき、やったと思ったものです。森を知り尽くしている自分を我れながら誇らしく思いました。

川に近づいたとき、一人の男が大きな岩の上にあぐらをかいて座っているのが見えました。彼は赤と黒の格子縞のハンティングジャケットを着てそのジャケットに合った帽子をかぶり、膝にはライフル銃がありました。私の足音に気づいた彼は頭をもたげて、「ああ、神様に感謝します」と言いました。「やっとのことで人に会えたよ。道に迷ってしまってね。一日中歩きまわって馴染みの標識を探していたところなんだ。助けてください」

「もちろんです」と私は答えました。彼は疲れきっているようでした。私があげたチョコレートをあっという間に平らげたところから判断して、しばらく何も食べていないようでした。

「私の後をついてきてください。ここからさほど遠くないところに崖を登る道があります。私が泊まることにしている山小屋に行きましょう」

「ありがとう」

私たちは木材伐採用にかなり前に造られた道を歩いていき、なんとか崖のところに辿り着きました。

「あの崖を登ると山小屋です」

「私には、あの道は登れないよ」とハンターは喘ぐように言いました。彼は座り込んで頭を両手で抱えました。私は彼のところまで歩いていき肩に手を置きました。彼は振り向いて私を見ましたが、目のまわりには赤いふちがあります。

「別な道はないのですか?」と必死になって聞きます。

「でも、あの崖を登ってしまえば山小屋はそこから八〇〇メートルぐらいなんですよ」と言いながら彼を見ました。見ると彼は中年の男性で身体も鍛えているようには見えず、おまけにすでに一日中道に迷って歩きまわった後です。崖を登る道は私のような鍛錬している学生にとっても容易ではありません。彼に無理なことは明瞭です。

「そうですね」。私は考え直して言いました。「これよりもやさしい道を知っていますよ。ただし、数時間よけいにかかりますけどね」

「お願いします。それで行きましょう」と彼もほっとしたように言いました。

私は二年間、その道を通っておらず、夜も迫っている状況でその道を探しながら行くことは、あまり気が進みませんでした。しかし、このハンターは自力では森から出ることはできそうにありません。

「いいでしょう」と私は同意して、二人で南に向かって歩きはじめました。

遠くの方に雲が湧きはじめて、夕焼けの赤い空と白い雲が対照的に見えています。道への入り口を発見した頃には夕闇が迫り、雪になりそうな空模様です。私たちはいくつかの道標を通過しました。錆びて朽ちているモデルＴのフォード車、植民地時代の炉の残骸などなど。私は久しぶりであるにもかかわらず、道を覚えていた自分に満足して思わず笑みを浮かべたものです。

その道を行くとすぐに激しく流れる川に辿り着きました。川はかなり深く、しかし、踏み石が六〇センチおきぐらいにありました。私が最初の踏み石に足を乗せると石がグラッと揺れて川に落ちそうになりました。心臓をドキドキさせながら、私は安全な岸の方へとジャンプして戻りました。

「ここは渡るのは無理ですね。川のこちら側を歩いていって、再び渡れるところで道に合流することにしましょう」と私はハンターに言いました。

川のこちら側の藪は、その日歩きはじめたときに遭遇した藪よりもさらに深く潅木が生い茂っていました。土手はかなりの急斜面で川の方に向けて傾斜しており、雪が降りはじめるとともに地面は滑りやすくなりました。

ハンターがどうしているかと思って後ろを向くと、私を信頼しきって親の後をついていく子どものように見えました。

前方を向きながら私は大きな石の上に足を下ろしました。すると、その石が滑って川の方に落ちていき、私はバランスを失って土手を滑ってしまいました。私は必死になって藪の木を手でつかみ、いばらが素手を突き刺しました。冷たい川の水の中まで落ちる直前でなんとか土手で止まることができた私は立ちあがって泥を落としました。ハンターは不安そうです。

〈いったい、どういうつもりでこの道を行く選択をしたのだろう？〉と私は思いました。まるで愚か者が歩む道の先頭を切っているような気分です。自分を元気づけるために昔から好きな賛美歌を口ずさむことにしました。「神よ、あなたが私のために掲げてくださっている真実を垣間見ることができますように、どうぞ、私の目を開いてください」

私たちは歩き続けました。やっとのことで遠くの方にコンクリートの橋が見えました。道に戻ることができたのです。あの橋の近くから道は登り坂になって、樫《かし》、楓《かえで》、常緑樹《じょうりょくじゅ》の森の中へと続いているはずです。

雪が激しくなり、前方の視界は一メートルちょっとしかありません。しかし、橋を出発点とした川を挟んでの最初のジグザグ道は比較的分かりやすいものでした。しかし、吹雪が激しくなるにつれて道は積もる雪で消されてしまいました。何も見えない状態で歩き続けましたが、急峻な崖に突き当たりました。

〈これは違う〉と私は思いました。〈ここはどこだろう?〉

「どうしたのですか?」とハンターが聞きます。

「少し休憩をとりましょう」と私は言いました。道に迷ってしまったことを知られたくなかったのです。彼はパニックを起こすかもしれません。突き出た岩をひさしにして座りながら、私は数少ない選択肢について考えました。いま来た道を戻ることは可能だけれど、あまりにも遠すぎる。それに、あの崖まで戻ったとしてもハンターは崖の道を登ることはできない。ここに泊まることも可能だけれど、気温は下がりはじめて火をおこす手段もない。動き続けるのも選択肢の一つだけれど、道がどこなのか見当もつかない。参ったと思いました。非常に厳しい状況です。

恐怖感が全身を突き抜けました。私は両腕で身体を抱え込むようにしました。風が首筋に当たります。ほかに何をしたらよいか分からない私は、目を閉じて祈りました。〈神よ、私はなんとかこの困難な状況から抜け出せると思ったのですが道に迷ってしまいました。どうか道を見つけることができますようにお

力をお貸しください。さもなければ、私たちは死ぬしかありません〉

心に静寂が訪れてきました。目を開けると、数百メートル向こうに影のような人の姿が見えました。その人は松の木の傍らに立っています。私は飛びあがって彼の方に向かって走り出しましたが、木の根っこに躓いて転んでしまいました。目をあげると、その人の姿はありません。

「彼を見た？」と興奮した私はハンターに聞きました。

「誰を？」

「あそこにいた男の人ですよ。あそこ！」と私は松の木の方を指差しました。

「いや、誰も見ていないよ」

私たちは松の木の方に歩いていきました。絶対、誰かがここにいたと私は確信しました。しかし、そこに雪の乱れはなく、足跡もありません。私は木のまわりを一周しました。すると木の反対側に古い道標がついていたのです。ジグザグ道をそれから十分ほど歩きましたが、またしても道を見失ってしまいました。もう一つ道標を見つけましたが、それは役に立ちません。道標がついていた木は倒れて丘陵を転がり落ちていたからです。道らしきものはないかと山腹を必死になって探しましたが、何も手がかりは見つかりません。

〈神様、どちらに行けばいいですか？〉

そのとき、再び遠くにあの人物が見えました。とても奇妙な感じでした。それは男性のように見えるのですが、どのような人物なのか、どういう服を着ているのか一向に分からないのです。彼は細い光の帯に囲まれているようですが、影の中にいるのです。その人物は向きを変えて暗闇に向かって歩きはじめました。彼が道まで案内してくれることを確信して私は彼の後をついていきます。ハンターには何も言いませんでした。彼にはその人が見えていないことが分かっていました。その人物は私たちがついていけるような速さで歩き続けました。私たちが疲れて休憩するたびに待っていてくれたのです。

そのようにして三十分歩いた後に、丘の尾根にある砂利道に辿り着いたのでした。影のような人物はその砂利道を歩きはじめたかと思うと突然、立ち止まりました。私が声をかけようとした瞬間、彼の姿は消えてしまいました。それで私もあたりを見まわすと、その場所がどこか分かりました。アウティングクラブの山小屋からわずか数百メートルの場所だったのです。

山小屋の暖炉の前でハンターと一緒に食事をしながら、私はその日に起こったことについて考えていました。私の力では森を抜け出すことができなかったのです。それで私は神に助けを求めなければならなかった。そして神は私に道案内人を派遣してくださったのです。

私は今に至るまで道に迷ったと感じたときはあの影のような人物のことを考えます。そして、あの雪が降る夜に口ずさんだ賛美歌を思い出すのです。

「神よ、あなたが私のために掲げてくださっている真実を垣間見ることができますように、どうぞ、私の目を開いてください」

それから神に助けを求めます。神の導きに従うならば、神は常に正しい道へと案内してくださるでしょう。

夕焼けのときに耳を傾けましょうか

耳を傾けてください
ずっとずっと耳を傾けてください
日没に天使たちの歌声が聞こえるでしょう
フランシス・リドリー・ハヴェンガル

炎の中に現れた天使

デブラ・ファウスト

あの五月の夜、十時半頃でしたが私は最後の洗濯物を乾燥機に入れました。子どもが四人もいるとかなりの洗濯物があるものです。私はもうくたくたに疲れていて洗濯物をたたむのは翌日の朝にすることにしました。乾燥機のドアを閉めると乾燥機は音を立てて動きはじめました。

洗濯室は一階にあり、夫のボブが座ってテレビを見ている居間のすぐそばです。私はボブの肩に手をやって「寝るわ」と言うと、ボブは私の手を握り返しました。

私はしっかりとした造りの階段を昇って、最近、二つの小さな部屋の壁を壊して改築中の主寝室に辿り着きます。ペンキを塗っている最中で、ベッドのマットは床の中央にあり、家具のほとんどは廊下に並んでいるという状態です。でも、そんなことは気にならないほどに疲れていて、とにかくベッドに入りたい一心でした。

十四歳になるアリシアが「おやすみなさい」と言って十二歳の妹のウエンディーと共有している自分の

部屋に行きました。息子たち、四歳のシーンと十歳のデールがもう一つの部屋にいます。私はベッドの横に積まれている本の中から『聖書』を出して読もうとしましたが、かすかに聞こえるテレビの音を聞きながらすぐに眠りに落ちました。眠りについてまもなく「デブラ、火事だ！」という階下の夫の声で目が覚めたのです。

私はベッドから飛び起きました。目は覚めていましたが、まだ状況がよくつかめていません。真っ暗な廊下に足を踏み入れたとたん、燃えている木と断熱材のきな臭い匂いが鼻にきました。

「電話が使えない！」。ボブの声がうねるように巻きあがってくる濃い煙の中から聞こえました。「隣りの家に行ってくる！」

「急いで！　私は子どもを起こすから」と私は叫び返しました。

私は息子たちの部屋に行き、「火事よ！　起きなさい。火事よ！」と私は幼いシーンを抱きかかえましたが、ベッドの二階にいるデールはぐっすりと眠ったままです。デールの体をゆすって「デール、起きなさい。火事よ！」と大声で叫びました。

それから女の子たちに向かって叫びました。ツーンと目を刺すような煙が階段を巻くようにあがってきて廊下は煙でいっぱいです。目はヒリヒリと痛く、胸もやけどをしたように痛みます。すべてのことがあっという間に起こって、恐ろしさと混乱でどうしたらよいのか分かりません。それでもシーンをしっかりと抱いていました。「みんな外に出て！」と私は絶叫しましたが、言葉は煙に飲み込まれてどこにも届きません。

アリシアが部屋から出てきましたが、茫然自失の状態でひどくせき込んでいます。私はアリシアの肩をつかんで「ウエンディーを連れてきなさい！」と言いました。

私はパニック状態でした。何も見えず、息もできない状態でデールの部屋に戻ります。叫び声を出そうにも声が出ません。アリシアと再び出くわし、ウエンディーのことを聞きますが、アリシアは息が詰まって声を出せません。デールとウエンディーの姿は見当たらず、声も聞こえないので外に出たものと思いました。長女のアリシアと四歳のシーンを連れて洗濯室とおぼしき方向から噴出してくる熱と炎に焼かれながら、手探りで階段を降りていきます。やっとのことで煙から脱出して芝生に出ることができました。

私はシーンとアリシアを抱き寄せながら、このうえなく甘美な夜の空気を吸い込みました。小雨が降りはじめ肌に心地よく感じられます。

ボブが駆け寄ってきて叫びます。「デールはどこだ？　ウエンディーは？」

私は二人の名前を絶叫しながら必死の思いであたりを見渡します。ボブは家に向かって走り出します。

〈二人はまだ家の中にいる。子どもたちがまだ家の中にいる！〉

「ママ、私、家の中に行って探してくる」とアリシアが言いました。

「あなたはだめよ、私が行くわ」と言って私は泣き叫ぶシーンをアリシアに渡し息を整えます。

家の玄関まで走っていくと、熱気と煙に押し返されたボブがいました。ボブは私をつかんで、「四つん這いになっても階段の踊り場までしか行くことができなかった。無理だ。消防車がすぐに来る。待つしかない」と言いました。

私はどうしたらよいか分からず、泣きじゃくりながら跪《ひざまず》きました。〈神様、どうぞ二人をお助けください！〉。私は心の中で叫びました。ボブと私は二人の名前を呼びました。ウエンディーとデールに、私たちの声の方に来るようにと叫びました。煙を吸い込んだために喉は焼けただれていましたが、私はしわがれ声で叫び続けました。

炎が居間から左の方向へと躍り出ていきます。ガラスが粉々に砕ける音がして炎が巨大なガスバーナーのような音を立てながら燃え盛ります。私が立っているところからまっすぐ前に古い階段が数段見えましたが、それもすぐに波打つように押し寄せる炎に包まれ、炎の舌が階段の両側を舐めるように昇っていきます。〈私の子どもたち、私の子どもたち、いったいどこにいるの?〉

そのとき、濃い煙の中で階段に立っている巨大な二人の姿が見えたのです。二人はまわりで燃えさかる炎には、まったく何の影響も受けることがないかのように立っているのです。二人の周囲には信じがたい静けさの光が輝いていたために私は泣くことをやめました。〈神様、ありがとうございます〉。私は立ちあがって祈りました。〈ありがとうございます〉。時間はゆったりと流れ、やがて止まりました。半狂乱にあった私の心はしずまりました。

突然、二人の姿が消えました。そして小さな手が煙の中から突き出てきたのです。デールです。ボブがデールを煙の中から引っぱり出し、抱きかかえました。〈ウエンディーはどこ?〉。すると彼女の手が現われました。私は彼女を引っぱり出し、泣きながら芝生に一緒に倒れ込みました。

私たち家族六人はしっかりと抱き合いながら、家が炎に包まれて燃えてゆく様を見ていました。わずか四十分前に私はベッドで熟睡していたのです。今、私たちはホームレスとなり、家族六人がパジャマのまで雨に濡れているのです。消防車が到着し、私たちは隣りの家の玄関先へと避難しました。

私たちの家の古いレンガは物凄い熱を吸収したため、家全体がまるで窯《かま》のような状態になり、家の中の物はほとんど燃え尽きました。一人の消防士がホースを持って家の中に入って消火しようとしましたが、顔面のシールドが溶けてしまったほどです。消防士たちによれば、彼らが体験した火事の中で最も温度の高い火事だったということです。出火の原因は調査の結果、乾燥機が火もとであることが分かりました。非常に可燃性の強いリントが排気ホースに詰まって、それが燃えたということでした。いずれにしても、消防士たちはなすすべもなく、私たちの家は全焼しました。

私たちが服を買うことができるまで、お隣りさんたちがジョギング用の衣服などを持ち寄って助けてくれました。食べ物を差し入れてくださったり、私たちのために祈ってくださいました。最初の夜は牧師さんの家で過ごし、その後の一週間は友人の家で、その後の一週間はモーテルで過ごしました。アメリカ赤十字社と教会の援助で家を建て直すまでの間、アパートを見つけることもできました。たくさんの衣服の差し入れもありました。とくに、四歳のシーンにはたくさんの衣服が届けられました。火事から一週間の間に予定されていたバンドコンサートにウエンディーとデールが予定通り出演できるように楽器を入手すべく、学校全体で協力してくださいました。全能の神は隣人や友人の手を通して私たちに救いの手を差しのべてくださったのです。助けの手を差しのべてくれた一人ひとりがまさに天使でした。

地上の天使もいれば、天国の天使もいます。あの夜、燃えさかる階段の上に立っていた二人の荘厳な存在は私たちの子どもを助けるために神様が遣わしてくださったのです。そして、二人はまったく無傷であの炎の中を脱出することができたのです。

「ママ、誰かが私の手を引っぱってくれたの」とウエンディーが言ったとき、私たちはそれがデールだろうと思っていました。

「それは違うよ、ママ」とデールが言いました。「僕はウエンディーがそこにいることも知らなかったんだ」

それを聞いて私たちは、ウエンディーの手を引っぱってくれたのは天使の手であることを確信したのです。

破壊が世界を席巻しているときも
神から遣わされた天使たちが
私たちを守っている
ジェームズ・エドメストン

第6章

農場にいた天使

農場という場所は美しい自然があるだけではありません。豊かな恵みと隣り合わせに悲劇も起こります。雨が洪水を引き起こし、太陽の光が旱魃《かんばつ》につながることもあります。それに鋼鉄や車輪もあります。農場の車や機械は注意していても危険なものです。

バイロン・ミラーとアナ・マリー・ロビンスは、神様が遣わしてくださる天使が〝いつもそばにいる〟ことを体験的に知っています。

輝かしい収穫

バイロン・D・ミラー

私は一九三〇年代にカンザス州の東部にある農場で育ちましたが、脱穀の季節はワクワクする時期でした。地域の人たちが一緒になって小麦の収穫を手伝い、一つの農場が終わると次の農場へと移動してゆくのです。毎年、夏の二、三日の間、家はたくさんの人で賑わいました。隣人のすべて、そして労働者も一日一ドルで雇われます。馬とワゴンを持っている人の場合には、さらに一ドルが加算されます。まるでサーカスが町にやってきたような賑わいです。巨大な機械が唸り声をあげ、たくさんの馬が荷車をゴロゴロと一日中、引いています。

そういう日の朝は、私は早く起きていつもの仕事をします。納屋の前庭を走っていくと鶏たちがけたたましい声を出しながらまわりに散らばっていきます。私には農場を見渡すことのできる特別な止まり木がありました。そこに座ってすべてを見物しながら、早く大人になって仕事をしたいと思ったものです。

その頃の農場の人は皆、エルマー社の蒸気動力の脱穀機を使っていました。私たちの農場の傍らを流れるマライ・デ・シグネス川にかかっている木の橋の上を、ガタガタ音を立てながら脱穀機が渡るのを眺めていたことを今でもよく覚えています。側壁のない干草運搬用の荷車、木の箱のような穀物運搬用の荷車、エルマー社の機械用の水を積んだ荷車などが馬に引かれていました。

何度も収穫期を体験しましたが、際立って記憶に残る収穫期の出来事があります。それは七月のある日のことでした。この日、起こったことによって私の人生は変わりました。

荷馬車が曲がり角を回ってまっすぐな道に入ってくるところを見ようと、私はスクリーンで覆われた玄関に立っていましたが、その朝はすでに気温があがり、ずいぶん暑くなっていました。その後、井戸のそばに座って男たちが休憩して冷たい水を飲みながら話をするのを聞いていました。彼らは冗談を言い合っては笑い、真っ赤なバンダナで額の汗を拭っていました。彼らは冷たい水の川で泳ぎたいとか、女たちがご馳走を準備している家の方から漂ってくるおいしそうな匂いについて熱心に話していました。

男たちが脱穀機の方に向かって歩いていった後も、私は井戸のそばに座って仕事を見ていました。午後遅く父がやってきて「きょうもそろそろ終わりだな、バイロン」と言いました。

私はがっかりした顔をしていたのかもしれません。というのも、父は私の肩に手を置いてこう言ったのです。「お母さんとも話したんだが、お前もそろそろ穀物の馬車で手伝いができる年になったかな。どうだい？」

夢がついに実現したのです！　私は父の横を走りながら脱穀機の方に向かいました。男たちはフォーク形の熊手で荷車の両脇から麦の束を引っかけてはベルトコンベアーに乗せ、ベルトコンベアーに乗せられた麦の束は脱穀機の腹の中へと入っていきます。脱穀機は麦の束を飲み込み、麦粒と麦藁《むぎわら》に分けて、麦藁はシュートから吹きあげられて、いったん空中に舞いあがった後、地面に落ちて山になっていきます。麦粒はもう一本のシュートから砂のように落ちて深い箱のような荷馬車の中に入っていきます。

「お前の仕事はシュートから落ちてくる麦をシャベルで平らにすることだ。いいかい。従弟のディックがもうすぐ手伝いに来るからね」。父はそう言って私を抱きあげて穀物運搬用の荷車の箱の中に入れました。

私は荷車の箱の中に立ってうっとりと見とれ、同時に誇らしい気持ちでいっぱいでした。子どもは脱穀機の近くに来てはいけないことになっていました。近くで見る脱穀機は巨大で、滑車やベルトが複雑に絡み合い、一本の長いベルトの片方に分離機があり、もう一方の端に蒸気エンジンがあります。蒸気エンジンは煙を吐き出し、エンジニアがシャベルで石炭をくべると真っ赤な火を出すのです。

父は荷車に馬をつないで穀物倉庫の方に去っていきます。小麦を積んだ荷馬車がガタゴト、キーキーという音を立てながら積み下ろしの体勢をとり、男たちは黄金色の小麦の束をベルトコンベアーの上に置きます。埃《ほこり》っぽい麦藁の雲がシュートから舞いあがります。馬たちはブンブンと唸り立てる滑車やベルトに怯えて鼻を鳴らします。湿った皮、石炭の煙、馬糞、そして汗の臭いがあたり一面に鼻をつくように重く漂っています。

ディックが到着して荷車に飛び乗り、私たちはそれぞれシャベルを手にしてシュートから一定に流れ出てくる麦を平らにしていきます。

ディックが言います。「バイロン、上手にできるようになったね。シャベルですくい続けるんだぞ。すぐに戻るからね」

ディックは荷車から降り、私はシャベルで麦をすくっては平らにしていきます。荷馬車の箱の中は暑く、両肩が痛みはじめました。でも、私には気になりません。なんといっても父親の手伝いをしているのですから。

機械は唸り続け、麦粒が荷馬車の箱の中に滝のように流れてきます。沈みかけている太陽の光が目に眩しく感じられます。空中には埃がいっぱいで、目を細めないと見えないほどです。小麦の棘《とげ》が首根っこや腕を刺しますが、シャベルの動きを止めるわけにはいきません。シュートから麦が物凄い速さで落ちてきて、私の脚に達しはじめています。私は前よりも一生懸命にシャベルを動かしましたが追いつきません。

汗が額に流れ落ちてきて目に染みます。顔の汗を肩で拭おうとほんの一秒ほど手を休めた瞬間、シャベルを落としてしまいました。シャベルは一瞬のうちに穀物に飲み込まれ姿を消してしまいました。私は必死になって手で探りましたが見つかりません。私は仕方なく手で麦を平らにしようとしましたが、穀物が落ちてくるスピードは速くなるばかりです。

ディックはどこにいるのだろう？　父は？　脱穀機の向こう側では男たちは麦束をベルトコンベアーに一生懸命に投げ入れているので、私の方は見ていません。助けを求めて声を出しても脱穀機の音で聞こえるはずもありません。

突然、麦藁の束が顔を直撃して、私は目が見えなくなってしまいました。その間にも麦はシュートから流れ続け、私のまわりにたまっていきます。身体から外の方へと押し出そうとしてもスピードについていくことができません。両足とも動かすことができません。私は両手で顔を覆いました。私の内部の奥深いところで叫び声をあげながら麦の山の中に倒れ込んだのです。

その後、何が起こったのか、どれくらいの時間がたったのか私には知る由もありません。私はあのシャベルと同じように穀物の中に埋まって永久に消えてしまうのだろうと思いました。ところが、私は誰かの腕の中に落ちていったのです。身体全体が持ちあげられて荷車の後ろの安全な場所に連れていかれるのが分かりました。三人の見知らぬ男たちがいました。少なくとも、私には男に見えたのです。私を抱えていた人が私の顔についている小麦の穂を優しく取ってくれました。それから柔らかなリネンの上に水を注ぎ、そのリネンで私の目の痛みを取ってくれました。あとの二人はシャベルで麦を平らにする作業をしています。

この人たちは天使なのだろうか、と私は思いましたが、光が強すぎて彼らの姿をはっきりと見ることができません。三人のうちの一人が責任者らしく、脱穀機のそばにいる男たちの注意を引きつけることに成功しました。誰かが機械を止めたらしく、唸り声がやみました。

それから父の顔が見えました。父は荷車の箱の中に入り、私をしっかりと抱きました。心配そうな様子で私の顔についている麦粒を取り除きましたが、その手はゴツゴツしていて汚れています。バンダナもあの見知らぬ男の人が使ったリネンのように柔らかくはありません。あの人たちがどこにいるのか父に聞いてみました。

「誰のことだい？」と父は聞き返しました。

「僕と一緒にいた三人の男の人だよ」

「バイロン、誰もここにはいなかったよ。お前一人だけだよ」

私が無事であることを確かめた後、父は馬を数頭、荷車につないで私も乗せて穀物倉庫へと向かいました。その途中で再びあの三人を見かけたのです。そのうちの一人が、私が座っている荷車の後ろまで走ってくると、こう言ったのです。「今日という日は重要な日です。でも、それが理解できるまでには長い時間がかかるでしょう」

その夜、眠りにつく前に私は脱穀機のこと、麦のこと、私を助けてくれた三人のことを考えていました。その日の出来事によって何か自分は変わったと感じました。しかし、次の日、朝起きた私は納屋の前庭を走り抜け、鶏たちは慌てて八方へと散り、幼い少年の一日を始めたのでした。

この体験を再び考えるまでには、長い歳月が流れていました。あのとき、言われたように長い年月がたっていたのです。自分の子どもを持つようになって、初めてあのとき、私のために神様が天使を遣わしてくださったことが分かったのです。

二人の農夫

アナ・マリー・ロビンス

夫のチャーリーは私たちのモンタナ州の農場の丘を越えたところにいる牛たちに餌をやる準備をしていました。いつもなら私たち二人でする仕事でした。私がトラックを運転して、彼がトラックの後ろから干草を牛たちにあげるのです。

しかし、あの冷え込んだ朝、チャーリーが私に言いました。「ハニー、あなたはここにいなさいよ。私がトラクターで行ってくるよ」

私は彼の好意に甘えることにしました。関節炎が悪化していて、トラックを運転すればさらにひどくなるに違いありません。

チャーリーがトラクターを運転して納屋を出て、こちら側のなだらかな坂を上がり、反対側の急な斜面を降りていきます。音を聞くだけで、今どこにいるかが分かります。彼が道を戻りかけたとき、トラクターのチェーンが回転してひどい音がするのが聞こえました。何かが起こったのです。

いったい何が起こったのか想像するのも恐ろしく、私は不自由な足でできるだけ速く歩いていきました。トラクターの一定したアイドリングの音に私の思いはかき消されました。丘のいちばん高いところまで来て、丘の反対側で起こった恐ろしい光景が見えたのです。トラクターは氷の上でスピンをしてひっくり返っていたのです。そして、チャーリーが馴染みの茶色いコートを着て大きなトラクターの上に横になっているのが見えました。それ以上、一歩も近づかなくとも、彼が死んでいることは明らかでした。

彼のところに行く前に緊急通報しなければなりません。丘の反対側の坂を降りていけば、一人で戻ってくることは不可能です。そこに取り残され、私たちのことに誰も気づいてはくれないでしょう。

「チャーリー、すぐに戻るからね。すぐに戻るからね」。私は囁くような声で遠くにいる彼に話しかけました。

急いで家に戻りながら、〈神様、どうぞ私と一緒にいてください。大丈夫ですね〉と何度も心の中で繰り返しました。救急に通報し、それから力を振り絞って丘の反対側の急な坂道を降りていきました。このときはチャーリーの方を見ていませんでした。〈神様、どうしてチャーリーは一人ぼっちで死ななければならなかったのですか?〉。足もとに注意しながら歩き、トラクターのところまで行って初めて上を見あげました。

〈チャーリーはいったいどこにいるの?〉。彼の姿はトラクターの上には見当たりません。彼は地面で大きなトラクターの下敷きになっているではありませんか。この姿が丘の上から見えるはずはありません。でも、あのとき見えたのがチャーリーでないとしたら、いったい誰だったのでしょう?

私はトラクターの下に手を伸ばしてエンジンを切りました。その後に訪れた静けさの中でチャーリーに話しかけ、黒の作業用パンツ越しに、機械の下敷きになっている彼の足をさすりました。彼が何も感じないことは分かっていましたが、足をさすり続けました。その瞬間、彼が馴染みの茶色のコートを着ていないことに気づいたのです。

救急車が到着し、隣りの人も来てくれました。救急車の人が言いました。「トラクターがひっくり返ったその瞬間に亡くなりましたね。慰めになるかどうか分かりませんが、痛みは何も感じなかったはずですよ」
それを聞いて慰められる思いでした。その瞬間に天使が一緒にいてくれてチャーリーが苦しみを感ずることがなかったと確信しました。それだけではありません。私が一人で様子を見るために急な坂を降りていくことのないように、馴染みの茶色のコートを着たチャーリーの様子を見せてくれたに違いありません。天使はチャーリーと一緒にいてくれました。そして私とも一緒にいてくれたのです。チャーリーも私のためにそれを望んだに違いありません。

主よ、天使たちとともに
どうぞおいでください。
この素晴らしい収穫を
天国へお連れください。
ヘンリー・アルフォード

第7章 守護天使

守護天使というポピュラーな言葉は『聖書』では使われていませんが、「詩篇」91－11の中で神の天国のメッセンジャーの守護の役割が次のように説明されています。「まことに主は、あなたのために御使いたちに命じて、すべての道であなたを守るようにされる」。守護天使は、普通は姿を見せることはありません。しかし、ときとして実にドラマチックに姿を見せることもあります。ロバート・プラマーとウィリアム・ウィルソンもそれを体験した人たちです。

地下室にいた天使

ロバート・プラマー

オハイオ州のコロンバスで一九四〇年代に育った私は、ほかの少年たちと多くの共通点を持っていました。アイスクリームが大好きで、ラジオ番組ではジャック・アームストロング、日曜学校、カウボーイ、そしてインディアンがとくに大好きでした。しかし、私には一つの恐ろしい秘密がありました。私は父に対する恐怖心とともに毎日を生きていたのです。父を安全な存在と感じることはありませんでした。

ほかの少年たちはミルクをこぼしたからといって殴られたりしないということを知りませんでしたから、そういう父を愛そうと努めました。しかし、いつも怖れていました。父の影すらも怖れていました。

父はがっちりとした筋肉質で、お酒を飲んで酔うと罵《ののし》り言葉は大声でさらに冒涜的なものとなりました。革紐を使うのが好きで、まるでライオン使いのように革紐を使って空中でパーンという音を出すのです。ライオン使いは鞭《むち》で直接ライオンに触れることはめったにありません。しかし、父は私の肌に自分では抑止できない怒りのしるしを残すのでした。父はなぜそんなに怒っているのだろう、それは私のせいなのだろうかと思ったものでした。

母が止めようとすると、父は私と母に対する怒りをさらに倍増させるだけでした。母と私は父の機嫌を損ねないように、とくに酔っているときは気をつけなければなりませんでした。

母と私の一つの喜びは教会でした。私はとくに日曜学校が大好きでした。そこで私は本当の父を発見したのです。恐ろしい父ではなく、愛情とゆるしの父でした。この父のために天使と呼ばれる存在がいつでも命令に応じて活躍する、そういう存在の父でした。必要なときにはこの父なる神が天使を遣わしてくれると教えられました。私は天使についてよく考えたものです。天使ってどういう姿をしているのだろう。姿を見ることがあっても絶対に怖れることがありませんようにと祈ったものです。私は少年時代の多くの時間を怖れの中で過ごしていたのです。

教会で歌うことが大好きでした。学校では音楽の時間が待ちきれませんでした。音楽の時間には、『ゴッド・ブレス・アメリカ』や『バトル・ヒム・オブ・ザ・リパブリック』などの歌を、心を込めて全力を振り絞って歌いました。私は強い声を持っていました。誰かに将来の夢はと聞かれたら、「ロレンス・ウエルクのようなオーケストラの伴奏で歌をうたいながら世界を巡業すること」と、ためらうことなく答えたに違いありません。歌をうたっているときの私は恐怖からも自由でした。

その日の朝、父はいつもの仕事をきちんとしておくようにと私に言いました。仕事を忘れたらどんなひどい仕打ちを受けるかはよく分かっていました。学校から帰った私は家を掃除して、自分の部屋に落ち着き、ラジオで『ローンレンジャー』に聞き入っていました。疾走する馬の蹄《ひずめ》の音やこだまする銃声の別世界に入っていた私は父が帰ったことに気がつきませんでした。

突然、父が現われ、「ボブ、言われた仕事はやったのか?」と聞きました。

「やりましたよ、お父さん」と私は答えました。

二階の寝室に行って寝てくれればいいなあと思いましたが、父がよろめきながら居間の方に歩いていく足音が聞こえ、悪態をつく声が聞こえた瞬間、何かが床に落ちて砕ける音がしました。私の全身は震え出しました。

「お前、ここに来い!」と父は大声で怒鳴りました。

私はラジオを切り、父のところに行きましたが、口の中は怖れのためにカラカラです。父の顔は紅潮し、目は不気味にギラギラと輝いています。

「お前、この部屋を掃除したって言うのか?」

「はい、掃除しました、お父さん」

「嘘つくな!」。父は床に落ちて粉々に砕けたランプの残骸を蹴飛ばしました。「じゃあ、これは何だ?」

と言うと、父はネクタイを緩めはじめました。最悪な兆しです。

　こうなると言い訳をしても無駄です。父は私の襟首をつかんで地下室のドアの方向に私を引きずりながら、さっと手を伸ばしてドアの後ろに掛かっている重い革のベルトを取り、階段を降りはじめました。私は恐怖のあまり息をつくことさえできないほどです。父は鎖のチェーンをぐっと引っぱって明かりをつけます。天井から釣り下がっている電球が狂ったように揺れ、いろいろな影が交錯します。天井に沿って走っている管から短い物干し用のロープが下がっているのが見えます。父はそのロープで私の両手を管に縛りつけ、両足が床を離れた状態にして私の背中を打つのです。父は私のシャツを肩まで引っぱりあげました。

「嘘をつくとどういうことになるか教えてやる」と言いながら、革のベルトを鳴らします。

　私は目を閉じて、来るべき恐怖の鞭打ちに備えました。革のベルトの空気を裂く音、ベルトが身体に食い込むときの燃えるような痛み、打つたびごとに唸り声とともに父の口から発せられるアルコールの臭い。私は祈りました。〈神様、どうぞ私をお助けください〉

　そのときでした、彼が姿を現わしたのは。静かに、そして全身を見せてくれたのです。背は高くがっちりとした肩をしたネイティブ・アメリカンが姿を現わしたのです。石炭のように真っ黒な髪の毛がブルーのベストの上まで長く垂れ下がっています。彼の全身から確信とやすらぎが滲み出ています。神が彼を遣わしてくださったのだと分かりました。ですから恐ろしいとは思いません。彼の深い火花のように光る目がほんの一瞬、私の目を見つめ、それから私をまさに鞭打とうとしている父を射抜くように見たのです。父の息が詰まったような喘ぎが聞こえ、ベルトが床に落ち、真鍮《しんちゅう》のバックルがコンクリートの床に当たってガラガラと音を立てました。父の方を見ると、両手で顔を覆いながら階段をよろめくように昇っていきます。

振り向くと、あのインディアンの姿は消えていました。しかし、私は確信しました。あの高貴な天使が何らかの形でいつも私と一緒にいてくれるということを。それから数分して父は階段を降りてくると私の両手を縛っていたロープを解きましたが無言のままでした。父はこの日の出来事について語ることはありませんでしたが、それ以来、二度と私に手をあげることはなかったのです。

あの日の出来事以来、神様の世界のあらゆる可能性が私のために開かれたかのようでした。私には歌をうたうこと以外は自信がなかったのですが、あの日、私は大いなる自信を与えられたと感じたのです。

次の日、学校に行くと担任の先生が驚くべきニュースを伝えてくれました。ホームルームの後で、「ボブ、今日の午後に行われる〈コロンバス少年聖歌隊〉のオーディションに君を推薦することが決まりました。一握りの人しか選ばれないけど、最善を尽くしなさい」と先生が言われたのです。

私は息を深く吸い込みました。コロンバス少年聖歌隊は私たちの町のグループですが、全国的に名声を得ているのです。この聖歌隊に参加する可能性があるなどとは夢にも考えたことがありませんでした。

昼食の後、大急ぎで家に帰り、ネクタイを締めて、オーディションが行われる学校に行くべく電車に乗りました。ホフマン校長先生が私の肩を叩き、私のネクタイを直しながら「ボブ、君が持っている最高の可能性を見せてくれ!」と言いました。

明るいソプラノの声で、恋人のために部屋の窓から脱出する若者をうたったメキシコの歌を、一生懸命にうたいました。それから数日して、合格通知が来ました。私は天にも昇る気持ちでした。その後の五年間は、それこそ天国にいるような時間で、私は聖歌隊と一緒に世界中を巡り生活を共にしたのです。聖歌隊だけの学校もあり、授業は移動中のバスの中で行われました。私はこの五年の間に成人しました。父親とは違う大人になったのです。

父は四年前に亡くなりました。父が神様と平和な関係を築くことを祈っています。あのような状況の中で父を完全に愛することができたかどうか私には分かりません。しかし、私は父をゆるしました。ときには、ゆるすということが唯一の愛情であるのかもしれません。父は子どものとき、自分の父親にひどい虐待を受けていたことを知った今、父のことがより理解できるようになりました。彼は自分の父親にやられたことを私にやっていたのです。

しかし、私は二人の息子に対してそのようなことをしたくはありません。この恐ろしい暴力の連鎖は私が十歳だったあの夜、神によって遣わされた天使が革の鞭と私との間に立って破られたのです。このことによって私の怖れはなくなり、確かなやすらぎが訪れたのです。

ファレスへの帰還

ウィリアム・P・ウィルソン

一九八〇年一月のその日、私はメキシコにある監獄を訪れていました。今、看守が私たちの背後のドアをバタンと閉めました。看守が私たちのもとを離れ、コンクリートの廊下を歩いて去っていく靴音が響き渡ります。

私は悪臭がする巨大な部屋の中に閉じ込められているのです。まわりを見渡すと、百人ほどの囚人が部屋の中にいます。なかには剥き出しの床の上に汚い毛布にくるまって寝ている者もいます。壁に寄りかかっている者もいれば、歩きまわっている人もいます。天井近くにある格子の入った小さな窓から冬の陽光が差し込んでいます。

私は地元の伝道師の助手としてファレスの監獄にやってきたのでした。私たち二人は尿と汗の鼻をつく臭いが立ち込める部屋の中に立っていました。

私はアメリカ人でデューク大学の精神科医、私の連れは元囚人で伝道師になったメキシコ人です。伝道師が男たちに話をするべく部屋の中央に向かって歩きはじめたとき、私はどうすればよいか聞いてみると、「祈ってください」と彼は言いました。

元囚人は説教を始めました。彼が話す口語的なスペイン語は私にはよく分からないために、私はいま自分がここにいるという驚くべき事実に思いを馳せていました。

私はノースカロライナ州に住んでいましたが、多くのストレスを体験していました。精神科医として開業しながらデューク大学で精神科の教授として教鞭をとっていました。その年の冬は長期休暇をとって、テキサス州エル・パソでの長期研修に参加していました。この研修の参加者は研修所が行っているさまざまな地域活動に参加することができました。その一つがこの監獄への訪問だったのです。囚人の多くは精神的な病を患っていると聞いていました。

ここに来るという選択をしたとき、私がまだ若い医師だった頃に体験した不快な記憶を解消したいという気持ちが無意識のうちに働いていたのかもしれません。当時の私はノースカロライナ州の州立病院の新人医師として仕事をしていましたが、この病院には刑事上の罪を犯した狂人のための隔離病棟がありました。そこには今メキシコの監獄の中で見ているのと同じ怒りに満ちた顔がありました。同じように目的もなく歩いている姿、消毒薬のあの刺すような臭いが充満していました。ノースカロライナの州立病院の患者の中には殺人者もいました。なかには素手で仲間の囚人を殺し、いつも誰かに傷を負わせようと噛みつこうとしたり、蹴っとばそうとしている囚人もいました。医師といえども、いつ囚人が凶暴性を発揮して襲ってくるか分かりません。看守がいつも近くにいてくれることに感謝したものでした。

しかし、ここには近くに看守はいません。精神的に錯乱している囚人は簡単に見分けることができます。私たちが部屋に入ると彼らは身を起こして、わけの分からない言葉をつぶやき、私たち二人に向かって毒づき、淫らなジェスチャーをします。このうちの誰が突然、暴力的になるか知る由もありません。

囚人の多くが私たちの方に近づき、伝道師のまわりを囲み、私のまわりにも人垣ができます。とくに左側にいる人が私にまとわりつこうとしているのを感じて私は左を向きます。およそ七〇センチの距離から、その男は私をじっと凝視していて、細く開けられた目には怒りが漲《みなぎ》っているのが分かります。シミのついたシャツは破れ、顎が前に突き出ています。私は患者が恐怖に対処する方法を教えていますが、いま怖れに直面しているのは私です。

怒りに燃えた目をした囚人は顔をさらに私に近づけようとします。私は壁伝いに後退して彼との間の距離を保とうとします。すると、彼もついてきます。私たちはこうして二十分間、まことに奇妙なダンスを踊ったのです。二人の間には常に七〇センチの距離をおき、それ以上縮めることなく動き続けたのです。ついに突然、この囚人は私の追跡をやめたのですが、これが奇妙だと思い当たるのは何年もたってからのことでした。

私はほっとして伝道師の方に注意を向けると、彼はすでに静かになった部屋に向かって、キリストを救世主として受け入れる人は祭壇に来るようにと呼びかけ、三十人ほどの囚人がこれに応じました。それからしばらくして看守が戻ってきて私たちを部屋から出してくれました。私は飛行機でノースカロライナを後にして、この体験は完了したものと思っていました。

それから十五年がたちました。私は再び、プレッシャーのかかる日常生活から休みをとってエル・パソでの長期研修に参加することにしたのです。おそらくは、まだ何かが完了していないという気持ちがあったからだと思うのですが、今回もファレスの監獄を訪れるプログラムに参加することにしました。リオ・グランデ川を渡るとき、過去に感じた不安と同じ不安に襲われました。

まもなく私たちは看守と一緒にコンクリートの廊下を歩いていました。今度もまた背後でドアがバタンと閉められ、看守の足音が遠ざかってゆき、私たちは悪臭のする薄暗い部屋の中に閉じ込められました。あのときの怒りに目をギラギラと輝かせていた男はいませんでしたが、彼と同じように落ち着きがなく怒りに燃えた男たちが何人もいました。

十五年前とは別人の伝道師が話を始めました。私は彼の後ろに立って目を閉じて祈りを始めました。そのとき、彼らの姿が見えたのです。

目を閉じているにもかかわらず、私たちの前に目の覚めるようなガウンをまとった、言葉では言い表わすことができないほど美しい六人の男性が見えたのです。ガウンの色は白でしたが想像もできないような美しい色です。それぞれが両刃の剣を手にして、剣先は足もとに向けられています。剣の詳細な点まで、なぜか気がつきました。たとえば、剣の柄《え》には何も彫刻が施されていません。彼らは非常に穏やかでしたが圧倒的な力のオーラが周囲に漂っています。彼らはただそこに立って伝道師を見ています。

目を開ければこのビジョンが消えてしまうことが怖くて私は十分間、目を閉じたまま彼らを凝視していました。非常な喜びを感じましたが驚きはありませんでした。彼らがそこにいることが、ごく自然なことに感じられたのです。ついに目を開きました。

光に輝く彼らはまだそこに立っていました。目を開けても、閉じていたときと同じように鮮やかに見えるのです。私は突然、思いました。十五年前に初めてこの部屋を訪れたときも彼らはここにいて、私たちを見守り、私の後をつけまわした怒り狂った囚人と私の間に安全なスペースを確保してくれたのだろうか？　彼が突然、私の追跡をやめて去っていったのは、彼らのお陰なのだろうか？

一つだけ、はっきりしたことがありました。あれから十五年たった今、天使がそばにいることを知った私はこのうえなく安心でした。伝道師の話が終わりに近づくにつれて部屋には平和が訪れました。伝道師がオールターコール（キリストを救世主として受け入れる儀式）をすると、二十人以上の囚人たちが前の方に出てきました。輝くような存在たちが見守る中で伝道師と私は祈りを捧げて儀式は終わりました。

飛行機でノースカロライナに帰る途中、年を重ねる中で直面するであろう、数多くの未知の出来事について思いを馳せました。個人的にも職業的にもいろいろなことがあるに違いありません。しかし、白いガウンを身にまとい、剣を持った天使たちが疑いや怖れといった敵から私を守ってくれていることを知った今、これまでとは異なった態度で困難に直面できると思いました。それまでは話でしか聞いたことのない天国の使者をメキシコの監獄で実際に見ることができたのですから。

第8章

病院で働く天使

病院に入院するということは大変なことです。入院している患者にとっても、お見舞いの人にとっても、家族にとっても気がめいるものです。常に一つの疑問が頭を離れることはありません。再び健康な身体に戻ることができるのだろうか？　それとも病気に負けてしまうのだろうか？　病気を患っている人は誰であれ、一人ではありません。神の使者が常に近くにいるのです。なかには〝ごく普通の人〟のように見える場合もあります。天使の翼があるかもしれず、また、ないかもしれません。

用意された場所

キャシー・ディートン・ボハノン

私は義理の父を担当している看護師さんが私を呼びにくるのを集中治療室の外で待っていました。ジャック・ボハノン、皆にダディー・ボーという愛称で呼ばれている父は心臓病で瀕死の状態にありました。一週間の間、一日二十四時間、付きっきりで看病してきたのですが、別れのときが来ました。

今夜、家族が一人ひとり順番にさよならを言うのです。一人十五分間、ダディー・ボーといることが許されます。夫のジョンとジョンの母が最初に行きました。

集中治療室のドアが開いて、看護師さんが「キャシー、どうぞ」と厳かに暗い病室へと私を導いてくれました。彼女はドアのところに立っています。時間を計るためにそうしているのだろうと私は思いました。十五分間で言いたいことを全部言うことなんてできるかしら？

私はダディー・ボーのベッドに行き、深呼吸をして「ダディー・ボー、キャシーです」と言いながら、白い枕カバーとマッチしているようなふさふさとした白髪に触りました。彼は目を開けましたが、まばたきをして閉じました。「愛しています」と言って私は彼の手を優しく握りしめました。

一生懸命に息を吸っては吐いている彼を見ながら、ダディー・ボーの大好きなところを思い出していました。私は彼に本当に世話になりました。彼は、ジョンと私の最初の家をジョンがダディー・ボーの両親から遺産として受け継いだ土地に建てる手伝いをしてくれました。ダディー・ボーは私たちの息子や娘と一緒に遊びながら、子ども部屋でたくさんの時間を過ごしてくれました。庭いじりが大好きで、家庭菜園で作ったペパーやトマトをずいぶん持ってきてくれたものです。

看護師さんが腕時計を見て時間が来たことを私に告げました。私はダディー・ボーの額にキスをして「数え切れないほどの理由がありますが、あなたを愛しています」と囁きました。

集中治療室を離れた私は泣くまいと堪えていました。ここで取り乱してはいけないと自分に言い聞かせました。夫や子ども、義理の母のためにしっかりしなければなりませんでした。気持ちを立て直して、取り乱したところを見せないように、いちばん近いエレベーターに行きました。エレベーターの中で、行く先も考えずにボタンを押しました。ボタンのパネルから手を離すと「8」の番号にランプがついています。ドアが開いて暗い廊下が見えます。このフロアには誰もいない。このフロアの人たちは皆、帰宅したに違いありません。

廊下に一つ明かりが置いてあって、その横に壁伝いに二つの椅子が見えます。私は椅子の一つに座って両手で顔を覆い涙が流れるままに任せました。〈神様、どうぞ力をお貸しください。私は家族を慰めたいと思いますが、自分自身の悲しみのためにそれができそうにありません。ダディー・ボーの死を私が受け入れることができなかったら、家族がそれを受け入れる力になることはできません〉

衣ずれの音で頭をあげると、男性が私の横に座っています。牧師さんです。この人はここにいつからいたのかしら？　黒くて長いガウンの袖は幅広く膝のところまで届き、彼は膝の上で褐色の手を組み合わせています。私は彼の静かな眼差しに魅了されました。

「幼子よ、あなたが辛く感じているのは私にも分かります」。彼の英語には軽く弾むようなジャマイカ訛《なま》りがあります。彼は手を伸ばして私の両手を握って「怖れることはありません。私はあなたのお役に立つためにここに来ています」と言いました。彼の言葉はとても慰めに満ちたもので、とくにジャマイカ風の英語の訛りが親しみを感じさせます。

「あなたはこの人をとても愛しているのですね」と見知らぬ牧師は続けました。

私はかすかな声で「はい」と囁くように言いました。

「神様はジャックのために場所を用意してくださっているのですよ」と彼はさらに続けます。

彼はすでに家族と話をしたらしく、事情を知っていることに私はほっとしました。今はいろいろと質問に答えたくなかったのです。考えてみれば、私には質問に答えることはできません。私をじっと見つめている彼に向かって私は頷きました。

「神様は私たちすべてのために場所を用意してくださるのです。神様の子どもたちのためにです」。その牧師は続けます。「神様はジャックがあなたにとって、またあなたの家族にとって大切な人であることを知っておられます。ジャックが苦しみの中にいることを知っておられます。ジャックは良い父親であり、良いおじいちゃんであり、良い夫であることを知っておられます。そういう善人のためには特別な場所を用意しておられるのです」

牧師は私を放しました。私はなぜか、彼にさらに親しみを感じました。いま私に言ったことを家族に言ってくれたらいいのにと思いました。

安らかな気持ちです。ちょうどそのとき、エレベーターが開く音が聞こえました。夫が大急ぎでやってきました。

「ずっと探していたんだよ」と言って私を両腕で抱きかかえてくれます。「大丈夫なようでよかった！」。私も自分が泣きやんでいたことに気がつきました。

「この素敵な牧師さんのおかげなの」と言いながら椅子の方を向きました。

「誰のこと？」とジョンが聞きます。

椅子には誰も座っていません。廊下を見渡しても誰もいません。事務所の中は真っ暗です。エレベーターに乗った人は誰もおらず、近くに階段があるわけでもありません。あの牧師はいったいどこに行ってしまったのでしょうか。

待合室に戻る途中、私はジョンにすべて話しました。牧師がダディー・ボーについて言ったこと、天国にダディー・ボーのために特別な場所が用意されているということ。

「あの牧師さん、そのことをあなたたちにも話した？」と私はジョンに聞きました。

「キャシー、僕はその人には会ってないよ」

そしてあとで分かったことですが、ほかの家族も誰も彼に会ってはいなかったのです。でも、いったいどうしてダディー・ボーの名前を知っていたのでしょう？

その後、まもなくダディー・ボーは亡くなりましたが、私たちの苦しみを最も和らげてくれたのは、ダディー・ボーのために天国に特別な場所が用意されているというイメージでした。あの牧師が教えてくれた話でした。

葬儀が終わった後、私は病院に電話をしてみました。ひょっとしたらあの牧師は病院の礼拝堂付の牧師さんかもしれないと思ったのです。しかし、誰も彼のことを知りません。電話の係《かかり》が礼拝部門の担当者につないでくれたのですが、「ジャマイカ訛りのある牧師はスタッフにはいません。それに八階の廊下の壁ぎわには明かりも椅子もありませんよ」とのことでした。

しかし、私は確かに見たのです。椅子があって、その傍らに明かりがあったのです。ただ、私のためにあそこに場所を用意してくれた天使がいたとしか考えられないのです。そして神の子どもが故郷に帰るとき、すべての子どものために場所が用意されていることを思い出させてくれたのです。

翼のある人たち

ビリー・バクスター

ある年の十月の夕方、私はストーンウォール・ジャクソン・ハイスクールの駐車場に車を停めようとしていました。「トラックを停めるまで待って、スチーブン」。私は九歳の息子に言いました。今にも息子がドアを開けようとしているのが見えたからです。

「分かってるよ、パパ。でも、いい席に着きたいからさ」

私も思わず微笑みました。ヴァージニア州のマナサスではフットボールの人気は大変なもので、私の家族もフットボールに熱中していました。私は息子たちが少年リーグにいたときはコーチを務め、十五歳になった長男のシェインはストーンウォール・ジャクソン・ハイスクールのジュニアチームのレフトガードをしているのです。ですから、試合を見に行くのはとても楽しみでした。

駐車してスタンドに向かいます。三階建ての鋼鉄でできた大きなスタジアムです。スチーブンはコンクリートの通路を走って観覧席に行き、中ほどの高さのところで止まって「パパ、このあたりでどう？」と叫びます。

私たちは冷たいベンチをきれいに拭いて、仕事が終わってから来ることになっている妻のコニーの席も用意します。〈フットボールの試合がある日は最高だ〉。私は心の中で思います。長男のチーム、レイダーズが競技場に走って入ってくると、観衆から「オー！」という歓声が湧き起こります。

「シェイン、やっつけろ！」。私も声援を送ります。

キックオフのすぐ後にスチーブンの友達が二人やってきて、スチーブンも立ちあがってどこかに行こうとします。私は「待ちなさい。みんな走りまわったりせずにここにいなさい」と言いました。末っ子のスチーブンは向こう見ずなところがあって、何を仕出かすか分かりません。私はゲームに集中したかったのです。

ゲームが始まり、興奮する見せ場がやってきました。息子のチームが相手チームの一五ヤードラインに達し、スクリーンパスが一回されたかと思うと最初のゴールです。「もっと近くでプレーを見たいか?」と私は子どもたちに言って、レイダーズのタッチダウンを間近で見るために競技場の端まで走っていきます。

ハーフタイムの直前にスチーブンが「パパ、ホットドッグを買いたいんだけどお金くれる?」と聞きました。

「もちろんだ、だけどすぐ戻るんだぞ」

男の子たちはゲームが始まると戻ってきて、観覧席の上の方に走っていきました。「気をつけろよ」と私が言うと、「分かったよ、パパ」とスチーブンが答えました。

それから私はゲームの観戦に熱中していましたが、突然、背筋がゾクゾクとしました。〈後ろを見なさい〉

私はなぜか分かりませんが後ろを振り返りました。すると、観覧席のすき間越しにスチーブンが地面に横たわり、友達が彼を覗き込んでいる様子が目に飛び込んできました。一人の子がスチーブンを揺さぶっています。「お父さんを呼んで!」という動転した声が聞こえます。

私はスチーブンの方に走っていきました。スチーブンは観覧席の後方にあるコンクリートの歩道に横たわっています。目の焦点が定まらず、顎がロックした状態を見て、事は重大だと感じました。

「救急車を呼んでくれ！」と私は叫びました。私は息子の身体の横に跪《ひざまず》いて祈りました。「どうぞ神様、助けてください。どうぞ息子のために天使を派遣してください」

私は顔を上げてスチーブンの友達に聞きました。「何があったんだ？」

「観覧席を歩いているとき、滑って席のすき間から落ちたんです」と友達が言いながら、観覧席のいちばん高いところを指差しました。一〇メートルはあります！　一瞬、観衆のざわめきも何もかも私の耳から聞こえなくなりました。あんなに高いところから落ちたのでは、誰だって助かりっこない。

救急隊員のきびきびとした声が耳に入ってきました。「気をつけて。首に損傷があるかもしれない」。彼らはスチーブンを静かに担架に乗せます。「血圧が落ちています。急速に落ちています」

「救急車にはスペースがありませんので、ご自分の車でついてきてください」と救急隊員の一人が言いました。

私はパニックに陥らないようにと努めながら、隣人の一人にゲームが終わったらシェインを家に連れて帰ってくれるように頼みました。別な友人には、コニーに連絡してくれるように頼みました。

私はトラックを全速力で走らせ、救急車よりも早く緊急治療室に着きました。すぐに両親に電話しました。

「今、病院にいるんだ。いや、スチーブンなんだ。かなりひどいんだ、ママ」。スチーブンが運ばれていくのを見て、私はストレッチャーに駆け寄りました。

看護師の一人が私の腕をつかんで、「一緒に来ることはできません。何か分かりましたらすぐにお知らせしますから、ここで待っていてください」と言いました。

緊張感があたり一面に立ち込めています。母が到着して私のそばに座ります。父はコニーを迎えに行っています。

数分して医師が「息子さんはフェアファックス病院に行ってもらいます。あそこにはトラウマ・センターがありますから」と言いました。彼はそれを知らせることによって私たち家族に心の準備をさせようとしているようでした。

ヘリコプターに乗せる前にちらっと見えたスチーブンの顔を見て、私は思わず息を呑みました。スチーブンの顔は真っ青で、目には生気がありません。

母がスチーブンの額に手を乗せて囁きました。「神様、どうぞ天使をお遣わしください」

母は私と一緒に車に乗りましたが、私たちはお互いに話しかける代わりに、神様に語り続けました。母は神様に懇願しました。「神様、どうぞ助けてあげてください」

「神様、どうぞ息子をお守りください」と私は祈りました。担架に乗せられていたスチーブンには生気がありませんでした。すでにこの世を去ってしまったかもしれないと怖れていました。

父とコニーとコニーの両親がフェアファックスの集中治療室で私たちを待っていました。スチーブンの容態《ようだい》について何か分かるまで、私たちは一緒に祈りました。スチーブンの傷は深刻でした。頭蓋骨挫傷、肋骨と鎖骨の骨折、肺に穴が開き、脾臓《ひぞう》は破裂していました。

「息子さんは昏睡《こんすい》状態にあります。昏睡状態から目を覚ますかどうか何とも言えません」と医師が言いました。

私は息苦しくなり、部屋を出ました。外に出て叫びました。「神様、スチーブンをあなたの手に委ねます」。祈りが終わったとき、怖れがなくなりました。深呼吸をすると心にやすらぎが訪れました。何があろうとも神様が息子の面倒を見てくださると思いました。

スチーブンが私たちのところに戻ってくる兆しを探しながら、何日も看病が続きました。彼の目がしばたき、唇が動いて何かを呟いているかのようでしたが、言葉を聞きとることはできません。コニーと私は集中治療室に付きっきりでしたが五日目に、コニーに家に帰って少し休むようにと言いました。彼女は今にも倒れそうな状態でした。その日の夜、私はスチーブンのベッドの傍らに一人で座っていました。スチーブンが何かを言おうとしていました。

「何が言いたいの？」と私は聞きました。近くに顔を寄せると、初めて彼の言葉が聞きとれたのです。

「ボビー、パパが知ってるよ。パパが知ってるよ」

〈ボビーって誰だろう？〉と私は思いました。そして、〈私が知っていることって何だろう？〉。私は不思議に思いましたが、スチーブンが怖れていない様子を見て感謝しました。今どこにいるのか分かりませんでしたが、友達の間にいるらしいことにほっとしました。

翌朝、コニーと私の母がやってきたので、新鮮な空気を吸おうと私は外に出ました。集中治療室に戻ると、コニーの叫び声が聞こえました。

「スチーブンが目を覚ました！」。私は息子のベッドに駆け寄りました。

「パパ、僕は死んだんだ」と、スチーブンが呟くように言いました。

あのときと同じように背筋がゾクッとしました。「夕べ、ボビーという人と話をしていたけど、誰なの?」と私は聞いてみました。

「彼は天使だよ」。コニーと私は目を合わせました。

「パパが知っているってボビーに向かって言い続けていたけど、何の話をしていたのか覚えている?」。

スチーブンは首を振りました。

「シェインとも話しているのを聞いたけど、お兄ちゃんに会ったのかい?」

「いや、あれはお兄ちゃんのシェインじゃなくて、もう一人の天使の名前だよ」。私たちは驚いて耳を傾けました。「観覧席で滑って落ちていったことを覚えているよ。すると、三人の天使が僕を上に引っぱってくれた。変な感じだった。僕の身体が地面に横たわっているのが見えて、パパが僕の身体に駆け寄ってくるのも見えた。怖かった。最初は天使たちと一緒に行きたくなかったけど、彼らに大丈夫だよって言われたんだ。ボビーの髪は茶色で、シェインは金髪、ケヴィンは黒い髪だった。普通の人に見えたけど翼があったよ」

「天使たちはあなたをどこに連れていったの?」とコニーが聞きました。

「トンネルの中だよ。真っ暗だったから僕らは皆、体を寄せ合っていたけど。トンネルの終わりに明かりが見えて、そこに向かって飛んでいったんだけど面白かったよ。だけど、明かりのところまで辿り着く前に大きな黒い影が忍び寄ってきて、ケヴィンがそれを追い払ったのだけれど、穴に落ちてしまった。それで僕らは身を乗り出してケヴィンを引っぱりあげたんだ。それから、トンネルの終わりに辿り着いたんだけど、そこで目が覚めたよ」

「すごい冒険だったみたいだね」と言って私は息子の肩を優しく叩きました。私は突きあげてくるものがあって、それ以上、何も言うことができませんでした。

それからのスチーブンの回復ぶりは目を見張るものがありました。翌朝、彼は病院の廊下を歩きはじめたのです。それからさらに二日して、退院してもよいと言われました。その日の午後、コニーと私の母がスチーブンと一緒に部屋に座っていました。私は家にスチーブンの衣服を取りに帰ったところでした。コニーと私の母はスチーブンの目が何かの後を追ってドアのところまで行くのに気づきました。彼はニコニコして手を振りました。

「スチーブン、何をしているの？」

「天使たちにさよならしているんだよ、ママ」

「ここにいるの？」

「もちろんだよ。ずっと病院に一緒にいてくれたんだ」。それから彼は再びドアの方を見て言いました。

「さよなら、みんなありがとう！」

第9章

氷上に現われた天使

詩人、クリスチーナ・ロセッティは氷のように寒い冬を次のように描写しています。「暗い冬の最中に、大地は鉄のごとく硬く、水は石のようになる」。息を呑むように美しい雪に覆われた冬の大地は、ときとして生命を脅かしかねない危険性も秘めています。その冷たさは神の存在すら凍結してしまうものなのでしょうか？　そのような大地に神が愛のメッセンジャーを派遣することは不可能でしょうか？　そんなことは絶対にありません。

氷の湖上で迷って

ウィリアム・N・リンダーマン

凍結した雪の上に顔面をつけながら、私は息を吸おうと喘いでいました。いま立ちあがらなければ死ぬと分かっていました。なんとかして膝を着きヨロヨロと立ちあがりましたが、氷のような雪まじりの突風になぎ倒されました。吠え狂うウィスコンシン名物の吹雪で生命を落とすのだろうか？

第９章　氷上に現われた天使

それは寒い一月のある日のことでした。二時間ほど前に私はマジソンの直径四〇キロあるメンドラ湖を歩いて渡るべく出発したのでした。酷寒の空気が鼻腔をくすぐりましたが、私はこういうことが大好きでした。

ウィスコンシン育ちの私は常に屋外を探検し、カヌーを漕いだり、山登りをしたり、森の中を逍遥したりしていたのです。私は何の怖れもなく自然を愛していました。子どもの頃は、母親の守護天使がいて守ってくれているといった言葉を信じていたために怖れはありませんでした。しかし、十代になるとそんなおとぎ話はもう信じていませんでした。反抗期の私はわがままで家を出てアパート暮らしを始めました。私は何でも自分でできると信じていました。

十九歳のときにマジソンに移り、ウィスコンシン大学に入学しました。あの日、午後の授業をサボって下宿の近くにある凍結した湖を渡ることにしたのです。湖上をトレッキングするべくフードのついた毛皮のコートを着て、重いブーツを履き、保温性の高い毛皮の手袋をはめました。

この大きな湖はもう何週間も凍っていて、防波堤の近くを除けば氷が非常に厚く張っていました。湖岸に立つと、遠くの方で湖に穴を開けて釣りをしている人たちの姿が見えます。湖の中心に行くのに約二時間はかかる、その時点でさらに前進するか、それとも戻って家に帰るかどうかを決めることにしました。目標地点を定めて雪の中を歩きはじめました。

厳しい歩行で喉が渇き、私は雪を食べました。湖の中央まで到着した頃、風が出て気温が急に下がり、不吉な雲が頭上に現われました。まもなく吹雪になり、さっきまで見えていた人たちの姿も見えなくなりました。吹雪に飲み込まれた私は、吹きつけるクリスタルのような雪から目を守らなければなりません。

大学のキャンパスの方に向かおうとしましたが、方向を見失ってしまいました。

強風は次第に強さを増し、雪盲になった私は完全なホワイトアウト（吹雪のために、何も見えない状態）に巻き込まれ、息を吸うこともままなりません。フードをさらに目深にかぶってよろめきながら進みます。

ブーツを見ようとうつむき加減に歩きながら、なんとかまっすぐに歩いて湖岸に辿り着こうとしました。

流木につまずいて顔面から倒れ込んだのです。起きあがろうとしましたが、混乱した私は再び倒れてしまいました。こうなれば這って進むしかありません。

物凄い風に逆らいながら、片手をできるだけ前に伸ばして固定し、まるでシャクトリムシのように進みます。時々、氷塊が移動するたびに呻き声のような音が聞こえます。

絶望のあまり自信を喪失した私は、不吉な運命に負けるのではないかと暗い気持ちになりました。どっちの方向に行けばよいのかも分かりません。額を雪に埋めた私は自分がまったく無力な存在であることをついに認めざるを得ませんでした。その瞬間、いま立ちあがらなければ死ぬと思ったのです。

「神様、もしもそこにおられるなら、そして私が生きることをお望みになるならば、なんとかしてください！」と私は叫びました。

そして、ヒューヒューと吹きつける風の中でそれが聞こえたのです。まわりを見渡しましたが、その音がどちらの方向から聞こえるのか分かりません。私は叫びました。「もっと大きく、はっきり聞かせて！」

ウーウーウーウー。今度は音が聞こえる方向が変わりました。救護ステーションから出されているに違いないと思いました。救護ステーションは私のアパートからほんの数ブロックのところにあります。音の方向に向かって這って前進している私の耳に声が聞こえました。「注意しなさい。氷が解けている湖面に注意しなさい。氷が解けている湖面が近くにあります。そこは深いですよ」

私は救護ステーションの近くに氷が解けて湖面が見える場所があることを思い出しました。そこに落ちれば数秒で死ぬであろうことも分かっています。私は手を前方に出して探りながら、凍結したデコボコの湖面を進んでいきます。しばらくすると、ヒタヒタと打つ水の音が聞こえました。すると再び声が聞こえました。「右側を進みなさい。コンクリートの壁に突き当たったら、それを登りなさい」

まもなく、波の音がだいぶ近くで聞こえました。手袋を顔に近づけるとビショビショに濡れています。腹ばいのまま右に進んでいくと、コンクリート製の二階建ての建物である救護センターの黄色い光がかすかに見えます。この明かりを見て元気が出ました。私は湖岸まで辿り着き、深い雪の中を救護センターまで歩いていき、凍りついた手袋でドアを叩きました。

すぐにドアが開いて、たくましい両腕が中から突き出されて、私を抱え込むようにして中に入れてくれたのです。部屋は心地よく暖房されています。まつげにかかった雪を払いのけて見ると、背の高い黒い髪をした男性が私を見つめています。彼は「大丈夫ですか？」と聞きました。

湖上に私がいるのを見て、音を聞けば助かるのではないかと警報を鳴らしたと話してくれました。それから「コーヒーを飲みますか？」と彼は聞きました。

私は喜んで頷き、彼が出してくれたコーヒーカップを手に取って氷のように冷たい手でカップを握りました。こんな真冬にここで何をしているのかと尋ねると、やりかけていた調査の最後の仕上げをしていたところだと彼は答えました。コーヒーを飲んで元気づいた私は彼の名前を聞くのを忘れてしまったのですが、何度もお礼を言ってドアから出てアパートに帰ったのです。

アパートに戻るとルームメイトたちが心配していました。私は七時間、外にいたのです。その日の体験を話すと、ルームメイトの一人が信じられないという顔をして言いました。「冬のこの時期に救護ステーションが開いてるなんてあり得ないよ！」

コーヒーの味をまだ感じながら、私は物憂げに答えました。「たまたまラッキーだったんだろうな」。それから私は何時間も眠りました。

翌日、吹雪もおさまったので、あの不思議な人にもう一度会ってきちんとお礼を述べようと救護ステーションまで歩いていきました。入り口はほとんど雪に埋まっています。深い雪の中を入り口まで進むと、ドアに札がかかっています。その札には「冬季閉鎖中」と書かれています。窓越しに中を見ると誰もいません。

信じられませんでした。昨夜、誰かが確かにここにいたのです。一人の男性が私と話をしてコーヒーを入れてくれたのです。

大学に電話をしてみると、救護ステーションは大学の安全管理部に所属しているとのことです。安全管理部に電話すると、救護ステーションは冬の間は閉鎖していると言います。そこで私は大学の陸水学研究所に電話をしてみました。というのは、彼らは時々、湖水の調査をしているからです。しかし、彼らも救護ステーションには誰も行っていないというのです。最後の手段としてデーン郡のシェリフのオフィスに電話をしましたが、彼らも何も知りません。

こうしていろいろなところに電話をかけながら、だんだんといくら調べても無駄だろうと思いはじめました。というのは、しばらくして救護ステーションにいたあの人物が何者であるか分かったのです。それは母親がずっと前に話してくれた「存在」に違いないと気づいたのです。

神様、私たちが目に見えない現実を自覚できるようにお導きください。
今日、あなたのメッセンジャーを私たちのもとへと派遣して
私たちを助け、私たちを守り、私たちに勇気を与えてください。
そして、あなたの愛を私たちに思い出させてください。

ルシー・ショー

危機一髪での回避

チャールズ・エルズワース・スミス

妻のメアリーと私は、あの年の謝肉祭はいつものように七面鳥の晩餐でお祝いする計画を立てませんでした。その代わり、持ち物を友人のライトバンの屋根の上に乗せてオレゴンからワシントン州に向かったのです。私はバックと交代で運転し、彼の妻のジェニーとメアリーが車の後部で三人の子どもの面倒を見ていました。出発のとき、「あなた方に運転は任せるから、子どもたちは私たちに任せて」とメアリーが言いました。

私とメアリーの人生はとても感じのよいものでしたが、私は何か落ち着きがありませんでした。それは一九七五年のことでしたが、私は歌を書いたり、バックと塗装業のビジネスに手を出したり、そして二年

ほどある人と交代で教会の宣教師をしていました。それぞれが、それなりの満足感をもたらしてくれましたが、私はもっと明確な何かを求めていました。〈神様、あなたは私に何をお望みですか?〉と私は問い続けました。しかし、次に何をやるべきなのか確信が持てません。そこでしばらくの間、すべてを後にして、友人たちと一緒に山の中での長期研修/休暇をとることにしたのです。断食や瞑想をして、労働者のバラックに住んで梨の木の剪定《せんてい》をして生活費を稼ぐという計画です。忙しい日常生活を離れてこういう生活をする中で神様の声を聞くことができるかもしれないと思ったのです。

私たちはコロンビア川に沿って車を走らせ、ハイウェイ97で北上してワシントン州に向かいます。「神々の橋」を渡った頃、雨になりました。ステイタス峠に向かう狭い二車線の道を登りはじめたときはバックが車のハンドルを握っていました。ステイタス峠は海抜約千メートルあります。メアリー、ジェニー、子どもたちの歌声が聞こえます。

「ちょっと見て、雪になったぞ」とバックが言いました。だんだん高くなるにつれて雪が積もってきました。

「チェーンを着けようか?」と私は聞きました。

「いや、頂上に着いてからにしよう」とバックが答えます。チェーンは積み込んではありましたが、こんなに早い時期に雪が降るとは予想していませんでした。

〈いったいどうしてこんなことをしてしまったのだろう?〉。私は降りしきる雪を見ながら心の中で思いました。人生の方向性を知りたいという私の勝手な思いのために、家族を家から遠く離れたこのようなところまで連れてくるなんて、と思ったのです。今や吹雪の中で、狭い山道を走っているのですから。

頂上に着いたときには、雪はすでに一〇センチは積もっていました。ステイタス峠は下り坂の勾配が急なことで知られています。バックはそっとブレーキのペダルを踏みました。

ライトバンが滑り、私は思わず「あっ！」という声をあげました。雪の下がアイスバーンになっています。バックはブレーキをポンピングしながらハンドルをしっかり握っています。ここでコントロールを失えば車は右側の山腹に突っ込むか、左側の崖から落ちてしまいます。車は滑り続けています。

「できるだけ早く車を停めるからね」と言いながら、バックはブレーキを慎重に踏み続けます。車は急勾配をゆっくりと降りていきますが、いつコントロールを失って崖から落ちるか分かりません。峠の頂上から一〇〇メートルほど下ったところで、やっとのことでバックは車を停止することができました。問題は道路のほぼ中央に停まってしまったことです。

バックが「ちょっと助けを呼んでくるよ」と言って車から飛び降りて、峠の頂上の方に歩きはじめました。何台かの車が停まっていたのです。

「大丈夫だよ！」と私は車の後ろに座っている女性たちに言いましたが、私の声に不安を感じとったようです。「まあ、座って待っていてよ。車の中は暖かいからね」

私は外に出て通行車の誘導をしようと急いで車の後部に行きました。バックの後ろ姿が降りしきる雪の中に消えてゆくのを見ていたとき、大きなトレーラーが峠の頂上に登ってくるのが見えました。峠を登りきって下りを開始したトラックはどんどん近づいてきます。下りはじめるとすぐに、トレーラーは滑って横向きになりました。トレーラーの長さは私たちのライトバンの十倍はあるでしょう。トレーラーの両側は板で囲われ、中には収穫したばかりの梨が満載されています。連結の部分で「く」の字型に曲がったトラックは両方の車線をまたぎながら、アイスバーンの道路を私たちの方に容赦なく近づいてきます。私は後部のドアに駆け寄りました。メアリー、ジェニー、そして子どもたちを一刻も早く車から出さなければなりません。ドアのハンドルを引っ張りましたが、鍵がかかっています。皆が歌をうたっているのが聞こえます。

私はドアをドンドンと叩きながら「車から出ろ！」と叫びました。窓を叩いて「急げ！」と叫びましたが、もう遅すぎます。トラックは横向きで坂を猛スピードで降りてきます。この狭い道では逃げようがありません。トラックの運転手が下さなければならない決断は、崖から落ちるか、私たちのライトバンにぶつけるかのどちらかしかありません。私は運転手を見つめていました。そして、恐ろしい緑の梨の山が私たちの上に押しかぶさろうとしていました。

私は身動きすらできません。私には友達を救うこともできなければ、自分の家族を救うこともできません。できることは祈ることだけです。そのとき、トラックの運転手がハンドルを左に切りました。彼の顔がはっきりと見えました。彼はトラックを崖の方に向ける決断をしたのです。

〈神様！　どうぞ彼をお守りください。私たちをお守りください！〉と私は祈りました。

時間がまるで止まったかのように思われました。運転手の顔、トレーラーに満載された梨、降りしきる雪、子どもたちの歌声、すべてのものが融合して奇跡的な瞬間となり、神様から遣わされた天使が私たちのライトバンとトラックの間にやってきて、目も眩むような真っ白な渦巻きの中で「く」の字型に曲がっていたトラックをまっすぐに立て直し、トラックはライトバンの数センチ横を滑り降りていったのです。トラックが降りしきる雪の中を安全に降りていく姿を唖然として見守っていました。それから私たちの車も親切な人たちの助けを借りて山を降りることができたのです。

あの厳しい状況を回避する方法は二つしかないと私は思いました。顔の表情からして、あの運転手もそう思ったに違いありません。しかし、神様が介入してくださり、神様は私たちには見えない可能性、理解することもできないような可能性に満ちみちていることを思い出させてくれたのです。この出来事によって、私は自分が必要としているガイダンスを得ることができました。神様があらゆる状況の操縦桿を握っているということです。こうして、私は想像もできなかったような楽しい感謝祭を過ごすことができたのでした。

第10章

仕事を見守る天使

自営業、公務員、会計士、あるいは流れ作業の仕事。看護師、ベビーシッター、いろいろな仕事がありますが、誰でも一日の多くの時間を仕事をして過ごします。物事を創造したり、何かの面倒を見たり、選択したり、人のために奉仕をしたり、管理したり、仕事の内容も多様なものがあります。私たちがそれぞれ与えられた責任を遂行していくなかで、天国から遣わされたメッセンジャーもまた、仕事をしていることを知る機会を与えられるかもしれません。彼らもまた、上司である全能の神によって託された仕事をそれぞれ遂行しているのです。

思いがけない天使

ピエール・L・ローク

太陽がじりじりと照りつける中を、私はオートバイで東に向かって驀進《ばくしん》していました。顔に風が当たるにもかかわらず、汗が目にしみ、首から滴り落ちます。エネルギーが全身から抜け出していくようです。

ロサンゼルスのハイウェイはすでに相当な暑さでしたが、レインボー・リバーはもっと暑いということを私は知っていました。長いあいだ好天が続き、木々や潅木はカラカラに乾いています。いつ火事が起こってもおかしくないと私は思いました。

二十年前のその日、なぜか私は山火事のことを考えていました。私は刑務官としてカリフォルニア州刑務局が管理する森林管理労働の現場（キャンプ・レインボー）に向かっていたのです。

キャンプ・レインボーには、自然保護と消火の訓練を受けた百五人の囚人が収容されていました。囚人たちは毎日八時間、森林管理や消火活動に従事し、倒木を除去し、殺虫剤を散布する仕事をしていました。しかし、最大の仕事は山火事との闘いで、その行動範囲はオレゴン州との境界線近くからメキシコの国境にまで及んでいます。私の仕事は囚人を見張ることです。

私は刑務官としてほぼ二十年勤続していましたが、キャンプ・レインボーに行くのは初めての経験です。私は囚人の一人ひとりの名前と顔をすぐに覚えました。常に彼らの所在を確認しなければなりません。三日半任務に就いて、三日半の休暇というスケジュールです。仕事の内容はまあまあでしたが、キャンプの仕事はきついものがありました。妻と子どもたちから一六〇キロも離れたキャンプでしたから。ある囚人に言われたものです。「あなたも俺たちと同じように刑務所に入っているんだ」

ある意味で彼の言った通りです。こういう孤独感は前にも味わったことがありました。十年間、町から環境保護キャンプに通勤した経験があります。くたくたに疲れて転勤を申請し、ロサンゼルスの州立のメタドン（ヘロイン中毒の治療に用いられる薬）クリニックに勤務することになりました。しかし、予算がカットされてクリニックは閉鎖され、生活費を稼ぐためにこうしてキャンプ・レインボーに向かっているというわけです。時々、自分も刑務所に入っているような感じが確かにしたものです。囚人の面倒を見ている間、誰が私の家族の面倒を見てくれるのか。それも私の仕事じゃないか。こんなに遠く離れたところで仕事をしていたのでは、いざというときに家族を守ることなどできやしない。家族から離れて過ごす一日は長く、そういうときには、神様も遠くにいるような感じがしたものです。

最初の勤務時間の午後四時から夜の十二時のシフトに就くべく、ホンダCX500に乗ってキャンプの駐車場に入ると、所長が手を振って合図をして叫びました。「低木地帯で火事が発生した。エスコンディドの東側の渓谷だ!」。すでにチームを派遣したけれども森林管理の監督が責任者として就いているだけだというのです。ほかの人員はすべて他の地域の消火活動に出払っていて、キャンプにはトラックもバスも一台もありません。

「火事の方向は煙で分かるから、そのオートバイで行ってくれ!」と所長が言います。

私はオートバイの方向を変えてテメキュラを出発点とするハイウェイ15を南に向かいます。私はロサンゼルスから二時間走り続けてすでに疲れていましたが、これから山を登らなければなりません。オートバイで登るのは簡単なことではありませんが、これも仕事です。

ハイウェイはクリーブランド国立森林保護区のそびえるような樹木の間を縫って南に走っています。美しい風景ですが、常に山火事の危険に晒されています。〈だからこそ、この仕事は大切なんだ〉と私は自分に言い聞かせます。〈頑張れ!〉。空に立ちのぼる煙が見えます。私はアクセルを踏んで火事の方向へとバイクを駆り立てます。濃い煙が前方に見えます。山に続いている細い道をやっと見つけることができました。男たちはその道の先のどこかにいるはずです。

数秒間オートバイを停めて休憩し、再び山を登りはじめます。汗で濡れた衣服が身体にまとわりつきます。木々の影のお陰で少しは助かりますが、空気は熱く、重く立ち込めています。ほとんど呼吸ができません。

前輪が石に当たってオートバイのコントロールを失いそうになり、ハンドルをしっかりと握ります。この細い道には、私のオートバイのほかに通るものは何もありません。世界で最も寂しいような場所です。頭上の空にたなびく煙がまるで狼煙《のろし》のように私を導き、頂上まで辿り着きました。私は道路の脇にオートバイを停めました。

目を細めて煙が立ちのぼっている渓谷を見下ろします。いました！　目的達成。彼らはちょうど私の真下で消火活動に当たっています。丘陵には、もう火は見当たりません。どうやら鎮火に成功したようです。〈あとはそこまで降りるだけでいい〉

私は前輪を回して方向転換をしようとしましたが、ビクともしません。突然、オートバイが滑って、私は道路に倒れてしまいました。次の瞬間、オートバイが私の上に倒れ込んできたのです。私はやっとのことでなんとかエンジンを切ることができました。

オートバイの二〇〇キロ以上の重量が私の上にのしかかっています。まったく動くことができません。熱いエンジンが脚に触って、ズボンを通して焼けるような熱さです。ガソリンが漏れてエンジンに達すれば、焼け死ぬことは確実です。

オートバイの下から出なければなりませんが、いったい、どうすればそれができるというのでしょうか。男たちはずっと下で仕事をしていますから、助けを呼んでも聞こえるはずもありません。この道路に人が来ることはめったにありません。私はこのときほど孤独を感じたことはありません。

「イエス・キリスト、どうぞ私を助けてください！」と私は叫びました。

それから数秒とたたないうちに道路の向こうの曲がり角を曲がって、一台のジープがやってくるのが見えました。ジープは静かに近づいてくると、私から一メートルほどのところで停まりました。袖なしのドレスを着た女性が運転席から立ちあがり、実に魅力的な微笑を見せながら言いました。「助けが必要みたいですね」

「確かに助けが必要です」と私。

すると彼女は運転席に座ったのです。〈このまま行ってしまうつもりだ！〉

しかし、助手席のドアが開いて、それまで彼女の傍らに座っていた幼い男の子がジープから降りたのです。たぶん八歳ぐらいで、ジーンズをはきTシャツを着ています。この男の子が私のところまで歩いてきました。男の子はオートバイの下に手を伸ばしました。いったい、何をするつもりだ？　この男の子が私をこのオートバイの下から引っぱり出そうっていうのかい？

しかし、男の子がオートバイのハンドルを握ったとたん、私は彼のグリップの強さを感じました。それはまるで電流がオートバイ全体に流れたような感じです。何の音も立てることなく、実にやすやすと彼はオートバイを持ちあげたのです。私の身体は自由になりました。私は這い出すようにして立ちあがり、オートバイに手をやってスタンドを立てました。それからお礼を言おうとして、女性と男の子の方を振り向きました。

しかし、彼らの姿はありません。ジープも何もすべて姿を消してしまったのです。いったい、どこへ行ったのだろうか。曲がり角を曲がって姿を消すだけの時間はありませんでした。道路のもう一方はずっと遠くまで見えますが、誰もいません。

渓谷を見下ろすと煙はもうありません。消火活動は終わり、男たちの姿もありません。私はオートバイにまたがりました。キャンプ・レインボーに帰る十分な元気が戻った感じがします。帰って脚の治療をしなければなりません。しかし、エンジンを始動する前に少しの間、静かに座って考えました。男は仕事のためにどこであれ行かなければならない。私は仕事をし、最善を尽くして家族の面倒も見てきた。同時に、その間ずっと誰かが私のことを見守っていてくれた。この誰もいない荒涼とした場所ですら、一人ではなかったのだと私は思ったのです。

私の仕事に繁栄をもたらし
私を守ってくださる神を誉め称えます。
神の善意と慈悲の心が
日ごと、私とともにあることに感謝します。

ヨアキム・ネアンダー

ペンキ屋の助手

ロイド・C・トヒル

妻のドナと私が初めて出会ったのは、ヴァージニア州のタイドウォーターという場所でした。ペンキ屋だった私が助手を募集したときに応募してきたドナとそこで会ったのでした。それから長い年月が流れ、私たちは再びその町に住んでいました。イリノイ川沿いにある美しい一〇エーカー（約七千坪）の土地で家族を育てあげ、オレゴンから戻ってきたのです。そこで私は木工家具の店を経営していました。大好きな仕事でしたが、その傍ら教会の牧師になるための勉強もしていました。楽しい人生を送りながら、そのような夢も持っていたのです。

しかし、今その夢は粉々に砕けてしまいました。ドナの家族の近くに住もうということでヴァージニア州に戻ってきたのです。ドナはガンに罹っているのです。私は再びペンキ屋の仕事をしていました。そうでもしなければ寂しさと絶望感に打ちのめされてしまいます。それにお金も必要でした。

〈神様、あなたを愛する意味とは何でしょうか？〉。私はその日、ノーフォークのタウンハウスでペンキが入っているバケツをこじ開けるために床に座りながら聞いたものです。私はペンキをかき混ぜ、前日に塗り残したところを仕上げるための準備をしていました。私は一生涯、ずっと神を愛してきました。神様を喜ばせるためであれば何でもしてきました。しかし、今やドナは末期ガンに罹り、牧師になることなど不可能としか言いようがありません。自分自身が神様の愛を感じていないのに、ほかの人に神の愛を説くことなどできるでしょうか？

私は立ちあがって全体を見渡し、ペンキの状態を確認しました。心の中ですでに完了した部屋をチェックしました。キッチン、二つのバスルーム、二階の三つの寝室はすべて塗り終えています。キッチンとバスルームの壁には半光沢の塗料を使い、寝室の壁にはフラット・ラテックスの塗料を塗りましたが、それは半光沢塗料で仕上げる必要があります。

まず、寝室の壁にもう一度、フラット・ラテックスの仕上げを塗る必要があります。私は五ガロン（約二〇リットル）のフラット・ラテックスに目をやります。三五キロの重さですから持ち歩くには重すぎます。そこで私は空になった一ガロン用半光沢塗料のバケツにフラット・ラテックスの塗料を用心しながら注ぎ込み、二階に持っていきました。

しばらくして、階段の下から聞き覚えのある声がしました。「お父さん」。長男のロイド・ジュニアです。この家のペンキの仕上げを手伝ってくれるように連絡しておいたのです。仕事は予定したよりも進み具合がはかばかしくありません。私はフラット・ラテックスの入ったバケツを床に置いて、急いで階下に下りていきました。息子に寝室の窓、ドア、壁の裾板を半光沢塗料で仕上げてもらいたいと思っていました。

午前中の仕事は順調に進みました。息子と仕事をするのは楽しく、息子が二階で仕上げの塗料を塗り、私が階下の壁にペンキを塗るという段取りが気に入っていました。階段のいちばん下の部分のペンキを塗っていると、ロイドが二階を歩きまわり、ドアを開けたり閉めたりしながら仕事をしているのが聞こえました。ふと見上げると、階段のいちばん上のところに小さな男が立っているのが見えたのです。人の影が見えたといった方が正確かもしれません。彼はロイドが仕事をしている寝室の方を向いていたので、横顔が見えたのです。その人は半透明で鮮やかな黄金色の光が身体の上半身から滲み出ているように見えました。

へんな話ですが、私は「ようこそ、歓迎します」と彼に向かって言いたい衝動に駆られました。しかし、二、三分の間、凝視したあと目をそらしました。もう一度、振り返ってみると彼の姿は消えていました。

私は居間の仕事を終えましたが、あの半透明の人物のことばかり考えていました。驚くべき体験でした。ロイドを呼んで話したいとも思いましたが、そうはしませんでした。一笑に付されるだけのことでしょう。ロイドは寝室を半光沢の塗料で仕上げ、階段の手すりも終えて、階下の廊下の両側のドアの仕上げにかかっていました。

「このペンキの乾きはやけに早いねえ！」と彼が言いました。息子のその言葉を聞いた瞬間、私は何かおかしいと思いました。

「ロイド、新しいバケツのペンキを使っているんだろうな？」と聞いてみました。

「新しいバケツ？　そうじゃないけど」と彼は答えます。

私は廊下のドアのところまで急いで行ってみると、確かにペンキは物凄い速さで乾いていましたが、まったく光っていません。

フラット・ラテックスの塗料です。彼は半光沢塗料と書いてあるバケツの塗料を使っていたのですが、それは私がフラット・ラテックスの塗料を小分けにして入れておいたバケツでした。午前中の仕事がすべて無駄になったのです。ロイドを怒鳴りつけたい心境でしたが、思いとどまりました。どちらのバケツを使うか、私が指示するべきだったからです。

「まあ、もう一度やるしかないな」と私は言いました。

ロイドはブラシを置いて、昼食を食べにいくために手を洗いに行きました。彼だって動揺しているに違いないと私は思いました。

「ちょっと待って！」と呼びかけましたが、彼は返事もせずに行ってしまいました。

「神様、私にはまだ悩みが足りないとでもおっしゃるのですか？」と私は呟きながら階段を昇りはじめました。どのくらい塗り直しをしなければならないか調べようと思ったのです。

階段を半分昇ったところで、階段の上のところにあるドアが光っているのが見えます。あれは大丈夫だな、と私は思いました。あれはやり直す必要がない。しかし、そのとき、私は思い当たったのです。あの半透明の人物を見たとき、息子はこの部屋のペンキを塗っていたはずです。もう一度、ドアを調べてみましたが、大丈夫どころか半光沢塗料で申し分なく仕上がっているではありませんか。バスルームに入ってドアを見てみました。これにもまた、半光沢塗料が塗られています。窓も壁の裾板もクローゼットのドアもみな同じです。すべて計画通り、半光沢塗料で仕上げたばかりでキラキラ輝いています。

「ロイド、二階の全部やったのかい？」と大声で聞きました。

「そうだよ、お父さん。全部やったよ」

「階下の廊下で使ったのと同じバケツのペンキを使ったのかい？」

「そうだよ！」

私はゆっくりと歩いていき、息子のそばに立って言いました。「二階は全部、半光沢塗料が塗られているよ」

まさに予定通りの塗料が塗られているのです。ロイドは信じられないという顔で私を見ました。一つのバケツのペンキで二種類の仕上げができた？　間違いに気づいたときに、息子がペンキを塗っていたドアに急いで行ってみました。ドアの表面を私も息子も指で触りました。確かにフラット・ラテックスです。ペンキを塗り終えた壁を見て、これなら予定通りの時間に仕事を終えることができます。やり直しはほとんど必要ありません。しかし、それは助けてもらったからです。その助けはこれからやってくるであろう、困難なときにも得ることができると私は確信しています。

第11章 キッチンの天使

食べることや飲むこと。生命の基本要素ともいうべきこの行為は古代の聖典の中にもふんだんに取りあげられています。『聖書』の中には三人の天使がアブラハムと食事を共にしたことが書かれています。イエスは使徒のために魚を料理しました。婚礼の食卓には天国の晩餐が整えられたものです。今日でも神のメッセンジャーは、毎日キッチンで仕事をする人たちと一緒にいて、忘れ難い食卓の席にも着いているのです。メアリーベス・ヴァインストックとテルマ・ロドリゲスに聞いてみてください。二人は今でも特別な客人のことをよく覚えています。

エリヤの光

メアリーベス・ヴァインストック

私は一九五〇年代にフィラデルフィア市の郊外で育ちました。文化と教育に重きを置く愛情豊かな両親に育ててもらったことはとても幸せでした。私たちの家は音楽と本で溢れていました。どちらかというと、宗教的な家庭というよりは文化的な家庭でした。しかし、私が八歳のとき、私の一生に深い印象を残すこととなる体験をしたのです。

私は活発な想像力を持った楽天的な子どもでした。母と父は音楽とダンスに対する私の情熱を尊重してくれて、夏が来るといつもアート・キャンプに参加させてくれたものです。学校に通っているときにはピアノとバレエを習っていました。

両親は私の人生の文化的・知的な側面については十分な教育をしてくれましたが、魂の問題についてては私に任せていました。母は無神論者でした。母が生まれ育った家族は宗教には関心がなく、特別な場合にしかシナゴーグ（ユダヤ教の礼拝堂）に行くことはなかったのです。父は両親の厳格な正統派ユダヤ教の考えに反抗していました。父は長年の間、不可知論者の立場をとっていましたが、ユダヤ教の伝統的な文化は非常に尊敬し、愛していました。

このように、両親は非宗教的な傾向があったのですが、私には私の権利があると信じていました。そういうわけで、私をヘブライ語の学校に入学させることにしたのです。

ほかの子どもたちはシナゴーグの日曜学校はつまらないと思っていましたが、私にとって魅力的だったのは『聖書』の中に登場するスピリチュアルな冒険でした。創造の物語やモーゼ、アブラハムなどの偉大なヘブライのリーダーについて学ぶのが大好きでした。私にとって『聖書』は別世界への入り口で、その物語は心を高揚させ、魅了しました。

日曜日に家に帰ると、私は両親に言いました。「今日の授業で何を勉強したか分かる？　モーゼがエジプトのファラオの軍隊から逃れるために紅海を真っ二つにしたんだって」

すると、両親は言ったものです。「メアリーベス、それはただの古い話よ」

両親は『聖書』の物語は優れた筋書きの本だとしか考えていなかったようです。私は『聖書』の話は真実であると信じていましたが、家でその話をするのははばかられました。おとぎ話を真実だと思っている子どものように感じたのかもしれません。それでも、『聖書』についての私の暖かな思いは変わることがなく、『聖書』の中で語られる物語は真実だと感じていました。

八歳の春に、過越《すぎこし》の祝い（エジプト脱出を記念するユダヤ人の大祭）がやってきました。私は過越の祝いの話が大好きでした。モーゼとイスラエルの民が神の導きのままにファラオの支配を逃れて乳と蜂蜜が豊かな約束の地へと逃れることができたという話です。ヘブライ語の学校の授業で、過越の祝いの八日間は何千年もの間にわたりユダヤの人びとにとって追憶と信仰の神聖な時であることを教えられました。

その年もまたいつものように、過越の祝いの最初の夜の祝宴が親戚の家で行われ、たくさんの人が集まりました。二晩目の祝宴はもっと内輪なもので、父、母、兄のデービッドと私だけでした。

儀式をリードするのは父で、父は子どものときに習った流暢なヘブライ語を話し、祝宴に供される特別な食べ物やワインを祝福し、どのような祈りをするべきかすべてを知っていました。宗教的なコミットはしていませんでしたが、父は過越の祝いの宗教儀式が大好きで、母もそれに参加しました。過越の祝宴は、私たち家族をさらに親密なものにしてくれたのです。

この儀式で、私は深く心を動かされました。喜びで心が溢れました。過越の祝いの伝統的な歌をうたったとき、とくに深い喜びを感じたのでした。

それが終わると、もう一つ祝宴の儀式があります。最後のグラスに入っているワインを注いで祝福し、天使のエリヤを家の中に招じ入れるという儀式です。『聖書』によると、強力な預言者であったエリヤは死なずに旋風の中を次元上昇して天国に昇ったというのです。ユダヤ教の伝統的な物語によると、かくしてエリヤは神の忠実な天使になったということです。慰め、癒し、導きを必要としている地上の人びとのために、エリヤが特別な使命を帯びて遣わされたという話が何世紀にもわたって語り継がれてきました。最年少の家族のメンバーとして「四つの質問」を読む栄誉を与えられたことを、私はとても嬉しく思いました。「四つの質問」は過越の祝いの意味の解釈を助けてくれるものです。私がとても熱心に任務を引き受けたために、エリヤのためにドアを開けて象徴的に家の中に迎え入れるという特権も与えられたのでした。

私はこの役目を厳かな気持ちで受け入れ、質問を読みながら定められたときに立ちあがってキッチンのドアまで歩いていき、ドアを開けました。

その瞬間、驚くべきことが起こりました。それは体験したことのない出来事でした。一条の物凄く明い細い光が、純白の光を放射しながら床から天井まで照らし出しているのです。私は畏敬の念に打たれ、呆然と口を開けたまま立ち尽くしていました。その光は入り口から入ってきて、私を通過していったのです。私はその光が誰であるかすぐに分かりました。

私は食卓に走って戻り、「エリヤを見た、エリヤを見た！」と叫びました。

兄と両親は口を開けてぽかんと私を見ていました。

私は息を切らせながら、「エリヤを見たの！」と繰り返しました。

三人は何も言わず、両腕を組んでただ私を見ています。ついに母が口を切りました。「メアリーベス、光が反射しただけよ」。その一言で私がいま見たことや感じたことの説明がつくかのように言うのです。

「何の反射?」。私は知りたいと思いました。

「キッチンの明かりの反射よ」と母は答えました。

私は反論しましたが、最後には父に馬鹿らしい話はやめなさいと言われてしまいました。私は、家族が私の話を受け入れようとしないことに愕然としました。彼らが光を見ることができなかったことは気の毒に思いましたが、私が体験したことは光の反射などではないことを私は知っていました。あれはエリヤに違いありません。私が住んでいるこの家にエリヤが来たのです。

あのときから何度も過越の祝いがありました。しかし、あの光の体験はずっと私の内にあり、スピリチュアルな信仰をしっかりとサポートしてくれています。

その後、私はダンスと音楽に対する愛情とヒーリングを組み合わせて、ダンス・セラピストになり、情緒的な葛藤に悩まされている人たちが自分の内なる核心を発見し、変容の可能性に自分自身を開いていくお手伝いをしています。

過越の祝いは約束についての祭りです。私たち一人ひとりの人生に神の愛と光がもたらされるという約束であり、神の力と美がもたらされるという約束の祭りです。私が八歳のときに体験したあの過越の祝いは、私にとって恩寵《おんちょう》の体験でした。天使のエリヤが私の家と家族を祝福し、私に約束をもたらしてくれたのです。彼のビジョンを見せられたことによって、私がいま生きているスピリチュアルな人生をはっきりと示唆されたと思っています。

メキシコ人の訪問者

テルマ・M・ロドリゲス

一九六七年のそのとき、夫のエディーと私は一緒に暮らしはじめてまだ一年半しかたっていませんでした。しかし、ミシガン州のデカターの私たちの家は子どもで溢れ返っていました。私たちは二人とも再婚で、合わせて十六人の子どもがいました。私自身の子どもが三人、彼の子どもが十人、彼の孫が三人です。エディーは五十代で、私はまだ三十になっていませんでした。彼はこんなに多くの子どもたちの面倒を見なければならない私のことを心配しましたが、私は大丈夫だから心配しないでと言ったものです。私は大家族の中で育てられ、いつか自分も大家族を持つときが来ることを楽しみにしていたのですから。

しかし、これがいかに大変なことであるか、お手あげだと感じるまでにあまり時間はかかりませんでした。十六人の子どもを育てるのは大変です。してもいいことと、してはいけないことを教えるだけでも容易ではありませんが、それだけではありません。家事をしなければなりません。食事を作りベッドの準備をするだけでも大変です。洗濯だけでもまる一日かかりかねません。白い衣服はストーブの上に乗せた亜鉛メッキの大きな鍋に入れてグツグツ煮て、それ以外の洗濯物はローラー式脱水機で洗いました。それから洗い終えたものは全部干さなければなりません。年長の子どもたちは手伝ってくれましたが、やることにきりはありません。これをいつまで続けることができるか、私には自信がありませんでした。

エディーは農産物を運ぶトラックの運転手で、夜のシフトでした。一度に十五時間働き続けることもあって、家に帰ってきたときは睡眠をとる必要があります。私は再婚するまで、『聖書』を読み、子どもたちとお祈りをしていました。今はエディーの子どもたちとも祈っています。しかし、どんなに一生懸命祈っても疲れを感じるばかりです。状況はいっこうに良くなりません。神様は私の言うことを聞いていないのではないかと思いました。

〈神様、どうぞお願いします。もし、まだ私のことを忘れてないのでしたら何かしるしを見せてください〉と、ある夜、私は懇願しました。

夕食はいつも五時頃に作ることにしていました。そうすれば食後、エディーが少し仮眠して十一時からの仕事に行くことができたからです。

ある日、夕食時にエディーが大きなメキシコ人の男性を連れて帰ってきました。当時、その近辺にはセロリを栽培している農場があり、多くのメキシコ人が農場の仕事をしていました。エディーが言いました。「ハニー、この友達が土曜日まで泊まるところがないので連れてきたよ」。夫が泊まるところがない友達を連れてくるのは、これが初めてではありませんでした。会ったばかりの人でもエディーには友達だったのです。このお客さんが泊まることでどれくらいの食事を余計に作らなければならないかを頭で計算しながら、「いいわよ」と私は答えました。

この男性は静かな人で、エディーがいつも連れてくるようなタイプの人とはちょっと違う感じがしました。そもそも、とても身体が大きな人で二メートル近くあります。キッチンのドアを通るときは背をかがめなければなりません。群集の中にいてもすぐに見つけることができる大きさです。

一緒に食事をするようにすすめると、「いや、けっこうです」と彼は言って居間に行きました。そのあとで、エディーが寝ている間に皿洗いをしていると、彼は『聖書』を小脇に抱えてキッチンを通り抜けて外に行きました。皿洗いをしながら見ていると、木製の箱に座って木にもたれながら夕日の中で『聖書』を読んでいました。

私は毎朝起きるとコーヒーを入れて、一杯飲んでから子どもたちの朝食を作ることにしていました。しかし、このメキシコ人の訪問者が泊まった翌朝、キッチンに行って私は驚きました。私のコーヒーはすでにできていて、朝食も準備中なのです。

「必要なものを見つけるのが大変だったのではないですか？」と彼に聞くと、「いいえ」と彼は答えました。

いつもだと私は朝食の準備を始めてから、お弁当を詰めて、学校に行く子どもたちを起こして食事をさせ、服を着せてスクールバスに乗せた後、ちょっと一休みしてから幼い子どもたちを起こします。それから子どもたちの顔と手を洗い、朝食を食べさせ、あと片づけをしなければなりません。それが全部終わってから、私も食事をするということになりますが、必ず子どもが何か用事をつくって私のところにやってきます。口論を始めたり、ぐずついたり、とにかく私が面倒を見なければなりません。そうしてテーブルに戻ってくる頃には、私の朝食は冷たくなっているのが普通です。

その日の朝、私が食事をしようとすると、子どもたちが私のまわりで騒ぎはじめました。するとメキシコ人の訪問者が、「ママは食事をしているのだから、みんなは仲良く遊んでいなさい」と、とても優しい口調で言いました。すると子どもたちも、実にいい子にしていたのです。食べ物が温かいうちに食べられて私はとても幸せな気分でした。

ある日、彼はメキシコ料理のトルティーヤの作り方を教えてくれました。家族全員がお腹いっぱい食べても安価にできて、とてもありがたいことでした。彼の英語は片言で、あまり話しませんでしたが、時々、エディーが早く帰ることがあると、二人は食事を一緒にしながらスペイン語で話していました。しかし、エディーはすぐに仮眠をとるので、訪問者は庭に出て枯葉を集めたりしてくれます。そして、幼い子どもたちの面倒も見てくれます。幼い子どもたちは外で遊ぶのが大好きですが、私が見ていないところで遊ばせるわけにはいきませんでした。しかし、訪問者が見ていてくれるお陰で、子どものことを心配することなく、家の中の用事をすませることができたのです。こんなことは本当に久しぶりでした。

訪問者は土曜日まで滞在し、私たちは彼をバス停まで送っていきました。それから間もない頃、ある朝、エディーが何か変に沈んだ表情をして家に帰ってきました。彼は私にキスをして、学校に行く準備をしている子どもたちに、いってらっしゃいと言って寝室に行きました。仕事がきつくて疲れているのかと思いましたが、気になって寝室に行ってみると、彼はベッドの端に座って両手で頭を抱え込んでいます。

「ハニー、どうしたの？」。私は聞いてみました。エディーは気持ちが動揺していても、身体の具合が悪くても簡単に口にはしない人です。いつも自分の心の中にしまっておくタイプなのです。エディーはしばらくしてから顔をあげて言いました。

「私が家に連れてきたあの大きなメキシコ人のこと覚えているだろう？」

「もちろん、覚えているわよ」と私は答えます。エディーの顔は真っ青です。

「でも、俺たち以外の誰も彼のことを覚えていないんだよ」

私は彼のそばに座って話を聞きました。エディーがあの人に会った日の午後、早く仕事が終わったので町のカフェに入って何かを食べることにしたそうです。すると、あのメキシコ人がカフェに入ってきて、まっすぐエディーのテーブルのところに来ると、「一緒に座ってもいいですか?」と聞いたのです。エディーは頷いて「何か食べますか?」と聞くと、見知らぬメキシコ人は首を振りました。「デカターにどういう用で来たのですか?」とエディーが聞きました。エディーは町の人はほとんど知っていましたが、この人は見たことがなかったのです。

「子どもに会いに来たのですが、ここにしばらくいたいと思いまして」と男は答えました。

「子どもさんがいるのですか?」とエディーが聞くと、「はい、たくさんいます」と彼は答えました。

エディーは少しの間、話をやめて私の手を握りながら言いました。

「これを見ていた連中は、俺が酔っ払っているんだろうと思っていたと言うんだ。独り言を言っているように見えたって言うのさ。あの大きなメキシコ人が店に入ってきたとき、ドアを塞ぐくらい大きかったのに、誰も彼のことを覚えていないいんだよ」

あとで子どもたちに聞いてみると、誰も彼のことを覚えていないのです。彼は子どもたちに話しかけ、彼が優しく見守る中、毎日外で遊んでいたというのに、彼のことをまったく覚えていないのです。子どもたちは彼の訪問を受けてから、以前よりも仲良く遊ぶようになりました。まるで、あのメキシコ人の訪問者がそこにいていい子にするんだよと、今でも言ってくれているようなのです。それから、私たちの家庭全体が落ち着いてきて、エディーも私のことを前ほど心配しなくてもよくなりました。私はといえば、子どもが起きる前にコーヒーを二杯飲む余裕が出てきたのです。

あのメキシコ人は去る前にトルティーヤのグリルを私にプレゼントしてくれました。私は今でもこのグリルを持っています。彼が訪問してくれた証しです。彼はどこから来たのか、どこに行くのかなど、あまり話してはくれませんでした。そういえば、名前すら言いませんでした。彼が私たちと一緒にいたとき、そういうことは重要とは思えなかったのです。しかし、彼のことを決して忘れることはありません。彼は私の祈りに対する答えとして来てくれたのですから。神様は子どもたちを忘れることは決してないという証しとして彼を遣わせてくれたのですから。

旅人をもてなすことを忘れてはいけません。
こうして、ある人々は御使いたちを、
それとは知らずにもてなしました。

『聖書』「ヘブル人への手紙」13－2

第12章

幼子と一緒にいる天使

ウィリアム・ワーズワースは言いました。「天国は私たちが幼子のとき、私たちとともにある」。地上に着いたばかりの子どもたちは神様のメッセージやメッセンジャーと心がぴったりと合っているようです。天国からのそのようなコミュニケーションはやがて記憶から薄れてゆきます。神様が子どもたちにどのようにしてご自分の存在を知らせているのか、多くの場合、大人には知る由もありません。しかし、親がそのような動きを垣間見る貴重な特権を与えられることもあります。

夜中の話し声

ミラグロス・トレホ

私は常夜灯のかすかな明かりの中で、息子のアリエルが幼児用ベッドですやすやと眠っているのを眺めながら、ああ、これでまた一日を無事に終えることができたと、ほっとしていました。夫のアルトーロは、商用であと一週間、家を留守にすることになっています。私は一人で二人の幼子の面倒を見ていましたが、すでにくたくたに疲れていました。

アリエルのまつ毛と柔らかな頬を見つめながら、肉体的な疲れだけでなく魂の奥深いところにも疲労を感じていました。こうして眠っていれば、二歳半の息子はほかの普通の男の子と同じように見えます。しかし、いったん目を覚ませば彼がほかの子どもたちとは違っていることが痛いほどに明らかです。アリエルは家族以外の誰にも心を開くことはなく、家族の私たちと一緒にいるときでも、多くの場合、自分だけの世界にいるようです。

医師の診断によれば、アリエルはおそらく一生変わることはないだろうということなのです。私は数カ月前のことを思い出していました。私はアリエルを連れてフィラデルフィアの「子どものための海岸の家」を訪れ、アリエルをしっかりと抱きながら診断を待っていました。さまざまな専門家が息子に対して、聴力・心理・神経テストを行いました。その結果、アリエルは広範な発達障害に冒されていて自閉症の傾向もあると診断されました。言語障害とアイコンタクト（目を合わせること）の回避などの自閉症的な傾向を示していましたが、この不思議な病気を患っている子どもの多くがそうであるように、感情的な無反応の度合いはそれほどひどくはありません。

「残念なことですが、息子さんが正常な生活を送ることは無理だと思います」。医師の声がどこか遠くから聞こえてくるようでしたが、その声すらも突然、心の中に押し寄せる心配や質問でほとんど聞きとることができないほどです。

〈私の愛しいアリエル。どうして、そんなことが……。私は何か間違いを犯したのだろうか？〉

アリエルがこの世に誕生して以来、私たち夫婦は一〇〇パーセント彼を愛してきました。とても賢くハッピーな子で、普通の子どもと同じに歩き、話しはじめました。二歳のときに十三カ月年上のお姉ちゃんの後ろをついて、家のまわりを一周したのですから。私を見るとパパそっくりの笑顔でニッコリと笑って、「ママ、大好きだよ」と言うのでした。『セサミ・ストリート』の登場人物を指差し、絵本をめくって見せたものです。

それから何の前触れもなく、アリエルの後退現象が始まったのです。私に話しかけるとき、私を見る代わりにどこか遠くをじっと見るようになったのです。すでに覚えた語彙《ごい》を忘れはじめました。そういう時期なのだろう、すぐにまた変わる、と私は自分に言い聞かせました。最後には何の問題もなくなるはずだ。そう言い聞かせながらも、心の中にできた心配のしこりを無視できませんでした。

言語治療士をしている友人に見てもらいました。彼女は自閉症の恐れがあると私に告げ、小児病院の専門家を紹介してくれました。そこでの診断は、私がそれまで抱いていた、すべて大丈夫だろうという幻想を粉々に砕いてしまったのです。

何が原因で息子はこの病気になったのだろう？　治療策がないとしても、効果が証明されている療法はないのだろうか？　アリエルは学校に行くことはできるのだろうか？　再び話ができるようになるのだろうか？

私は必死に答えを求めて図書館や本屋で何時間も費やしては、自閉症や発達障害についての最新の研究を読みあさりました。どうして、いったいどうして私たちの息子が？

しかし、調べれば調べるほど、アリエルの状況は絶望的なものに思われました。祈ることさえもできませんでした。存在しない答えを求めていたときには祈ることさえできなかったのです。自閉症の厳密な原因は知られていません。問題を克服することに成功する子どももいれば、他人との関係を築くことができず孤独な人生を生きる子どももいるのですが、なぜそういう違いが起こるのか、それも解明されていません。

一日ごとにアリエルは私たちから遠ざかっていき、かつての自分からも遠ざかっていきます。私がどんなに彼を抱きしめても、話しかけても、愛情を注いでも、彼は自分だけでいることをますます欲するようになっていきました。よく見かけていた幸せな独り言もなくなり、沈黙だけになりました。彼が何を考えているかを理解するだけでも大変な闘いでした。何が必要なのか分からなかったら、どうやって助けることができるだろう？　私は問い続けました。

その夜、アリエルが静かに眠っているのを眺めながら、同じ質問をしつづけていました。それまでの数カ月の焦りと不安のために、残されていた力もすべて使い果たしてしまったように感じていました。アルトーロがそばにいてサポートしてくれなかったら、あと一日もやっていけないと思いました。私は心の中で神様に向かって叫びました。〈神様、私の息子を見てください。彼は三歳にすらなっていないのです。それなのに、ほかの誰もが理解できない世界に閉じ込められているのです。どうしてなのか、どうぞ教えてください〉

やっとのことで、息子のそばを離れた私は、寝室に行きベッドに崩れ落ち、ほとんどすぐに眠りに就きました。夜中に、人の話し声がしたような気がして目が覚めました。時計を見ると朝の三時です。娘のアリアナは私の隣りで丸くなってすやすやと寝ています。

話し声のような音はアリエルの部屋の方から聞こえています。廊下を歩いていくと、アリエルの部屋のドアの下から強烈な明かりが洩れているのが見えます。常夜灯の薄暗い光ではありません。私はドアを開けました。

息子は幼児用ベッドの上に起きあがり、見たこともないような明るい光の中にいます。その光は想像もつかないほど明るく、しかも、それでいて目には不思議に優しいのです。アリエルはうっとりとした表情で見あげています。彼の視線を追ってみました。その光は部屋の明かりでもなく、月明かりでもありません。彼の前にすっと立っている存在から放たれているのです。

それよりもさらに信じられないことには、彼らは会話をしているのです！　言葉が息子の口から流暢に流れ出ています。でも、その言葉は私には理解できません。しかし、光の存在はアリエルの言っていることをすべて理解し、同じような言葉で応じています。

アリエルの表情は完璧に満足した表情です。この存在から流れ出す絶対的な愛と受容を感じとっているに違いありません。私もそれを感じていました。

そのとき、突然、アリエルが私たちの何を必要としているかが分かったのです。それはただ一つ、愛だと分かったのです。そのままの彼を愛し、受け入れることだと分かったのです。アルトーロと私が息子と人生を共にすることになったのは「なぜ？」と理由を聞くためではなかったのです。私たちは彼を助けることができるということを神様がご存知だから、私たちは一緒になったのです。この輝かしい瞬間に、それまでの数カ月、私の心を苛んでいた怖れや心配、疑問はすべて消えてしまいました。その瞬間、息子の顔に輝いていたのと同じ心のやすらぎ、神のやすらぎの中に自分もいることを感じたのでした。

あなたがたは、この小さい者たちを、
ひとりでも見下げたりしないように気をつけなさい。
まことに、あなたがたに告げます。
彼らの天の御使いたちは、
天におられるわたしの父の御顔をいつも見ているからです。

『聖書』「マタイの福音書」18－10

ハナのかわい子ちゃん

アヴァ・チェインバース

末っ子のハナと私は特別近い関係にあります。それはたぶん、彼女が私と同じ誕生日だからかもしれません。あるいは幼いときに、死にかけたことがあるからかもしれません。彼女は生まれたときはとても元気な赤ちゃんでしたが、まもなく病気がちになり重い呼吸疾患があると診断され、十二カ月のときに入院することになりました。診断は厳しいもので、ハナは昏睡《こんすい》状態に陥りました。私たち家族にとってとても辛い時期でしたが、夫のラッセルは岩のごとくしっかりと私たちを支えてくれました。両親も同様に、大好きな父もしっかりとサポートしてくれました。

五日間の昏睡状態のあと、ハナは奇跡的に目を覚ましました。退院の日にハナは大きな緑色の目で病室を見まわして、「バイバイ、かわい子ちゃんたち」と小さな手を振りながら言ったのでした。私には少なくとも、そう聞こえたのです。

ハナが家に帰ることができ、私はどうしようもないほど嬉しくてたまりません。ハナが遊んでいるときのあの可愛い声をまた聞けるのですから。彼女のおしゃべりを聞くのをどんなに待ち焦がれていたことでしょう。ハナは自分の部屋の床に座って赤ちゃんの人形をそばに立てて、いくつかの言葉を組み合わせて質問のように口にするのが聞こえました。「かわい子ちゃん」。それから数秒黙って、まるで会話をしているように、また何かを言ったのです。ハナのお姉ちゃんのレベッカとサラにも想像上の友達がいましたが、その友達と会話はしていませんでした。ハナのかわい子ちゃんたちは違うのです。ハナはその友達が返事をしてくれていると思っているようでした。凄い想像力だと私は思っていました。

ハナは大きくなるにつれて、どうしてほかの人たちに自分の友達が見えないのか理解できませんでした。彼女は時々「貸してあげるよ」と言ったりしました。

その年の十二月、クリスマスの飾りや贈り物がいっぱい載ったカタログが届きました。背表紙に天使の写真がありました。ハナはその写真を見て「私のかわい子ちゃんだ！　私のかわい子ちゃんだ！」と金切り声で叫びました。

「これは天使っていうのよ」と私が説明します。

「て・ん・し」とハナはゆっくりと繰り返しました。彼女が頭の中でこの言葉をかわい子ちゃんと結びつけながら処理しているのが私にも分かりました。でも、ハナの想像上の友達が本当の天使であると信じたかどうか、それは分かりません。

それからしばらくして、私の生活は大変な状況になりました。母と父がともに肺炎に罹って入院することになったのです。私は一日中、父が入っている集中治療室と母の集中治療室を行ったり来たりして過ごしていましたが、父の部屋に長くいました。肺気腫のために病気との闘いが厳しかったのです。夜になると、ジョージア州のアクワースにある家まで一六〇キロを運転して帰る生活が続きました。それから一週間して父の容態《ようだい》が悪化したため、その夜は病室に泊まることにしました。子どもたちに、今晩は家に帰れないという電話をするのが辛いことでした。とくにハナは私と離れて寝たことは一度もありませんでしたから、なおさらです。電話をかけながら涙が出てたまりません。ハナが電話に答えました。

「ママ、愛してるよ」とハナが元気な声で言いました。「あのね、一つ話したいことがあるの。何か分かる？」

私は気持ちを落ち着けながら聞きました。「なあに、ママに何を話したいの？」

「私の天使さんたちがおじいちゃんを迎えに来るって。でも、教会の日までは来ないって」

私は何も言うことができませんでしたが、ハナの言葉が耳から離れません。

次の日、病室に行くと父は寝床に起きあがって卵を食べ、コーヒーを飲んでいました。父は元気そうに、「はい、プリンセス」と言いました。私が幼い頃、父はいつも私をプリンセスと呼んでいたのです。この言葉を聞くと、いつでも幸せな気分になります。私は養女で、父は私を特別に選んだのだよと、いつも言っていました。私の人生の最初の五年間、自分の名前はプリンセスだと信じていたほどです。

その日は土曜日でしたが、私は父と母の〝デート〟をアレンジしました。母は髪の毛をきれいにして、看護師さんは口紅を寄付してくれました。母を車椅子に乗せて、父の病室に連れていきました。二人は手を握り合いながら、一時間も話をしていました。私は祈りました。〈神様、どうぞ二人がまもなく家に帰

ることができますように、お助けください〉

その夜、私は家に帰って家族と夕食を共にしました。食事中もハナは彼女の天使たちが言ったことを繰り返していました。私はこの子は想像力がありすぎると思って相手にしませんでした。両親が肺炎に罹ってしばらくたちましたが、この日、初めて二人がまもなく治るという希望が見えてきたのですから。

ラッセルと私は子どもたちをお風呂に入れて物語を読んだ後、寝かしつけました。ハナはどうしても私と一緒に眠りたいと言ったので、そうしました。真夜中にハッとして目が覚めました。眠りに戻ることができず、私を抱くようにして寝ているハナからそっと離れて、廊下を歩いて水を飲みに行きました。突然、電話のけたたましいベルが鳴りました。

良いニュースであるはずがないと思いながら、受話器を取りあげました。集中治療室の看護師さんがすぐに病院に来た方がいいと言いました。父の病状が突然悪化したというのでした。私は大急ぎで病院に駆けつけました。集中治療室で私は父の手を握りながら祈っていました。〈神様、父を助けてください。父を助けてください〉

父は七時に亡くなりました。太陽の曙光が集中治療室の窓を通して流れ込んでくる中で、あの世に旅立ったのです。日曜日の朝は教会へ行きます。私はハナの言葉を思い出しました。天使たちが父を迎えにやってきたのだろうか？

父の葬儀のとき、参列者に挨拶するために家族が並んでいる列でハナは私のすぐそばに立ちました。弔問の人たちが、何度も「お亡くなりになって本当にご愁傷さまです」と言うのを聞いていたハナが我慢できなくなって口走りました。

「おじいちゃんは亡くなってないよ。私の天使さんたちが連れていってくれたんだから、みんな喜ばなくちゃ」。三歳の子どもがたいそうなことを言うと思われたかもしれません。

私はかがんでハナを抱きしめながら言いました。「ハニー、ありがとう！」

周囲の人たちは、大人たちがそのように言うのを聞いてハナが真似しているだけだと思っているでしょう。でも、私はそれだけではないことを知っていたのです。

第13章

山に棲む天使

山々の頂は人生における喜びに溢れた瞬間を象徴するものです。しかし、山頂に至る険しい道を登り、降りるときには、歩いて登る人も、自転車に乗って登る人も厳しい状況に直面することもまた事実です。テネシー山の危険な山道を自転車で降りたアラン・トラファガンは「神様がどのようにこの世界で仕事をされるのか」、また「神様はいつも私たちと一緒におられる」ということを知るのです。

『聖書』の「詩篇」の作者もこのことを知っていたに違いありません。山を隠喩して次のようなことを書いています。「山々がエルサレムを取り囲むように、主は御民を今よりとこしえまでも囲まれる」（「詩篇」125－2）。

シグナルマウンテンを降りたとき

アラン・W・トラファガン

父は若いとき、自転車で仕事に通っていました。私も父と同じようにフロリダ州の柑橘類の工場での仕事に自転車で通ったものです。二十年前の六月のことです。当時の私は元気そのもので体調も万全でした。私はインディアナ州のサウス・ベンドの家でガンを患って寝ている父に会うために、相当な長距離を自転車で行くことにしたのです。

同僚の中には一五〇〇マイル（約二四〇〇キロ）の道を同行しようと考えてくれた人もいましたが、一人、また一人と落伍して、最後には私と愛用のテンスピードの自転車だけとなりました。日中のいちばん暑いときには、袖のないスエットシャツを着て、石やガラガラヘビから身を守るためにジーンズをはきました。バックパックには着替えと水のボトルが入っています。だいたい朝四時に出発して、途中のコーヒーショップで食事をし、日が沈むまで走り、鄙《ひな》びたモーテルで眠りました。

フロリダは車が多いために飛ばすことができませんでしたが、ジョージア州に入ると山道が多くなり、ここでもまた速く進むことはできません。やっとテネシー州に入り、チャタヌーガの近くにあるシグナルマウンテンに到着したときは、すでに出発してから八日が過ぎていました。そこは空気が爽やかなので、少し休憩をとることにし、自転車を降りてあたりを見まわしました。

眼下に林があり、家が散らばるようにあるのが見えます。一軒の家の玄関先に座った顎ひげを生やした人が手を振ってくれました。親父に似ていると思いながら、北の方角、インディアナ州の方に目をやります。父が我が家の玄関先に座っているところを想像しながら、「ガンで苦しまなければならないなんて、不公平だ」と私は怒りの感情に駆られながら言いました。

父は、私たちをいつも見守ってくださる愛情に満ちた神を信じていました。〈子どもっぽい考えだ〉。私はすべて自分の力でなすことを学んできました。神様は少なくとも、この世界では私たちをほったらかしにしているように思われました。それはとくに、今の私に当てはまることです。神様が父の面倒を見ていないことは確かなのですから。

私は自転車に飛び乗ってペダルを踏んで道路に戻りました。黒いアスファルトの道が蛇行しながら下に続いています。山頂を見あげると、どっしりとした樹林が霧の中に見事なたたずまいを見せています。スピードを上げながら降りていくと、突然、前方で道が細くなっていくのが見えます。その道は山からまっすぐ降りていくような急坂です。これでは速すぎる。私はハンドルのグリップを強く握って、道路の中央を走りながら前輪と後輪のブレーキをチェックします。右側は岩の崖がそびえ立ち、左は崖です。

ブレーキを少しだけ強く握ります。このスピードでブレーキをいっぱいに絞れば、ハンドルを軸にして宙返りをすることになります。しかし、自転車のスピードは緩まず、飛び降りるには速すぎます。カーブを曲がるとき、さらにブレーキを絞りましたが、その瞬間、煙の臭いがしました。〈ブレーキだ！ ブレーキが焼けてしまう！〉。私は道路をしっかりと見ました。道路脇で転倒すれば崖から真っ逆さまに落ち、止めてくれるものは何もありません。谷底近くの岩棚まで落ちるしかありません。

さらにブレーキを絞りましたが、煙の臭いは増すばかりです。ブレーキのゴムのほとんどが焼けてしまったに違いありません。

また鋭いカーブがあり、自転車はよろよろと崖の端を走っています。必死になって自転車を安定させようとしていると、恐ろしい轟音が聞こえたのです。その次の瞬間、自転車の後ろに何かがぶつかりました。素早く振り返ってみると、トラックのクロームメッキを施した大きなグリル（エンジンの放熱格子）とバンパーが見えます。トラックが近づいてくる音は聞こえなかったのです。後ろからぶつけられて自転車のスピードはさらに速くなってしまいました。もう一度、振り返ってみると運転手の顔が見えます。彼はコックリしながら半分眠っているようです。〈彼は私がトラックの前にいるのに気がついていない！〉

私は再び後ろからぶつけられるのを覚悟して、目を閉じてしまいました。そのときです、突然、私は見たのです。背の高い筋肉隆々の男たちが見えたのです。それぞれ個性があって異なるものの、皆、巨大な白い翼を持っています。十二人の存在は飛翔しながら渓谷を眼下に見て私と一緒に山を降りているのです。

〈天使？〉

「助けて！」と私は叫びました。しかし、彼らには聞こえないようです。彼らは笑いながら互いに話をしています。しかし、私は彼らに気をとられたお陰で恐怖心が薄れたようなのです。少しリラックスすることができ、自転車のコントロールを取り戻すことができました。

後ろで空気ブレーキが巨大なドラゴンのような音を立てるのが聞こえました。それから、キーッという音がしました。このスピードでは後ろを振り返る余裕はありません。何かが擦られる物凄い音がして、それから何も聞こえません。山を下り続ける私の耳にヒューヒューという音だけが聞こえます。天使たちの姿はもうありません。ついに最後の急な坂を降りると、長い平らな道となりセクワチー渓谷に入っていきました。

私は惰力で自転車を走らせながら雑貨屋まで辿り着き、事情を話すと店番をしていた人が警察に電話を入れてくれました。トラックの運転手の無事を確かめてから店を出ましたが、あまりにもショックを受けたために、怖くて自転車に乗ることができず、モーテルが見つかるまで自転車を押していきました。

それから、さらに一〇〇〇キロほど自転車を走らせて父の家に着いたとき、心配そうな父親の顔が待っていました。

「途中で助けられたお陰で辿り着いたよ」と私は言いました。

「様子からして、たぶんそうじゃないかと思っていたよ」と父が応えました。

それは陽に焼けた顔とか、風に吹かれて千切れそうになっている髪とか、減った体重の話ではないようでした。たぶん、私の目の中にある何かを見てそう言ったのでしょう。私の目には笑っている天使たちの顔がありありと見えていたのですから。あの天使たちを見て私は落ち着きを取り戻したのでした。彼らの喜びが私を生還させてくれたのです。

父と私は長い間、話し込みました。シグナルマウンテンで起こったことを詳しく説明して、この出来事をきっかけに神様についての考えが一変したと話しました。神様がこの世界でどのように仕事をされるかについての考えが変わったことを話したのです。「やっと分かったよ、神様はいつでも一緒にいてくれるんだということがさ」

父は驚くようなことを言いました。「実を言うと、最近、私は神を疑いはじめていたんだよ。私が病気を患って死にかけていることを本当に知っておられるのだろうかとかね。〈あなたが必要なのに、いったいどこにいるのですか?〉なんて問いかけたりしていたのさ。だけど、お前のお陰で答えが分かったよ。いつも、ここにいるってわけだ」

神が遣わされた天使たちによって、人はどのような道を旅していても、決して一人ぼっちではないということを父と私に納得させてくれたのでした。

嵐の山

シャーリー・ブレイヴァーマン

カリフォルニアのサンジャシント山の雪は狂ったように降っています。前方に森林監視員のレイが立っているのが見えました。私は怒りの感情に苛まれていて早く山小屋に着きたいと焦っていたため、レイが私の車を停止させようと旗で合図しているのを無視したい誘惑に駆られました。

私はブレーキを踏んで愛するトラックのベッツィーを停め、「レイ、通さないなんて言わないでよ。私の家はここからわずか三キロのところだし、雪道の運転は初心者ってわけでもないんだから」と私は歯を食いしばりながら言いました。

レイは顔をしかめました。彼の鼻は寒さのために凍りついているようです。「住民を戻らせることは私にはできませんが、すでに三時間も凄い勢いで降っていますからね。視界はほとんど利かないし、雪崩の恐れもありますよ」

「ゆっくり行くから」と私は約束して進み続けました。

これまで、いろいろな厳しい天候を体験していました。豪雨の中を行ったこともあれば、雹《ひょう》に襲われたこともあり、道路がアイスバーンになったときもあります。ときには、山に雲が湧いて道路が一寸先も見えなくなってしまったこともありました。しかし、確かにこの吹雪はこれまでの体験で最悪の状況かもしれません。私はハンドルをかがむようにして握り、道路に神経を集中させました。しかし、道路だけに注意を向けるのは容易ではありません。私は義理の娘に対して怒り狂っていたのです。

その三年近く前、私の夫、娘、息子の三人がロサンゼルスのフリーウェイで交通事故で亡くなりました。それからの三年間、一日としてこの悲劇的な事故がもたらした苦しみを感じないことはありませんでした。サンジャシント山にある山小屋だけが過酷な人生の現実からの避難所となっていました。

息子の妻は悲しみに打ちひしがれ、粗野な男と同棲を始めました。私は、この男は子どもたちにとってよくないから別れるように言いましたが、私の言葉は無視されました。しばらくして、彼女はその男と別れ、今度は私に助けを求めてきたのです。学校に行きたいので、私と一緒に住まわせてほしいというのです。あの小さな山小屋に私と一緒に住みたいなんて！　ロサンゼルス市内にある彼女のアパートで大喧嘩になり、孫たちは泣き叫び、私は怒ってアパートを飛び出してきたのです。

私は目を細めて、舞い狂う雪を見ていました。〈私には平和と静けさが必要だ。私にはその権利がある〉と思いました。しかし、孫たちに援助の手を差しのべる気になれない本当の理由が何であるか、私は知っていました。私のハートには、それができる余裕がないのです。私が持っていた愛のすべてが夫、娘、息子と一緒になくなってしまったのです。

車の窓から前方を見るのがますます困難になってきました。レイが私を止めようとした理由はこのためでした。私は頑固にも我を通したのです。しかし、義理の娘が私を頑固だと言ったとき、私は彼女の無神経さを非難しました。私は手のひらで車のハンドルをバンと叩きました。まったく何も見えません。私の未来と同じで何も見えません。

〈いったい、どうすればこの状況を変えることができるのだろう〉と私は思いました。〈私の魂のこの怒りと深い傷を癒して、やり直すことさえできたらいいのに〉。私は両手でハンドルをしっかりと握りながら、真っ暗闇の前方に目を凝らしました。

するとと突然、太陽の光に照らされた場所が目の前に浮かびあがったのです。車の前に雪の柱が立って踊っているようなのです。私はあっと息を呑んでブレーキを踏みました。雪の柱の真ん中に一人の老女のイメージが見えます。それは幼い頃、私を可愛がってくれた祖母のようです。第二次世界大戦中に両親が工場に働きに行っている間、彼女は私の面倒を見てくれて、長い間、お金を貯めて私のために素敵なクリスマスのドレスを買ってくれたのでした。そのビジョンがまるで警告をするかのように手を前方に差し出されたのです。

「戻りなさい！」と彼女が言いました。

吹雪が荒れ狂う中で、私は本当に彼女の声を聞いたのでしょうか？　それとも、それはただ私の頭の中に浮かんだ言葉だったのでしょうか？　私は思わず目を瞬かせて、もう一度見ました。太陽の光はまだありましたが、老女のイメージは消えていました。

目から涙が溢れて頬を濡らし、心臓はドキドキしています。子どもの頃のように、祖母の愛情で優しく包み込まれているように感じました。もう二度と感じることはないだろうと思っていた愛を感じていたのです。それは私が孫たちへと渡してあげるべき愛でもありました。

左側に車の方向転換ができる唯一の待避所が見えました。私は車のギアを入れて方向転換をして、山を降りました。

森林監視員の詰め所に着くと、レイが飛び出してきて言いました。「あなたが無事で本当によかった。あなたがここを出発して数分たってから、雪崩が発生したのです。目撃者がラジオ局に連絡を入れてくれたのですよ。待避所のすぐ上の道路がやられたんです」

「よかったら私たちの家で夜を過ごしてください。妻もいますから」とレイが言ってくれました。「道路が整備できるまで二、三日はかかると思いますよ」

「ご親切、ありがとう」と私はぎごちなく答えました。「でも、町にもう一度行かないと。孫たちと孫の母親が私を必要としているので」。彼は手を振って私を送り出してくれました。

祖母が晩年、病気で臥せっていたとき、祖母が亡くなったら二度と会うことができないと私は心を痛めていました。祖母は天国に行ったらいつも私のことを見守っているよ、と約束してくれました。激しい吹雪の山道に、神様は天使を派遣してくださったのです。私の人生の方向を変えるために、大好きだった祖母を天使として派遣してくださったのです。人生を生きる新しい理由があることに気づかされたのです。それは祖母が私と分かち合ってくれた愛を孫たちと分かち合うことです。私はトラックのアクセルを踏んで言いました。「ベッツィー、行こう。家族が待ってるよ」

山々を創造された神よ、
あなたの子どもたちの朝の祈りをお聞きください。
私たちの守り神として
きょう一日、私たちを守り、お導きください。

フランシス・リドリー・ハヴェンガル

第14章 子どもを見守る天使

「天国のやすらぎの中で眠れ」とは、幼子イエスについてヨセフ・モールが書いた言葉です。しかし、これは世界中の赤ちゃんを地上に迎え入れたお父さん、お母さんの誰もが自分の赤ちゃんのために願うことでもあります。世話を任された無垢でか弱い赤ちゃんのために、天使を遣わしてくださいと、揺るぎない信頼をもって神に依頼できるのです。

ドアの向こうの見知らぬ人

アーサー・A・ベスト

年老いた田舎のお医者さんは黒いカバンをベッドの横にあるテーブルに置いて言いました。「まことにお気の毒ですが、息子さんは今夜いっぱい持たないかと思います。チアノーゼを起こしているうえに、一カ月半も早産でしたからね」。彼は語尾を濁らせました。

難産のために疲れきったガーネットは医師の言葉に頷き、枕に頭をもたらせました。これまでに生んだ息子や娘たちは生まれたときからしっかりしていて丈夫でしたが、この赤ちゃんは弱々しく無力のようです。贔屓目《ひいき》に見ても、この子の生命力が極めて薄いことはガーネットも承知していました。それに緊急事態が発生すれば、夫のエルマーと彼女が迅速な医療ケアを赤ちゃんのために受けさせることは不可能でした。というのも、彼らはいちばん近い町から一〇キロ近く離れた谷間に住んでいたからです。二人の農場は川に沿ってあり、町に行くには舗装されていない道を通るしか方法がなかったのです。

お医者さんはせき払いをしながら言いました。「息子さんは私が医院に連れていった方がよいと思います。これからの二十四時間が生死の境目ですから。今夜、持ちこたえたら、明日の午後に連れて帰りましょう」。お医者さんは赤ちゃんを抱きあげると、黒い医療カバンの中に用心深く入れました。ガーネットは唇を噛みながら、黒い医療カバンの中に小さな赤ん坊が飲み込まれるのを見ていました。

「先生、ありがとうございます」と彼女は優しい声で答えました。その優しさは一九三三年のあの春の日の静けさにふさわしいものでした。

「ありがとうございます」。エルマーがお医者さんを玄関まで送り、寝室に戻って言いました。「先生がしっかり診てくださるよ」。彼は仕事で荒れた手でガーネットの手を包み込んで言いました。「私たちにできることは祈ることだけだよね」

「そうね」と彼女は囁き、目を半分閉じました。「私はもう……」。そうして彼女は眠りに落ちました。

翌日、家族のみんな、ガーネット、エルマー、そして三人の子どもたちは親切なお医者さんが来るのを、首を長くして待っていました。ガーネットは眠ったり目を覚ましたりを何度も繰り返して待っていましたが、思いは絶えず病んでいる息子に向けられていました。やっとのことで、ドアのノックが聞こえ、エルマーが走っていってドアを開けます。

「息子さんが夜を乗り切りましたよ。なぜ、そうなったのか私には分かりませんが」とお医者さんは言いながら、カバンから赤ちゃんを取り出してガーネットの腕に渡します。赤ん坊は怖いほど小さいことには変わりありませんが、少なくとも、顔に少し赤味が戻っています。

「授乳をしてあげてください」とお医者さんは指示しました。「それから暖かくしてあげることですね。牛のミルクにはアレルギーがあるようですが、母乳なら問題ないでしょう」。ガーネットは励まされた思いで頷きました。

お医者さんが帰ってまもなく、赤ちゃんは目を覚まし、か細い声でオギャーと泣きました。「お腹がすいたのかな?」とガーネットは呟きながら、赤ちゃんにおっぱいをあげました。赤ちゃんに食欲があるのは嬉しいことでした。

赤ちゃんは飲めるだけ飲んで、満足したように眠りに落ちました。しかし、すぐに大声で泣きはじめたのです。「どうしたの」とガーネットは赤ちゃんの背中をさすりながら聞くと、赤ちゃんはいま飲んだばかりの乳をほとんど全部吐き出してしまいました。〈たぶん、急いで飲みすぎたからかもしれない。この次はもっとゆっくり飲ませるようにしなければ〉とガーネットは思いました。

しかし、その次のときも、いや、授乳するたびごとに同じことが繰り返されました。夜にはガーネットはどうしたらいいか分からず、絶望的な気持ちに陥っていました。「お乳を消化できなければ、強くなれないわ」とガーネットは夫に言いました。赤ちゃんを暖かくしておくようにとのお医者さんの忠告を思い出し、毛布に包んで編み籠の中に入れて暖かい料理用コンロの近くに置きました。

次の日も赤ちゃんに変わりはありません。ガーネットは少しでも胃袋に残って赤ちゃんに栄養がつけばいいと思いながら授乳を続けました。しかし、午後四時頃になると、赤ちゃんはお腹がすいているためか、それとも病気のためか、泣きはじめるのです。エルマーとガーネットは話し合った結果、お医者さんを呼ぶことにしました。

エルマーがお医者さんを呼びにいこうとブーツの紐を結んでいると、ドアをかすかにノックする音がします。お医者さんが様子を見に寄ってくれたのかもしれないと思いながら、エルマーがドアを開けました。

「先生……」。見知らぬ人が戸口に立っているのを見てエルマーは驚いて黙りました。

見知らぬ人は以前にも、このように訪ねてきたことがありました。厳しい恐慌の時代でしたから、暖かな食事と宿を報酬に仕事を求めてたくさんの人がさまよい歩いていました。しかし、この女性は違っていました。黒人だったのです。オハイオ州の南東部には黒人は非常に少なく、彼らが白人と交わることはほとんどなかったのです。

「何か食べ物をいただけませんか？　それと、眠る場所をお願いしたいのですが」と彼女は言いました。「私の力がつくまででいいですから。実は、昨日、赤ちゃんを産んだのです。もうこれ以上、歩く元気がないのです」。エルマーの目の中に疑問を感じとり、彼女は続けました。「死産だったのです」

「それはお気の毒でした」と言いながら、エルマーは彼女を中に案内しました。エルマーは彼女をストーブの前のロッキングチェアのところまで案内しました。ロッキングチェアに座って妻のガーネットが赤ちゃんをあやしています。

「私はエルマー・ベストです。彼女が妻のガーネットです。ガーネット、こちらは……」

「ジェーン、ジェーンと呼んでください」と女性が言いました。「泊めていただくのに見合う仕事をすると約束します」

「私はこれからお医者さんを連れてきます」とエルマーが言いました。「妻があなたの部屋に案内しますよ」。エルマーは急いで出かけ、ガーネットが赤ちゃんのことを説明しました。

ガーネットが抱いている男の子を同情するような目で見たジェーンは「あなたはお忙しいようですから、私が夕食の準備をしましょう」と言いました。ガーネットが必死に赤ちゃんをなだめようとロッキングチェアに座っている間、ジェーンはゆっくりと手順を踏みながら、ビーフボーンと野菜のスープをポットいっぱいに作ってくれたのです。

エルマーが帰ってきたときには、子どもたちは皆、食事をすませていました。「お医者さんは急患で別の郡に往診していて、帰るのは早くとも明日になるそうだ」

「心配しないでいいですよ」とジェーンが言いました。「私の感じでは息子さんは大丈夫だと思います」

赤ちゃんを寝かしつけて料理用のコンロの下に作ったゆりかごの中に入れて、ガーネットは眠りにつきましたが、頭の中はいろいろな祈りが交錯していました。〈神様、どうぞ私たちの子どもをお助けください。この子が何を必要としているのか、どうぞお示しください〉

ガーネットは翌日、明るい気持ちで目を覚ましました。赤ちゃんにおはようを言おうと思ってゆりかごを見ると空っぽです。パニック状態でガーネットは夫を呼びました。赤ちゃんは家のどこにも見当たりません。ジェーンもいません。

「敷地を見てくるよ」とエルマーが平静を装いながら言いました。

ガーネットはストーブの前を行ったり来たりしながら待ちました。どうしてあの女性を泊めてあげるなんてことをしたのだろう？　赤ちゃんを連れて姿を消してしまったのではないかしら。ついに、遠くの方で怒鳴るエルマーの声が聞こえました。

「見つかったよ！」。ガーネットは急いでドアまで行き、エルマーが赤ちゃんを抱いているのを見てほっとしたのです。

「離れ屋の一つにいるところを見つけたのさ」とエルマーが説明してくれました。「隠れて赤ちゃんに授乳をするために母屋を離れたんだ。僕らがどう思うか分からなかったからね」

ガーネットは息子を腕にしっかりと抱きしめました。「エルマー、見てよ」と彼女はゆっくりと言いました。「ジェーンの母乳は合っているみたいよ」。確かにそうでした。赤ちゃんは乳を吐くこともなく、すやすやと眠っています。

エルマーはジェーンを迎えに行きました。それから三人で話し合い、ジェーンが母乳をあげることに同意し、それについてはそれから何も話しませんでした。ジェーンがいつまでいるのかについても触れませんでした。ある意味で、ジェーンは家族の一員になったのです。

まもなくエルマーもいつものように材木を切り出す仕事に戻り、二人の女性は忙しい家事に精を出していました。ジェーンは口数が少ない方で、もともとあまり話しませんでしたが、自分自身のことについては、ほとんど話しませんでした。ガーネットも、人のことを詮索しないタイプでした。赤ちゃんはゆっくりと、しかし着実に成長しました。

ある朝のこと、ガーネットとエルマーがジェーンの「おはよう！」の声を期待しながらキッチンに行くと、そこには誰もいません。具合が悪くて寝ているのかもしれないとエルマーがジェーンの部屋に行ってみると、ベッドに寝た気配はなく、数少ない持ち物もすべてありません。庭にもいなければ、敷地のどこにも見当たらないのです。

エルマーは川沿いにある隣りの家まで走っていって、彼女を見たかどうか聞きましたが、誰も見ていません。誰かが通れば犬が吠えるものですが、犬も吠えていないのです。エルマーは思わず考えてしまいました。〈ジェーンがうちに来たのを見た人がいるのだろうか?〉

隣人にジェーンのことを尋ねると、みな不思議そうな顔をしました。この地域を黒人の女性が歩いていれば絶対に誰かが気がつくはずだと、口を揃えて言いました。ジェーンが歩いてくるときに通った農場もいくつかありましたが、彼らもエルマーが何の話をしているのか皆目、見当がつかないというのです。

それから数カ月の間、エルマーとガーネットは別な郡の知り合いたちにジェーンの様子を描写して見かけていないかどうか聞きましたが、答えはいつもノーでした。彼女はまるで大地から生まれて大地に帰っていったかのようでした。

ガーネットとエルマーは大地にしっかりと足の着いた合理的な考えの人たちですから、この不思議なジェーンの訪問について、それ以上、あまり考えることはしませんでした。しかし、ジェーンの話をするとき、二人の目はいつも不可思議なものへの憧憬の念で輝くのでした。私にはそれがよく分かるのです。何しろ、あの病んでいた男の子とは私だったのですから。見知らぬ人がどこからともなくやってきて彼女にしか与えることができない滋養を私に与えてくれた話を、幾度となく聞かされて私は育ったのですから。

マイキーの使命

メイベル・グレイソン（仮名）

長女のエイプリルはとても優しい子でした。無邪気で活発で、弟や妹とままごとをするときはお母さん役を楽しんでいたものです。大きくなったら「スペシャル・オリンピック」の仕事をするのが夢でした。十代で子どもに対して彼女ほど忍耐心が強く、相性が良い若者には会ったことがありません。子どもの頃からのエイプリルの夢は、大人になったら自分の家族を持つことでした。

しかし、成長して結婚したエイプリルは、私の知っているエイプリルからどんどん遠い存在になっていきました。昔からの友達に会うことが少なくなり、行動も無責任で何を聞いてもまともに答えようとはしません。麻薬をやっていると気づくのに、それほど時間はかかりませんでした。彼女の夫が麻薬の常習者で彼女もいつか麻薬をやるようになってしまったのです。悲しいことに、長い間の念願が叶って自分の子どもが生まれたとき、（三人生まれたのですが）エイプリルは母親の役目を果たすことができる状態ではありませんでした。彼女が子どもたちを本当に愛し、愛情を注いでいることもありました。子どもには、常に愛情を注ぐ必要がありますが、エイプリルの生活は麻薬に支配されていたのです。

エイプリルはしばしば、私のところに子どもたちを預けました。二、三時間で帰るからと約束して、二、三時間が二、三日に、ときには数週間になることもありました。エイプリルはそうして姿を隠してしまうのですが、あとで分かったのは、暴力を振るう夫から逃げていたのでした。ついにエイプリルは三人の子どもを完全に私に預けたのです。私はほっとしました。こうなれば孫たちを守ることができ、三人一緒に育てることができるからです。エイプリルは時々姿を見せましたが、それから音信不通になりました。

ある冬の日の土曜日でした。私は三歳のマイキーと一緒に車でいろいろと用足しをしていました。後部座席に座っていたマイキーが突然、「弟が生まれたよ」と言いました。

「いったい、何の話？」

マイキーは立ちあがって言いました。「おばあちゃん、きょう生まれたんだよ。探しにいかなきゃいけないよ」

金髪で青い目をしたマイキーは、三歳の子どもが皆そうであるように、いたずら好きで何をしでかすか分からない男の子です。しかし、こんなおかしな話をするのは初めてのことです。孫がもう一人生まれた？　一九九二年一月二十五日、私は念のため、その日を覚えておくことにしました。

すぐに、待てよと思いました。〈これはマイキーの作り話に違いない〉。両親が二人ともいなくなってしまった幼いマイキーの心の中に、どんな思いがあるのか、それは神様にしか分かりません。六カ月前にエイプリルに会ったとき、妊娠しているようには見えなかったと思い直したのです。それでも、私はエイプリルを探しました。友達に電話をし、いつものたまり場に行ってみました。エイプリルが妊娠しているなどとは誰も言ってなかったのです。マイキーがエイプリルから連絡を受けたはずもありません。

私は家の駐車場に車を入れながら切り出しました。「マイキー、あなたにはお兄ちゃんが一人とお姉ちゃんが一人いて、兄弟は三人で、おばあちゃんと住んでいるのよ。みんな一緒だし、安全よ。おばあちゃんがあなたたちの面倒を見るからね」。車から出るマイキーは一生懸命に考えている様子でした。

あの冬の土曜日は太陽が明るく輝く暖かな南カリフォルニア日和の日でした。隣りの子がマイキーと遊びにきて庭で遊んでいました。〈こうして遊んでいるうちに馬鹿げた考えは忘れるわ〉と私は思いました。居間に縫い物を広げ、子どもたちが見えるように観音開きのドア（フランスドア）を開けました。

子どもたちの話にとくに注意をしていませんでしたが、マイキーが「きょうは弟の誕生日なんだ」と友達に言っている声がしました。イライラした私はマイキーを家の中に呼んで聞きました。

「マイキー、いったい誰にそんな話聞いたの？」。マイキーは黙って私を見ていました。「どうなの？」と私は答えを促しました。

マイキーは怒ったように「天使がそう言ったんだ」と言いました。

「何て言ったの？」と私は聞きました。「いつ？」

「夕べ、寝ているときに天使とイエス様が僕のところに来たんだよ、おばあちゃん。そして天使が言ったんだ、弟が生まれたよってね。探しにいかなきゃ、おばあちゃん」。マイキーは断固として言ったのです。私もマイキーの言うことを信じる気持ちになりました。〈だけど、こういう大切なメッセージをいつから天使が三歳の子どものところに持ってくるようになったのかしら？〉

「イエス様ってどういう感じだった？」と私は試すように聞いてみました。

「すごく輝いていて、あんまり明るくて顔は見えなかったよ」

「それじゃ、天使は？　どういう姿をしていた？」

すると孫はにっこりと笑って、両手で着ている服全体を指しながら、「真っ白な服を着ていて、とても大きくて輝いていたよ」。そう言うとマイキーは外に駆け出していき、残された私は考え込んでしまいました。

本当にエイプリルを探し出さなければと思いました。エイプリルの子は皆、私が守っていると確信を持つためにも会いたいと思ったのです。

〈神様〉と私は問いかけました。〈もしも天使が存在するなら、どうして私に見せてくださらないのですか？〉。このことをしばらく考えていましたが、孫の世話をあれこれとしているうちに、この不思議なエピソードを忘れてしまったのです。

それから四日たって、病院から予期せぬ請求書が届きました。〈いったい、これは何だろう？〉と思いながら封筒を開きました。誰も医者にはかかっていないのに。

請求書を見て、私は我が目を疑いました。「患者名、エイプリル・フランクリン」とボールドレターではっきりと名前が書かれていて、「超音波検査」と印刷されているのです。若い女性が超音波検査をする理由は差し当たり一つしか考えられません。そのとき、私はマイキーの夢を思い出したのです。これは何かの間違いに違いないと私は思いました。エイプリルが妊娠していて、マイキーがエイプリルから何の連絡もなしにそのことを知る確率はゼロに限りなく近いはずです。私は病院に電話をすることにしました。

「エイプリル・フランクリンは入院していますか？」と交換手に聞きます。

彼女は入院患者のリストをチェックして、「いませんね」と答えました。これでまたまた行き止まりです。受話器を置こうとした私はマイキーの「弟を探さなきゃいけないよ」という切羽詰まった声を思い出しました。

「緊急事態なんです」と私は口走っていました。「入院患者の係《かかり》につないでください」

電話がつながるのを待っている間、単調な保留の音楽を聴いていました。三歳の男の子の夢を信じて雲をつかむような話を追いかけているだけなのかしら？

「入院担当です」と電話の向こうで声がしました。「エイプリル・フランクリンさんは退院されました」

「私は母ですが、娘の連絡先は分かりますか？」と私は素早く聞きました。

相手に気まずい沈黙の時間があって、「彼女は郡の刑務所から連れてこられたのです。たぶんそちらに戻られたのだと思いますが」と彼女は言いました。

私は悲しみに打ちひしがれて受話器を置きました。私の一部は何があったのか知りたくないという気持ちです。しかし、マイキーは何か大切なことを知っているという思いを振り払うことができません。

私は深呼吸をして、エイプリルが何をしたのかを知ることに恐怖を覚えながら、電話帳で郡の刑務所の番号を探しました。

「郡刑務所です」と愛想のない声が応えました。私は事情を説明しました。やっとのことで女性看守が電話に出て質問に答えてくれたのです。エイプリルは駐車違反と交通違反の罰金が数え切れないほどたまっていて、そのために逮捕されたということでした。

「娘は大丈夫なのでしょうか？」と私は女性看守の話を遮って聞きました。「娘は妊娠……、しているのですか？」

「エイプリルの赤ちゃんは早産で生まれました」

私は思わず息を呑みました。〈生まれた？〉。「男の子はどこにいるのですか？」と聞きましたが、マイキーの予言の通り赤ちゃんが男の子だと思っている自分に気がつきました。

「申し訳ありませんが」と女性看守は言いました。「その情報を提供することは許されておりません」

「私はエイプリルの三人の子どもたちの保護観察をしているのです」。私は静かな声で言いました。「赤ちゃんが州政府の保護施設に入れられることは避けたいのです」

彼女はしばらく黙っていました。最後に彼女はこう言ったのです。「未熟児がどこにいるのか誰も教えてくれない状況に私が遭遇したら、郡立病院を探すでしょうね」

私は思わず微笑んで言いました。「アドバイスに感謝します」

私は車で病院に向かいましたが、速度制限を超えないようにするため、精一杯の自制心を発揮しなければなりませんでした。それでも何がどうなっているのか、はっきりしません。エイプリルは本当に赤ちゃんを産んだのだろうか？〈それが事実だとすれば、神様は私にどうしろとおっしゃるのだろう？もう一人の子どもの面倒を見ることが私にできるかしら？もう一人、赤ちゃんを愛するエネルギーが残っているかどうか、私には自信がありません〉

私は病院に駆け込み、新生児の病棟に行きました。「フランクリン家の赤ちゃんに会いに来たのですが」。口から出てくる言葉に半信半疑です。「私は新生児の祖母です」

「来てくださって本当によかったですよ」と看護師さんが言いました。「赤ちゃんの腎臓にちょっと問題があったのですが、それもクリアになりましたから。引き取り手の名前は……」。看護師さんは歩きながら書類をチェックして、エイプリルの友達の名前を読みあげました。危機一髪でした。

看護師さんは保育器の並ぶ迷路の中を誘導して、一つの保育器の前で立ち止まり、「着きましたよ」と明るく言いました。保育器の中に、小さいけれど完璧な身体をした男の子がいました。マイキーの言った通り、弟が生まれたのです。エイプリルの子の一人ひとりが、皆そうであったように、この子もまた神の奇跡でした。

「いつ生まれたのですか？」。今ではマイキーの言葉を信じていましたが、念のために聞いてみました。「先週の土曜日です」と看護師さんは答えました。「一月二十五日ですね。早産でした」

生まれたての孫の名前を聞いてみました。彼女はニッコリ笑って答えました。「それは分かりませんが、私たちは皆、〈天使の赤ちゃん〉と呼んでますよ」

私は、目もまだしっかりとは開いていない、締まったピンクの顔をした赤ちゃんがすぐに好きになってしまいました。彼の腕と脚が突然、ビクッと動いて胸を突き出して、こう言っているように思えました。

〈おばあちゃん、僕を見てよ〉

〈大丈夫、私のハートにはあなたのための愛がたっぷり残っているわよ、おちびちゃん〉

赤ちゃんのもとを離れるのは辛いものがありましたが、早急にやらなければならないことがあります。

「すぐ戻るからね」と私は囁いて保育器を離れました。

病院のロビーから弁護士に電話を入れ、すぐにこの子の保護観察を申請するようにと依頼しました。

「やれることは全部やりましょう」と彼は約束してくれました。二十四時間足らずのうちに弁護士はこの子をエイプリルの友人に与えることに対する差し止め命令を取ることができました。この友人は麻薬保持の前科がありました。この子は退院と同時に、私が保護者になることが決定されたのです。

ここでエイプリルに会わなければなりません。私は郡刑務所の待合室で待っていました。彼女が歩いて部屋に入ってきたとき、怒り狂っているのが分かりました。この赤ちゃんは自分で育てたいと思って、秘密にしようとありとあらゆる手を尽くしたと言いました。エイプリルは歯を食いしばりながら、「私の子どもを返してよ。子どもが私の手もとに来るまでは子どもを生み続けるからね」と言いました。
「これまでの体験からして、神様があなたをどれくらい愛しているか、あなたの子どもたちをどれほど愛しているか、あなたにも分かりそうなものだけれど」と私は静かに答えました。「あなたが子どもを生み続ければ、麻薬をやめるまでは神様はあなたの手から子どもたちを連れ去るしかないでしょう。必要とあれば天使を使ってでもね」

それから、私はマイキーが見た夢の話をしました。エイプリルは私の訪問時間を途中で打ち切りました。私の話に深く心を動かされたようでした。

赤ちゃんを家に連れて帰ると、マイキーはお兄ちゃんの役目を見事に果たすようになりました。もちろん、マイキーはすでに使命を果たしていたのです。天使からのメッセージを慎重に伝えたのですから。

その後、エイプリルからは長い間、連絡がありませんでした。やっと電話がかかってきたとき、それはリハビリテーション・クリニックからでした。その時点で麻薬を三カ月使用しておらず、夫とは別居していました。

「ママ、今度はきっぱりやめる」と彼女は言いました。彼女の口調には変化がありました。昔のエイプリルのような感じがしました。

それからしばらくしてエイプリルに会ったとき、決して聞くことはないだろうと思っていたことを言われたのです。

「あなたが私のママであることを、毎日、神様に感謝しているのよ。ママが私を愛しているのと同じくらい、私も子どもたちを愛していることを見せてあげたいと思ってるの」

第15章

海の向こうの天使

「鉄のカーテン」「竹のカーテン」「ベルリンの壁」などが登場するよりもずっと前に、詩人のジョン・ウクセンハムは次のような言葉を残しています。「キリストには東もなければ西もない」

次のエピソードは第二次世界大戦のあとに生じた東西の亀裂という状況の中で演じられました。これらは私たちがどこに住んでいようと、どこに旅しようと、神がそこにおられるということを示しています。あるグループの人びとを別のグループの人びとから分離しておくように意図されている壁のどちらの側にも神がおられるということを、これらのエピソードは教えてくれるでしょう。

中国横断

ジョセフ・セロナ

生きることの意味を求めて長年の間、いろいろな場所を移り歩き、一九八六年のある夜、私はマウイ島の誰もいない浜辺に一人で座っていました。〈神様、私っていったい誰なのですか？　どうすれば進むべき道を見つけることができるのですか？〉。私は問いに対する答えが星の間に見つかるかのように夜空を見あげていました。

するとーつの声が聞こえたのです。それは優しい声でしたが断固とした声で、私の外部からではなく内部から聞こえてきたのです。〈教会に行きなさい〉

教会に？　教会に行かなくなってから、ずいぶん年月がたっていました。しかし、何も変わっていません。それでも、日曜日に小さな礼拝堂のいちばん後ろの席に座りました。いやになったら、すぐに出ればいいと思ったのです。

驚いたことに、説教はまるで私に向かってされているような感じでした。「イエスはありのままのあなたを受け入れてくださるのです」と牧師は言いました。「イエスはあなたが再び自分の両足で立てるようにしてくださるのです」

それを聞いた私は思わず立ちあがり、祭壇へと歩いてゆきました。「私はあなたに身を委ねます」と私は神に約束しました。「どうぞ、あなたが望まれるところに私をお導きください」

それからまもなく、ＹＷＡＭ（使命を持った青年団）のスタッフに空きが出ました。これこそ私が求めていたものだと確信しました。仕事の内容が用務員であることに少し失望しましたが、この仕事を一生懸命に務めました。それだけでなく、『聖書』の勉強を始めたのです。キリスト教のあらゆる側面を完全に理解したいと思いました。そうすれば、過去にそうだったように忍び寄る猜疑心に足をすくわれることはないだろうと思ったのです。

『聖書』で最も心ひかれたのは「使徒行伝」でした。イエスの使徒たちが地中海を縫うように旅をしてはイエスの教えを広めた物語です。その理由は私自身が伝道の仕事をしたかったからかもしれません。物語のさまざまなイメージが心を離れないのです。天使が監獄のドアを開けて使徒たちをエルサレムの寺院へと案内する話。アンティオキア（古代シリア王国の首都）では、もう一人の天使が二人の兵士の間につながれていたペテロの鎖を緩めて気づかれることなく兵士の前を通って逃がす話。地震でマケドニアの監獄の土台を揺るがしてパウロとサイラスを足枷《あしかせ》から解放する話。どれも奇想天外のように思えると同時に、実にリアルなものに感じられました。

しかし、読めば読むほど、質問が湧き起こりました。現代という時代は『聖書』の時代に匹敵するのだろうか？　『聖書』の時代に起こったといわれるこのような出来事が今でも起こるのだろうか？　キリスト教徒は現代でもその信仰のゆえに監獄に入れられている。たとえば中国では、あらゆる宗教活動が政府によって厳しく取り締まりを受けているけれども、天使が助けに来たという話は聞いていない。私は新たに見出した信仰への畏敬の念が薄れていくように思いました。

するとある日、教会の上司が私を呼んでこう言ったのです。「千冊の『聖書』を中国に密輸する気持ちのある人を探している。危険な仕事だけれども、そうしないと中国の人びとは『聖書』を手に入れることができないのですよ。あなたはこの仕事を引き受けることができますか？」

「もちろんです！」と私は答えました。神様のためにこういう仕事をしたいと思っていたのですから。この使命は私の信仰に再び火をつけてくれるかもしれません。

私は詳細な指示を受け、ＹＷＡＭのスタッフであるもう一人の密輸入経験者と、イギリスの統治下にある香港で合流することになりました。そこから、列車で本土に向かうのです。

「シェンチェンの国境にはX線の機械はないよ」と上司が教えてくれました。「調査官たちが自ら調べないかぎり何も見つからないし、怪しく見えなければ調べることはないだろう」

国境を越えた時点で中国人の牧師たちが私たちとスーツケースを交換して『聖書』を渡し、地下組織の教会に『聖書』を配るという計画でした。

私はスーツケースにポケットサイズの『聖書』を詰め込んで香港へと飛びました。ドキドキしながら雑踏で賑わうカオルン・トング駅の構内に足を踏み入れました。そこが待ち合わせの場所です。パートナーと会ったことはありませんでしたが（彼の外見については説明を聞いていました）、切符売り場のそばにいる彼をすぐに見つけることができました。汽車に乗ろうとして慌ただしく動きまわっている中国人の中で、痩せた長身のアメリカ人を見つけることはそれほど難しいことではありません。

できるだけ人の注意を引かないようにとの指示を受けていた私たちは、ちょっと挨拶をしただけでおしゃべりもせずに、貴重な荷物を持って二階のプラットホームに行きました。

シルバーの列車がホームに滑り込んできてドアが目の前で開きました。座席に着いた私たちは、いつでも監視できるようにスーツケースを足もとに置きました。やがて汽車は駅を離れ、パートナーは紙袋を開き、私は列車の窓の外に目をやります。窓の外に見えるエメラルドの丘陵や田んぼはガラス張りの高層ビルが立ち並ぶ香港とは別世界のようです。

四十五分後に列車はロー・ウ駅に到着しました。この駅がシェンチェンに入るための通関ポイントになります。ほかの乗客と一緒に、私たちは税関と移民局の方に歩いていきました。教会の上司の警告を思い出しながら、荷物を重そうに運んでいるパートナーの方に目をやりました。〈私も彼みたいに怯えていた

ら、あっという間に手錠をかけられてしまう〉

周囲には機関銃を持った兵士たちが立っています。〈落ち着け〉と私は自分に言い聞かせました。私のパートナーの顔が真っ青になるのが見えました。彼の目を追うと、部屋の反対側に兵士よりも恐ろしいものが置かれていたのです。X線の探知機です！

「これで終わりだ」とパートナーは私に囁きました。「戻るしかない」

私は緊張のあまり頷くことすらできません。しかし、そのとき、中国の牧師たちやそこに集まる人びとの姿が目に浮かびました。彼らはアメリカ人であれば誰にでも認められていることをするために、毎日、生命を危険に晒《さら》しているのです。〈神様、私たちは彼らに援助の手を差しのべたいのです〉。私は祈りました。〈どうぞ、道をお示しください〉

私は必死になって部屋を見渡しました。別な選択肢はないだろうか？　X線の探知機の右側に中国本土から香港を訪れる中国人用の出口が見えます。その出口を通過する人たちを、武器を持った数多くの兵士たちが注意深く監視しています。

〈あの廊下を行きなさい。後ろ向きに歩いていきなさい〉

その声は聞き覚えのある声でした。数カ月前の夜、マウイ島の浜辺で聞こえたあの内なる声と同じだったのです。あのときもらったアドバイスはまさに私が必要としていたものでした。だけど、このアドバイスはどうだろう？　出口から入る？　後ろ向きに歩け？　部屋の中にはたくさんの中国人がいてアメリカ人は私たちだけです。すでに目立っているところに、そんなことをしたらもっと目立つことになるのでは？　意味を成さないアドバイスです。しかし、私はパートナーに囁いてそうするように言いました。

「そんなことをしたら撃たれるよ」と彼は言いました。

「信じてくれ、こうするしか方法はない」と私は自分自身の不安をかき消しながら答えます。口論している暇はありません。

群集に押されるようにして税関申請のデスクに行き、震える手で申告書に記入すると、移民審査官がX線の探知機の方に行くようにと手で合図しました。そちらに行けば、おしまいです。

私は一つ深呼吸をして出口の廊下の方に歩きはじめました。〈神様、あなたの計画の詳細を知らずに指示に従うのは難しいでことです。でも、それ以外に方法がありませんから〉。私は振り向いて部屋を見ました。私はためらいながら、後ろ向きに一歩踏み出しました。さらに一歩、そしてさらに一歩。

反対方向へと進んでいる群集から抗議の呟きがあがりました。私としては兵士たちがこの騒ぎに気づかないことを祈るしかありません。私の重いスーツケースが老婦人の膝に当たってしまいました。「すみません」と私はしどろもどろに謝りました。彼女は私を非難するように舌打ちしました。

群集との闘いです。背泳ぎで川の上流に泳いでいくようで、容易ではありません。汗が首筋を流れます。肩越しに後ろを見ながら人にぶつからないように歩いていきますが、ぶつからないわけにはいきません。何しろ、皆と反対方向に進んでいるのですから。

廊下の入り口まで来たとき、兵士が靴を鳴らしていつでも発砲できるように銃を構えて近づいてきました。機関銃のような中国語で何かを言って、私から三メートルほどの位置で立ち止まって群衆を見渡したのです。私には肩越しに彼の方を見る勇気はありませんでしたが、彼の目が私の方に向けられているのは分かります。

それでも、まだ後ろ向きに歩きながら、私は廊下の終わりまで少しずつ進んでいきます。兵士は私を止めません。目線が合うところまで来たとき、彼は私を見ました。しかし、まったく何の反応もありません。彼の表情には何の変化もないのです。まるで私は透明人間になったみたいなのです。彼の視線は私を見ているのではなく、私を通過して見ている。いったい、どうなっているのだろう？　それから、パートナーの方に目をやると、彼も私の指示通りに歩いてきます。兵士たちは彼のことも見過ごしているのです。誰にも私たちが見えていないのです。しかし、兵士たちには私たちが見えないようなのです。

それから少しして、私は廊下から外に出ました。成功です！　中国のシェンチェンの国境を無事に通過して入国に成功したのです。私は後ろ向きに進むことをやめて前方を見ると、目の前に木製のベンチがありました。私は倒れ込むようにこのベンチに座り、パートナーが来るのを待つことにしました。まるで密輸している『聖書』の中で語られている物語の一つから抜け出してきたような気分です。

私たちに優美なヴェールをかけてくれた天使の姿は見えませんでした。私たちを兵士の目に見えないようにした力がどのように働いたのかも、まったく理解できません。しかし、パートナーと私が兵士たちの目に見えないように守られて彼らの目の前を通過して入国できたことは疑いようのない事実です。「使徒行伝」で読んだ物語とまったく同じような体験です。イエスの使徒たちと同じように私たちは解放されたのです。いつも私を苛《さいな》む疑いの気持ちから解放されたのです。かくして、私は神の導きに従う自由を勝ち得ることができました。ついに真の意味で信じる自由を勝ちとることができたのです。

あるロシアの兵隊さん

レニー・シラク・バーガート

私が初めてロシア人の守護天使を見たとき、彼は私と私の祖父母に機関銃を突きつけていました。一九四五年の春のことでした。ソビエト軍が私たちの祖国であるハンガリーを席巻してナチの軍隊を追い払いましたが、今度はソビエト軍がハンガリーの人びとに残虐な行為を始めました。私は祖父と祖母とともにこの新しい侵略者から逃れようと何カ月もの間、馬に引かせたワゴンに乗って旅をしていました。明るいうちに素早く移動して、爆撃が開始されたら馬車を飛び降りて排水溝に逃げる覚悟で移動していました。夜はほかの避難民と一緒にキャンプをしました。私は馬車の後部にある羽根布団のベッドでパプリカを抱いて寝ていました。パプリカは私が赤ちゃんのときに亡くなった母の形見で、オレンジ色のトラ猫です。私は七歳でしたが、その短い人生で知っていることといえば戦争だけでした。安全な場所はどこにもありません。私は父と母の顔を思い出そうとしましたが、目に浮かぶのは砲弾が近くに落ちて死んだ人たちの姿だけです。父は二年前に、戦いのためにどこかの戦地に行っていました。

私たちはやっと田舎の一軒家に落ち着くことになり、祖父と仲間の数人が近くに防空壕《ごう》を造りました。戦闘機が頭上を飛び交い爆弾があたりに炸裂する中で、私たちは眠れぬ夜を過ごしました。それから突然、静かになったのです。私たちは用心しながら防空壕を出て夜明けの薄暗闇の中に這い出て家に向かいました。祖父母と私が歩いている足もとで潅木の折れる音がして、やがて小さな墓地を通りかかりました。墓標が寂しそうに立っていました。一本一本の墓標が雑草で仲を裂かれているように見えます。私は思わず

です。

身震いしました。

突然、前方の草むらでザワザワという音がして、二人の男が飛び出してきて機関銃を私たちに向けたの
「止まれ！」とそのうちの一人が叫びました。パプリカが私の腕から逃げ出しました。

「ロシア人だ！　静かに立っていなさい」と祖父が言いました。

しかし、私はすでに駆け出していました。私は二人の兵士の間を駆け抜けてパプリカを抱き上げました。

二人の兵士のうちの若い方、背が高く黒い髪をしている兵士でしたが、私に近づいてきました。私は怖れのために縮みあがって、パプリカを盾のように胸に抱いていました。

彼は手を伸ばしてパプリカを撫でて言いました。「ロシアに同じくらいの年の娘がいてね、娘もこの猫とそっくりの猫を飼っているんだ」。彼はそう言って、三ツ編みにした私の金髪を優しく引っ張りました。見あげると、彼の優しい茶色い目が私を見ていて、私はニッコリと笑いました。

ハンガリーは今やほとんどソビエトの支配下にあるということでしたが、イヴァンという若い兵士は私たちの安全を保証すると言ってくれました。

「何か食べていきませんか？」と祖母が言いました。兵士たちは私たちの家に来て、粗末なものではありましたが、朝食を共にしたのです。

イヴァンは翌日、イワシの缶詰を持ってきて「パプリカにあげて」と言いました。イヴァンは夕食を食べながら家族のことなどを話しました。それから、少なくとも一週間に一度は顔を出して祖母の料理を食べ、私のためにいつも何か持ってきてくれました。

「私の娘は遠くにいるからできないけれど、ここにいる君には何かしてあげることができるね」と彼はよく言ったものです。私は彼の訪問がとても楽しみでしたが、ロシア人のことは怖れていました。できたばかりの秘密警察によってハンガリー人が連れ去られ、二度と姿を見せることがないという噂が流れていました。かつて裁判官だった祖父のような人たちが連れ去られているのでした。夜が来ると、秘密警察が今にもやってきてライフル銃でドアをドンドンと叩くのではないかと怯えながらベッドに横たわっていたものです。

「私、おじいちゃんのことが心配なの」。ある日、私はイヴァンに打ち明けました。「彼らは夜、突然やってきておじいちゃんを連れていってしまうの？」

イヴァンは私の前にかがんで座り、私の両肩に手を置いて言いました。「心配しないでいいよ。安心して眠りなさい。そしていい夢を見るんだよ。誰もそんなことはしないからね」

彼の言った通りでした。しかし、ソビエト軍の包囲が始まって一年ほどたったある日、イヴァンが悪い知らせを持ってきました。

「別な場所に配属されることになったんだ。だからもう会いに来ることができない」。彼は心配そうな表情で言いました。「だけど、これを君にあげるよ」と言ってポケットから何かを取り出しました。それはネックレスでした。ロシア正教会の十字架がついていました。青緑色のホウロウ細工で銀の縁取りがしてあります。彼はそれを私の首にかけ、「神様が守ってくれるからね」と言いました。私はイヴァンとしっかり抱き合い、車が去っていくのを見守ったのです。

それからまもなく、怖れていた秘密警察がやってきましたが、祖父はなんとか窓から逃れることができました。それからは、祖母と私だけになりました。私たちは畑の野菜でなんとか毎日の食べ物を賄っていました。時々、祖父から無事にしているという知らせが届きました。祖父はどこに隠れているのだろう、また会えるかしらと思ったものです〈父の帰りを待つことは、もうずっと前にあきらめていました〉。

ある朝のこと、目を覚ますとパプリカが私の足もとで冷たくなっていました。〈神様、私の愛しているものたちはどうして皆、いなくなってしまうのですか〉と私は聞きました。

私たちは常に餓死の危険に晒《さら》され、いつ攻撃されるかもしれないと怖れ、愛するものを失うことを怖れていました。時々、ロシア人の兵士がくれた十字架をじっと見たものです。イヴァンは自分の娘さんのところに帰ったのだろうか？ 私のことを覚えているかしら？

不安と絶望の中で、いくつもの季節が過ぎてゆきました。そして一九四七年の秋、一人の男がやってきてオーストリアの国境で祖父と再会する段取りになっていると教えてくれたのです。ドイツ系のハンガリー人は国外に強制送還されていました。この男性は私たちが強制送還者であるという偽造の証明書を持ってきてくれたのでした。これがあれば国境を越えて自由の身になれるのです。私たちは夜通し旅をして待ち合わせの場所に行きました。濃い顎ひげを生やし、編み帽子を目深にかぶった疲れた感じの男が、私を両腕で抱きあげました。

「おじいちゃん？」と私は聞きます。

「そうだよ、おじいちゃんだよ。レニー」と言って、彼は私の頬にくすぐったいキスをしました。

私は祖父と祖母と一緒に輸送トラックに向かって歩いていきました。胸はドキドキしています。私の持つ荒い麻製の袋の紐が手に食い込み、パプリカの柔らかな毛を懐かしく思い出しました。私たちはすでにたくさんの人が乗っているトラックの荷台に乗り込みました。書類を審査するためにやってくる兵士たちから隠れるためにコートで顔を隠したいという衝動に駆られました。もしも捕まったらどうしよう。私は思わず祖父の手をつかんで握りしめたのです。〈神様、どうぞ、どうぞ、すべてがうまくいきますように。おじいちゃんが無事にパスできますように〉

兵士がトラックに乗り込んでくるのが目に入りました。私はあっと息を呑みました。「おじいちゃん」と私は囁きました。「私たちの兵隊さんよ。彼がこのトラックをチェックするみたい」。私は飛びあがって駆け寄りたいと思いましたが、祖父は私を制しました。「ひょっとしたら私たちを覚えていないかもしれないよ」。祖父も囁き返しました。

そして、イヴァンが私たちの前にやってきました。祖父は顔を見上げずに書類を渡し、私は守るようにおじいちゃんの肩の上に手を置き、イヴァンを注意して凝視しました。あの優しい目の輝きが見たかったのです。しかし、イヴァンは書類に集中しています。私は息をすることもできないで待っていました。やっとのことで彼は書類を祖父に渡して言いました。「このトラックはすべて問題なし」。それから、彼は私に向かってウインクをしたのです。彼が降りるとトラックはすぐに走り出しました。肩越しに振り返ると、彼と目が合いました。〈ありがとう〉と私は首にかかっている十字架を持ちあげて声に出さずに言いました。彼はさりげなく頷いて、向きを変えて去っていきました。国境を越えて安全地帯に着いたとき、私は十字架の精妙にカットされた端を手でまさぐりながら感謝の祈りを捧げたのでした。

私は第二次世界大戦中に数多くの悲しみを体験しました。しかし、私が頂いた一つの祝福は一生忘れることはありません。一人の親切な兵士がいて、私と祖父、祖母が自由を獲得し、やがてアメリカで新しい人生を切り開くことを可能にしてくれたのです。彼は私の怖れを信頼に変え、神の慈悲はどのようなところにでもあるということ、たとえば敵の目の中にすら存在することを教えてくれたのです。

天使たちの神へのとりなしのコーラスに耳を開くならば
東洋の月の下に漂う妙音が聞こえ
西洋の月から流れ来る黄金の音符を
捕まえることができるよ

フランシス・リドリー・ハヴェンガル

第16章

警官とともに働く天使

「警官の気持ちは警官でなければ分からないと多くの警官は考えている」とニューヨーク警察付の牧師であるウィリアム・ギリーズ・カライジャンは言います。一九九一年の夏の夜に体験したことによって、その言葉の意味の新しい次元を彼は体験することになります。彼はその夜、ブロンクスの空に「天国の警官隊」が肩を組んで立っている光景を見たのでした。ブルーのジーンズをはいた彼らは、ミズーリ州の一人の警官の援助にも駆けつけたのです。

ブルーのユニフォームを着た天使

ウィリアム・ギリーズ・カライジャン

正しいかどうかは別として、警官の気持ちは警官でなければ分からないと多くの警官は考えています。警官という仕事の信じられないようなプレッシャーは仲間の警官でなければ分からないというのです。真夜中に一人で歩いてパトロールをする孤独と怖れ、フリーウェイを全速力で追跡する狂乱と恐怖、麻薬でいかれたティーンエイジャーが突きつけている銃がおもちゃの銃かどうかを一瞬のうちに判断しなければならない緊張感、職務中に究極的な犠牲を払うことになったら家族はどうなるだろうという心配。警官たちが、まず何よりも、お互いに対する信頼を大切にするゆえんです。

ニューヨーク警察付の牧師として四十年間勤めてきた私は警官でもあり、警官の心を許せる友でもありました。緊急治療室の待合室で負傷した警官の手術の結果を家族とともに待ったことが何度あることでしょうか。武装した強盗を銃で撃ち、同胞である人間を傷つけてしまったと心を痛めるパトロールの巡査の心を慰めたこともあります。そして、若くして生命を落とした多くの男女のあまりにも多くの葬儀に参列していました。

私は海軍での短い兵役を終えた後に、パトロール巡査としてキャリアを開始しました。その間、アデルフィー大学で牧師になるための勉強をして、さらにユニオン神学校で学びました。叙階を受けた後にブロンクスのベッドフォード・パーク会衆派教会の牧師に任命されました。しかし、ニューヨーク警察の仲間たちが恋しく、警察付の牧師として働く機会が訪れたとき、私はその機会に飛びついたのでした。

警察付の牧師としてだけでなく、教会の主任牧師として仕事をしていましたから、ほとんど自由な時間はありませんしたが、一九九一年の夏のある蒸し暑い夜、ブロンクス201番通りにある我が家の玄関先で珍しくくつろいで座っていたのです。いつものように手には警察の携帯無線機を持っていました。いつ召集されるか分からないからです。静かで人っ子一人いない通りに停められている車のドアを一人の男が一台一台チェックしているのが目に入りました。私は無線機を持って立ちあがり、〈念のためチェックした方がいいいな〉と思いました。

車に押し入ろうとしているのかもしれない。学校はかなり前に夏休みに入っていて、こういう風に蒸し暑い夜には子どもたちが悪さをすることがよくあるのです。

私は用心深く近づきます。風は吹かず、湿っぽい空気が身体を包み込みます。ラジオをギュッと握りしめながら歩いていきます。容疑者が車に入るのを見たら10－85のコードを無線機から通報して応援を呼ぶつもりです。

汗が額からタラタラと流れ、衣服はべっとりと身体にまとわりつきます。歩道の縁石に静かに立っていると、周囲の静けさの中で心臓の鼓動が一つひとつ聞こえるようです。真っ暗な通りに一人で立っているなんて考えてみると危ない話だなと、チラッと思いました。そのとき、最新モデルのセダンが暗い闇の中から現われ、私の真横にキーッという音を立てながら停まったのです。私が動く暇もあればこそ、一人のたくましい男が車から飛び出し、身を低くかがめて射撃の体勢をとり、銃口が二つある散弾銃を私に向け、「動くな！」と低く抑えた強い声で言いました。

私は動きませんでした。動くどころか息もつけないほどです。巨大な体をした運転手が車から降りてきて、私の腕時計をもぎ取り、「財布を出せ」と押し殺した声で言い、私の体を小突きます。「早くしろ！」

私は今でもなぜそんなことをしたのか分かりません。いつも強盗には抵抗などせずに言いなりになるように言っているのですから。強盗の要求に従うことがいちばん安全です。警察はいつも市民にそのように指示します。現金とか宝石のために生命を落とすことはありません。もう一回、同じ状況に遭遇したら、私は財布をあっさりと渡すでしょう。しかし、なぜか分かりませんが、その夜の私は怒ったのです。どうにもならない怒りに駆られたのです。私はその男を無線機で激しく殴りつけました。

彼は「畜生！」と言いましたが、私は再び彼を殴ろうとしました。すると彼は怒り狂った猛牛のように突進してきたために、私の体は近くのフェンスまで吹っ飛びました。私はドスンという音を立てて倒れ込み、息ができません。

男がパートナーに向かって怒鳴るのが聞こえました。「撃ってしまえ！　殺せ！」。私は二つの銃口から火が吹いて散弾銃の弾が体を突き抜けてゆく瞬間を待ちました。

銃弾は音よりも速いために、打ち合いの修羅場を生きのびた警官ならば誰でも知っていることですが、銃声を聞く前に体が銃弾を感じるのです。しかし、私は何も感じず、何も聞こえません。ふと空を見あげると、私の人生で目撃した最も凄い光景がすぐに目に飛び込んできました。ずらっと整列した警官の一団が空にいたのです。彼らはブロンクスの空に漂い、暗い夜空を背景にくっきりと浮かびあがっています。ブルーのユニフォームを着た男たちが肩を寄せ合って横一列に並んでいます。靴はピカピカに磨き込まれ、シルバーの盾と翼を輝かせています。天使のパトロールが天国から助けに来てくれたのです。

私は思いました。そうだ、〈たとい、死の陰の谷を歩くことがあっても、私はわざわいを怖れません〉（「詩篇」23－4）。すると、すべての怖れが消えてなくなりました。まるで神と一緒に立っているように感じました。私を襲った連中は、まるでその場に凍りついたように動きません。言葉が静かに力強く私の心の中に聞こえました。〈応援を呼べ！　今だ〉

ラジオを手に持って男たちの目を直視しながらコールのボタンを押しました。「警察の牧師です」と私は叫びました。「テン・サーティーン、２０１番のベインブリッジで、テン・サーティーン、テン・サーティーン」。10－13のコードを聞けば、管轄区のすべての警察官は仲間が危機に瀕していることを知ります。私が言い終えるのとほとんど同時に、悲鳴をあげるサイレンの音が夜の静寂《しじま》に響き渡ります。私の耳にはそれは美しい交響曲のように聞こえました。空に見えた天使たちの姿は消え、ベインブリッジ・アヴェニューに数台のパトカーがランプを点滅させながら集まってきます。私を攻撃していた男たちは車に飛び乗ると、車のタイヤを軋ませて走り去っていきます。私は横付けした最初のパトカーの後部座席に飛び乗り、激しい追跡の開始です。彼らの車は見失ってしまいましたが、緊急警備体制を敷き、三十分もたたないうちに男たちは拘留されたのでした。その後、彼らはニューヨーク北部の刑務所に送られました。

警察官にとって危険に晒《さら》されたときに仲間の応援ほど心強いものはありません。呼べば仲間の警官が駆けつけてくれるということほど、心の慰めになるものはないのです。私自身もブロンクスでの夏の蒸し暑い夜に神の援軍を送られて、そのことを知ることができました。

「神様、今こそ助けてください」

ドリス・スミス

制服を着て出かけようとすると、泊まりに来ていた四歳になる孫のナサニエルに止められました。そして、悲しそうな声でこう言ったのです。「おばあちゃん、帰ってこないの?」

「もちろん帰ってくるよ」と私は言って、ピストルの革ケースを腰につけました。私は孫が心配してくれたことに驚きました。ミラー郡の副保安官の仕事は危険な場合もありますが、その日、九月何日かでしたが、私の任務はとくに心配するようなものではありませんでした。一人の囚人を、郡を二つ越境してミズーリ州北東部の施設に連れていくというのがその日の任務だったのです。実を言えば、囚人を護送する任務を楽しみにしていました。それは日常的な決まりきった仕事からの解放でもあります。しかし、ナサニエルの目は真剣でした。それで私はナサニエルを抱きしめてから、パトカーに乗り込みました。

カラウェイ郡刑務所に向かう途中、囚人の護送責任者がくれた情報を反芻《はんすう》してみました。この囚人は小切手偽造で判決を受けていました。マイナーな医療上の問題と品行に問題があって、約一二〇キロ離れたパルミラの施設に移すことになったのでした。

カラウェイ刑務所で彼女を乗せましたが、二十五歳前後の華奢《きゃしゃ》な女性です。危険な囚人にはとても見えません。しかし、規定に従って愛車のシボレー・カプリスの後部座席にしっかりと固定しました。ナイロンの帯紐で腰を縛り、手錠をかけてベルトにつなぎ、足枷《あしかせ》をかけたときでも、彼女は感じよく協力してくれたのです。〈これなら大丈夫〉と私は思いました。

私はハイウェイ54に入り、北に向かいました。晩夏の午後でしたが絶好の日和です。一時間後、オードレイン郡に到着、予定通りです。すると、バックミラーに囚人が前屈みになっている姿が見えました。私に何かを話したいのだろうかと思って彼女の方向に首を傾けました。

すると、後部座席と運転席を隔てている樹脂ガラス製の仕切りの間に二五センチほどの小さな窓があるのですが、その窓から囚人の手が突き出てきたのです。

「後ろに戻りなさい！」と私は叫びました。アドレナリンが体中を駆け巡ります。

しかし、彼女はやめようとしません。驚いたことに、彼女は頭だけでなく上半身を仕切り窓から突き出しているではありませんか。罵《ののし》りながら両腕を激しく振り回します。私は彼女の攻撃を避けながら道路に注意を向け運転しようとしますが、シートベルトが邪魔になって自由に動くことはできません。やっとのことでブレーキを踏み、車を道路の真ん中に停めました。幸いなことに車は来ていません。

「後ろに戻りなさい！」と体を捩じらせて両手で彼女を押し戻そうとしましたが、シートベルトが胸を押さえているために身動きがとれません。

囚人は私の右側の肘掛けのところにあった無線機のアンテナをつかんで私の頭に殴りかかったため、眼鏡が叩き落とされてしまいました。私は身をかがめて攻撃をかわし、無線機が床に落ちました。

混乱状態に陥った私は体勢を立て直そうとしましたが、彼女は再び身体を突き出し、私の左手に噛みついてきました。私は痛さのあまり悲鳴をあげました。まるで真っ赤に燃えたハンマーで手を叩かれたようです。私はなんとか身を守ろうとしました。囚人は狂った獣のように荒れ狂います。

突然、何かが変わるのを感じました。囚人がちょっと動きを止めたのです。すぐに、直感で分かりました。〈彼女は拳銃を狙っている！〉。私は右手を拳銃のケースの上にしっかりと置きましたが、彼女は必死につかみかかります。奪い合いになりました。肘で彼女を撃退しようとしますが、彼女は攻撃をやめません。突然、パチンと音がしました。囚人が皮ケースの中から私の拳銃を引っぱり出したのです。

〈車の中なんかで死にたくない〉と私は思いました。夫の顔、子どもたちの顔、孫たちの顔が、一瞬、心をよぎります。〈家族のところに戻りたい〉

私は常に神を信じてきました。今こそ神様の助けを呼ばなければと思いました。「神様、今こそ助けてください」と私は拳銃を奪われまいと必死に戦いながら言いました。両手で拳銃を押さえ、引き金を守ろうとしました。引き金の真ん中にある安全装置を外されたらおしまいです。「神様……」

ふと車のフロントガラスの方を見ると、二人の人物が車に向かって走ってくるのが見えます。眼鏡をかけていないために、ぼんやりとしか見えません。しかし、二人は中肉中背の男たちで、白いTシャツを着てブルージーンズをはいていることは分かります。

そのうちの一人が車を開けて入ろうとしましたが、ドアはロックされています。もう一人がボンネットを叩きました。囚人がそれに気をとられて顔をあげたとき、拳銃を握っていた手が緩み、私は左手でオートロックを外しました。運転席の後ろに立っていた男が素早くドアを開け、囚人を後ろに引っぱりました。私は息をついて拳銃をケースに戻し、車から出ました。それから男たちの助けを借りて、囚人を再び後部座席にしっかりと固定しましたが、彼女はつばを吐き足で蹴飛ばしと荒れ狂っていたため、念のために腕に手錠をかけて手錠を脚とつなぎました。

「ありがとう!」と私は助けてくれた男たちに礼を述べ、運転席に着きました。近くの私道に車を停めましたが両手の震えはまだ止まりません。無線機を出して応援を呼び、後部座席に座っている囚人がきちんと座っていることを確認して、男たちにお礼を言おうと車から出ました。驚いたことに二人の姿はありません。どこにも姿が見えないのです。まっすぐに続いているハイウェイのどこにも、車も人も、まったく見当たりません。

二人がいったい、どのようにして姿を消したのか考えている間に、オードレイン郡のシェリフとミズーリ州のハイウェイパトロールが到着しました。二人の男性を見かけたかどうか聞くと、答えはノーです。二人を見かけたのは車を停めたドライブウェイ(車庫に至る私道)の家にいた女性だけです。外での騒ぎを耳にした彼女が窓際に行ってみると、ジーンズをはいた二人の男が見えました。

「心配しないで、写真に撮りましたよ！」と彼女は言いました。安全な家の中にいながらにして、家の外で起こっているエキサイティングなシーンを撮ろうとカメラのシャッターを切っていたのです。それから、二人がブルーのトラックに乗って走り去っていくのを見たというのでした。しかしながら、フィルムを現像してみると、二人はどの写真にも写っていないのです。ブルーのトラックも同様に写っていません。

それから数日間、上司のストローブ保安官は、ブルージーンズをはいた二人の男性の所在を確認するために数え切れないほど電話で問い合わせましたが、無駄でした。地元の新聞も記事を書いて、二人の勇敢な男性に名乗り出るようにと呼びかけました。地元のラジオでも同じような呼びかけが行われました。誰も名乗り出ることはなかったのです。

今に至るまで、この二人がいったい誰なのか私にも分かりません。しかし、これだけは確信しています。神様は私の生命を助けるために、いざというときに援軍を送ってくれたということ。私にはこれだけで十分です。

第17章

静寂の中にいる天使

「ときとして、神様は私たちが人生の悲劇を受け入れ、その悲劇を糧とするべく生き方を見つけるために天使を遣わしてくださることもあります」。ネジで巻かれたおもちゃの静かな音楽を聴きながら慰めを見出したキャロル・リー・ヒューズが発見したことはまさにそれでした。

母を亡くした悲しみに打ちひしがれていた小学二年生の幼いジェレミーも、またそのことを体験したのです。彼がもらった静かな天使のメッセージはどのような悲しみの中にあっても、あなたを力づけてくれることでしょう。

オータムのクリスマス・ベア

キャロル・リー・ヒューズ

テッドと私の四人の子どもたちが、それぞれ結婚や大学進学で家から巣立っていったそのような時期に、オータム・グレースが私たちのところにやってきました。突然、赤ちゃんを育てるという事実に直面した私たちは戸惑いを覚えました。しかし、あっという間に若いときに体験した子育ての日課に突入し、どこで、いつ、誰が、何をするかといったスケジュールをこなしていました。テッドはエンジニアで、就労時間はいつも決まっていました。私はウィスコンシン大学の分校での授業の数を減らすことにしました。私は言語芸術の教授をしていました。私たちの家はオーク・クリークというところにありましたが、ちょうど家と職場の中間に住んでいる素敵なベビーシッターを見つけることもできました。

いつも眠っていた赤ちゃんがあっという間に好奇心いっぱいのよちよち歩きの子どもに成長していました。彼女は家の中では私の後をアヒルさんのようについて歩きまわっては、あらゆるものに手を出しました。彼女をおとなしくさせることができるものはただ一つ、本でした。オータムにはお気に入りの本が何冊かありました。『カールのクリスマスとおやすみなさい』がその一冊でしたが、私にもお気に入りの本がありました。私たちは一緒にお気に入りの本をすべて読みました。『ポーラー・エクスプレス』は彼女の理解をはるかに超えたものでしたが、オータムはすべての言葉に興味深く聞き入りました。私が情熱を込めて読んだせいかもしれません。

驚いたことにオータムはアルファベットの文字、とくにAを識別することができるようになったのです。私たちは「オータムのA」と二人で声を合わせて読んだものです。

ある冬の夜のこと、とても寒い夜でしたが、私たちはソファーに座って本を読んでいました。オータムは青空を背景に大きな丸い顔が描かれている本を指しながら、「ムーン」と喉を鳴らすように言いました。オータムが最初に読みたい本でした。次の本はカールという名前のロットワイラー犬の話です。カールは私たちが飼っている雑種のラブラドル犬のオリオンを思い出させてくれるのです。オータムは私がページをめくる前に、「オリオン」と言って大きなカールの絵の上にポチャポチャの人差し指を置きます。

オータムが生涯本を愛する人になり、書かれた言葉を通して世界が開かれる体験をしつづけるためには、彼女が自分から本を好きになるようにしなければならないと私は思いました。私は家中の低い棚の上に本を並べ、ベッドの下にも本を置き、キッチンの棚にさえ本を置きました。オータムが見つけることができそうな場所であれば、どこにでも本を置いたのです。手の届くところにいつも本があって、オータムは床に身体を投げ出して本を読んでいることもよくありました。まるでまじめな生徒のように本を熟読しているのでした。そして、ある日のこと、不明瞭な音と認識できる言葉が入り混じった話をしているのです。私が表情豊かに読むときのイントネーションの真似をしているのでした。彼女は自分の声で読むことを始めたのです。

冬が深まるにつれて、テッドとオータムと私は、ますます暖炉の前で過ごす時間が多くなっていきました。オータムは木製のゆりかごの中でクマのぬいぐるみを抱いています。最初のクリスマスにおばあちゃんにもらってからというもの、ぬいぐるみのクマと一緒に寝なかった夜は一度もありません。お気に入りでした。ぬいぐるみの前足を押すと隠されたコンピューターチップが音楽を演奏します。時々、オータムはぬいぐるみの前足を何度も押しすぎて、私はもうたくさんだ、参ったと思うこともありました。オータムの二度目のクリスマスが終わりましたが、ぬいぐるみを来年までしまっておくことなど、オータムが許してくれないことは明らかでした。

オータムの二歳の誕生日からほんの数日後、オータムと私はベビーシッターの家に向かっている途中、交通事故に巻き込まれました。私は車が衝突したことは記憶にありませんでしたが、救急車の隊員が救助用の飛行機に私を乗せていることは意識していました。そこに娘のオータムがいないことも分かりました。私の手術の準備がされている間にテッドが病院に到着しました。「オータム……」と私が囁くと、テッドが私をきつく抱きしめました。「救急車が着いたから、オータムを抱っこできるよ」

私たちはオータムをそっと抱きしめ、さよならを言いました。さよならを言いました。彼女はすでにあの世に行ってしまったことは分かっていましたが、さよならを言いました。

病院のベッドに横たわっている私には、冬はとても厳しいものとなりました。手術、痛み、身体のセラピー、回復の兆しすら、すべてのことが一つの唾棄すべき事実をますます明らかにするのです。私は助かったけれど、母の私が守ってあげなければならないオータムは助からなかった。私は病室の窓から残酷で気まぐれな世界をぼんやりと見つめながら何時間過ごしたことでしょう。

〈神様、どうしてですか？〉。ある日、ついに私は聞きました。この質問によって悲しみと怒りの思いが、まるでダムが崩壊したようにどっと噴き出しました。〈オータムを私たちにお与えくださって、どうしてこのように奪ってしまったのですか？　私の守護天使は私を助けてくれたのに、どうしてオータムの守護天使は彼女を助けてくれなかったのですか？　それとも、天使なんて本当はいないのですか？〉

ちょうどそのとき、テッドが病室に入ってきました。その頃の私はとても話ができる状態ではありませんでした。私の悲しみを表わす言葉などありませんから、黙っているしかありません。テッドは私の沈黙を受け入れてくれました。テッドは私のベッドに来て座りました。

「回復する見込みはありませんからね」と私は言いました。「仮に回復できたとしても、回復するつもりはないの」

夫は二人の未来を探すかのように私の目をじっと見つめました。彼はとても疲れているようでした。

「キャロル・リー、君がこの出来事から立ち直ることができず死ぬというなら、僕も同じだよ」とテッドが言いました。

テッドは言葉を選んで話をする人でした。軽々しく何かを言う人ではありません。事故が起きてから初めて、私は自分以外の人の悲しみを感じました。私は彼の悲しみを感じました。

「テッド、ごめんなさいね。あなただってオータムを亡くしたのにね。二人で頑張って乗り越えましょう」

私は神様にどうぞ私を強くしてくださいとお願いしました。怒りや恨みの思いを持たずに祈り、神の恩寵に対して心を開いたとき、心が慰められるのを感じました。この悲しみを言葉で表わすことにしました。私にとっては書くことがいつも一種のセラピーとなっていました。今度も書くことによって私は助けられるかもしれない。私は詩を書きました。

「どんなに小さな生命でも世界を変えることができない生命はない」。この詩を書いた後、神の前に提示する質問が変わりました。〈オータムの生命がどのような違いを生み出すことができるでしょうか？オータムの生命が違いを生み出し続けるには、どうすればよいのでしょうか？〉

退院して家に帰り、寝室の中を足を引きずりながらそろそろと歩いていたとき、オータムの本の山にぶつかって崩してしまいました。私はオータムが存在した証しを家中に残しておきたいと思っていました。本、木製のゆりかご、お気に入りのクリスマス・ベア。オータムが私たちの人生から姿を消すことは絶対に許さないという気持ちです。オータムが大好きな本、『お月さん、おやすみなさい』を手に持ちながら

私は考えました。〈どうすればオータムがほかの人たちの人生にも影響を与えることができるだろう?・〉

私は受話器をとって番号案内に電話をかけて、「ウィスコンシン州内の小児病院の電話番号を教えてください」と要請しました。州内に小児病院は一つしかないことが分かりましたが、その病院はオータムと私が連れていかれた病院の隣り町のミルウォーキーにあるというのです。

「お宅の病院では、本を購入するための予算が常時確保されていますか?・」。私は電話に出た児童支援の責任者に聞きました。

「残念ながらありません」と彼女は答えました。「予算がかなり削減されてしまい、医療器械が優先されています。でも、残念なことです」

その夜、私はテッドと話し合いました。「もしも、オータムが病院で回復することができたとしたら、病院で何をして時間を過ごしたかは私たちにはよく分かるよね」とテッドが言いました。

こうして、病院に入院している子どもたちに本を提供する「オータム・グレース・ヒューズ基金」が始まったのです。私たちは家族や友人たちに、どうすればオータムのスピリットを生かし続けることができるか知らせました。いろいろなところから寄付金が寄せられました。なかには五〇セントという小額の寄付もありました。数カ月がたち、口コミで広がっていくにつれて基金も大きくなっていきました。地元の本屋さんで最初の本の注文をしました。オータムが亡くなる数週間前に撮った写真が印刷されているブックプレート（本の寄贈者の名前が書かれたプレート）も作りました。

あの忌まわしい事故からすでに一年が経過していました。一年たった今でも、私の信仰が揺らぐ暗い瞬間がときにはやってきます。そんなとき、私はまたまた懐疑的な質問をしはじめるのです。〈愛情の深い神が存在するのだろうか？　私がこの基金を始めたのはほかの子どもたちを助けるためなのだろうか？

それとも、私自身の子どもを手放すまいとして必死にしがみついているだけなのだろうか？〉

しかし、そういう質問をした後、私は次の思いを新たにするのでした。天国と地上の間を往き来するメッセンジャーは存在する、オータムは神様と一緒に天国で生きている、本を愛する気持ちをほかの子どもたちと分かち合えばオータムは絶対に喜んでくれる。私はそう信じなければ生きる力が出なかったのです。しかし、心の奥深いところでそれが真実であることの確証を求めている自分がいました。

十二月二十日は基金で買った最初の本を届ける日に決めていました。前の晩に雪が降り、家にはオリオンと私だけです。犬を家に入れるためにドアを開け、オリオンが入り口で雪を振るい落としている間に暖炉に火を入れました。「さあ、これで暖まってね」と言いながら、私は燃える火に目をやりました。

かつてオータムは火を見てはいつも魔法にかかったようにうっとりとしていました。彼女が亡くなってから暖炉に火を入れるのはこれが最初でした。テッドはオータムの木製のゆりかごをパチパチと音を立てて燃える火から、安全なところまで離しました。ゆりかごには今ではぬいぐるみのクリスマス・ベアが座っているだけです。私はぬいぐるみの帽子を直し、スエットシャツをスムーズにしてあげます。こうして私が世話を焼いたあとも、しばらくゆりかごは揺れていました。オータムがぬいぐるみの前足を押して音楽を鳴らしてくれるためだったら、この世のすべてを捧げるのだけれど、などと私はつかぬことを思いました。でも、それがどの賛美歌を演奏するのかさえも覚えていないのです。オータムがどれほどこのクマさんを愛していたかを思い出して、私は思わず微笑みました。それから、彼女についての楽しい思い出に浸りながら寝床に就きました。

次の日の朝、目を覚ました私はいつもと何かが違うと感じました。オータムが亡くなってからというもの、何をしても悲しくて仕方がなかったのでしたが、その悲しみがなくなってしまったのです。一年中着ていた地味な服を脱いで、クローゼットの奥から、明るい雪の結晶の模様のあるスカートを探し出しました。

「きょうは」と私は自分に宣言しました。「私のクリスマスの日だ！」。私はそのスカートをはきドレスアップして階下に降りてゆきました。

テーブルの上には『ポーラー・エクスプレス』『リトル・エンジェル』『キャロルのクリスマス』『お月さん、おやすみなさい』の真新しいハードカバーが山積みされています。病院の子どもたちのために持っていく準備が整っています。私はブックプレートを手に持ちながら封筒をチェックし、これで十分だといいけれどと思いました。すると、オリオンが部屋に入れてほしくてドアを引っかいている音がします。

「外は寒いの？」と言いながらドアを開けてあげます。部屋の中に入ったオリオンは例のごとく几帳面にマットの上で身震いして雪を振るい落とし、前足の雪を取っています。私は煙突の煙道を開けっ放しにしていたことを思い出し、部屋を横切って暖炉に行きます。そのとき、聞こえたのです。はっきりと、あの音楽が。クリスマス・キャロルの『ファースト・ノエル』が聞こえたのです。

振り返った私は、あっと驚きました。オータムの小さな木製のゆりかごの中にぬいぐるみのクリスマス・ベアがじっと静かに座り、椅子も少しも動いていません。そしてぬいぐるみがクリスマス・キャロルを演奏しているのです。

〈でも、誰が前足を押したのだろう？〉

「天使は言いました……」。賛美歌が歌います。

私はオリオンの方を見ましたが、オリオンも後ろのドアのところから一歩も動いていません。家の中にはほかに誰もいません。クリスマス・キャロルが終わり、音楽も止まりました。

ついに私は確信しました。私が抱いている難しい質問に対する答えをすべて知っているわけではないけれど、天使がリアルな存在であることを確信したのです。

ときとして、神様は天使を遣わしてくださり、私たちが人生の悲劇を受け入れることができるように助力してくださるということ、そして、その悲劇から何か良いことを生み出す手伝いをしてくださることを私は確信したのです。

オータムは今、天国に神様と一緒にいるのです。そして、彼女の地上での短い生涯は何か良い違いを生み出し続けることでしょう。私は新たなる目的意識を持って、本が入った袋を手にしてドアに向かいました。子どもたちが待っているのですから。

決して一人じゃないよ

ジェーン・ミッチェル（仮名）

我が家の冷蔵庫にはちぢれっ毛で青い目をした天使さんのクレヨンの絵が貼ってあります。厳しい状況に直面してお手あげだと思うようなとき、この天使さんを見ることで私の家族がどれほど多くのことを克服してきたでしょうか。とくに孫のジェレミーがどれほど多くのことを乗り越えてきたかを思い出すのです。娘のサラがジェレミーと四歳になるサラを連れて、アルコール依存症で家庭内暴力常習者の夫のもとを離れたとき、ジェレミーは二歳でした。

アパートに落ち着いた直後、メアリーは非常な倦怠感のために簡単な家事もできない状態になりました。まもなくメアリーは二人の子どもを連れて、私と夫のフランクと一緒に住むことになったのです。お医者さんたちは何が原因なのかを探ろうとしていましたが、私は夫との別居や何やらのストレスが原因だろうから、休息をとれば治ると思っていました。しかし、医師たちは衝撃的な事実を発見したのです。メアリーは致死性の退行性筋肉疾患に罹っていました。

メアリーは必死になって子どもたちの面倒を見つづけ、私はエネルギーのすべてを使ってメアリーのことを世話しました。メアリーは自分の着替えができないような状態でも、子どもたちの学校行事に体を引きずるようにして参加しました。蛇口をひねる力すらなくなるまでは、毎晩、子どもたちをお風呂に入れました。子どもたちは本能的に何が起こっているのかを理解して、いつでも家の手伝いを進んでやり、メアリーのために水を持っていってあげるのでした。サラは毎晩、母親と眠り、いつもおしゃべりなジェレミーもメアリーの膝に座るときだけは静かになるのでした。子どもたちを言いなだめて学校に送り出すのは容易ではありません。メアリーは毎朝、学校に向かう子どもたちが見えなくなるまで窓から見送るのでした。

しかし、ある朝のこと、子どもたちが学校に行き、フランクも仕事に出かけた後で、メアリーの部屋に行くと、いつもの場所にいません。メアリーは毛布の下に隠れるようにしてうずくまり、泣きじゃくっていました。

「メアリー、どうしたの?」と私は聞きました。体が痛いのに違いないと思って、ベッドの横にあるナイトテーブルの上に並べてある薬のビンを見まわし、どの薬がいいのだろうと考えていました。喘ぎながらメアリーが言いました。「子どもたちが、今朝、教えてくれたの」。私はメアリーが立ち直るのを待ちました。「子どもの父親が短気を起こしたとき、暴力を振るわれたのは私だけだと思っていたのよ。だけどママ、そうじゃなかったの。子どもたちも虐待されていたのよ。どうしてもっと早く別れなかったのかと思って」

私はベッドに座り、メアリーを膝に抱いて言いました。「でも、今はここにいるでしょう」と私は言いました。「私たちと一緒にいるでしょう」

自分の子どもを守ることができなかったメアリーの絶望感は私にもよく分かりました。メアリーを両腕で抱きかかえ、どんな不幸からも守ってあげたいと強く思いました。彼女にこれほどの苦しみをもたらした過去から、そして、もっと苦しみをもたらす未来から守ってあげることができたら。

やがて、メアリーは一日二十四時間、酸素吸入を必要とするようになり、投薬のために全身が肥大しました。メアリーが眠りに落ちると、私は座って窓の方を見ました。街灯の光が薄手のカーテンを通して部屋に入ってきましたが、それが十字架の形をしています。私はこの十字架に向かって、〈神様、どうぞ私を強くしてください〉と祈りました。

ある日の午後、メアリーが私の目を見て言いました。「ママ、私はもう長くないと思う。子どもたちはどうなるの?」

私はメアリーの手を取って言いました。「約束するわ。サラとジェレミーが二度と虐待されるようなことはないって約束するわ」

それから一カ月もたたない八月の朝、定期的な診察のためにメアリーを病院に連れていきました。医師にはすぐに入院しなければならないと言われましたが、メアリーはその前に子どもたちに会いたいと言いはって家に帰りました。メアリーのために救急車が迎えに来たとき、八歳と六歳になった子どもたちは弱々しい母親の体を抱きしめて離そうとしませんでした。病院では流動食と酸素と痛み止めが与えられましたが、メアリーの病状は悪化するばかりで、まもなく慌ただしい医師たちの動きもやみ、メアリーは私の腕の中で息を引き取ったのです。

家に向かう車の中で私の心には霧がかかり、一つのことだけを思っていました。〈子どもたちに何て言ったらいいだろう?〉

サラとジェレミーはママのいないベッドの上で絵を描いていました。私は二人の間に座りました。「ジェレミー、サラ、おばあちゃん話があるの」。私は深呼吸をして二人を抱き寄せました。「ママは家には帰ってこないの。ママは天国に行ったの」

サラは私の抱擁を振りほどいて叫びました。「そんなの嘘だ!」。フランクと私は一生懸命にサラをなだめましたが容易ではありませんでした。ジェレミーの方を見ると、ベッドの隅にうずくまり、絵に描かれたクレヨンの明るい色が涙で染みてぼやけていました。

その後の二週間、フランクと私は何も考えることもできず、感じることもできない状態で、必要なことをしなければなりませんでした。弔問を受け、葬儀の準備に追われ、子どもたちを慰めるとき以外、何も語ることはありませんでした。友人や隣人たちからの同情の言葉や挨拶もだんだんと稀になり、私たち家族は悲しみと一緒に取り残されました。

夏休みが終わって新学期が始まる日、私はベッドの中にいつまでもいたいと思っていました。「ジェーン、起きようよ」とフランクが私を優しく揺さぶりました。「新学期の一日目だ。子どもたちを起こさないと」

〈そうだ、フランクの言う通りだ。子どもたちは私を必要としているわ。挫《くじ》けてはいけないわ〉。サラとジェレミーが出て行ったとき、私はメアリーがいつもそうしていたように窓から見送りました。

その日の午後、学校から帰ってきたジェレミーに聞いてみました。「一年生になった気分はどう？　今日は何をしたの？」。ジェレミーはグレーの紙に書いた作文を見せてくれました。そこには、こう書かれていました。「ママがいなくて寂しい。ママは世界で最高のママだった。ママがいなくて寂しい」

その夜、寝かしつけようとジェレミーの部屋に行くと、壁に向かって横になり泣いていました。私はこちらの方を向かせて髪を撫でました。ジェレミーは目を拳で擦って言いました。「ママの膝が恋しいよ」。私も涙をこらえることができずに、横になってジェレミーを抱きしめました。「その気持ち分かるわ。おばあちゃんもメアリーが恋しいわ」

父親から受けた虐待と母親の死に対処するために、二人の子どもたちにカウンセリングを受けさせました。サラは徐々に普通の自分に戻りつつあるようでしたが、ジェレミーはそうではありません。時間が必要だと私は自分に言い聞かせました。

しかし、何週間過ぎても、何カ月たっても、ジェレミーはいつも私にまとわりついて離れず、夜は静かに泣くのでした。私はメアリーが日に日に弱くなっていくのを見守っていたときと同じ絶望感に襲われました。ジェレミーの苦しみは深くなるばかりで、私にはどうすることもできません。毎晩、ベッドに向かう私の耳にはジェレミーのすすり泣きの声がこだまし、娘に対する約束を果たせない敗北感を感じました。

ある日のこと、ジェレミーの担任の先生から電話がありました。「成績が悪くなるばかりで、授業中、突然泣き出すこともよくあって、何をしても慰めることができないのです。どうすればいいのか対処法が分かればよいのですが」

〈同感だわ〉と私は思いました。冷蔵庫のドアに貼ってあるジェレミーの絵に目をやりました。メアリーのお墓、真ん中にママと書いてあるハート、ジェレミーとメアリーが手をつないでいる絵。〈神様、どうぞお願いします。このままではやっていけません〉

その夜、ジェレミーの部屋に行き、涙を拭いてあげながら言いました。「ジェレミー、ママのことでどんなに悲しいかは分かるわ。でも、ママと一緒で楽しかったときのことを思い出してみようか。どんなこと覚えているかな」

ジェレミーの顔がぱっと明るくなりました。「ママは買ってくれた……」。彼は人気のあるおもちゃのセットの名前をあげました。そういえば、ずいぶん長い間、ジェレミーのために何も特別なことをしてあげていないわ。

それからジェレミーをできるだけいろいろなところに連れていくことにしました。そうするとしばらくはハッピーになるのですが、ちょっとしたことがきっかけで、突然、泣きはじめるのです。メアリーの古い写真とか、友達が自分のママの話をするのを耳にしたりして、ワッと泣き出すのでした。

やっとのことで二年に進級することができました。ジェレミーがどうにもならない悲しみに押し流され、闘うこともできないでいるのを感じましたが、それは私も同じでした。

ある夏の夜のこと、私は家族部屋に座ってどうしたらジェレミーの心を癒すことができるかと思いながら子育ての雑誌を見ていました。すると、ジェレミーがパジャマ姿でやってきました。泣いていたために顔は赤く腫れています。

「おばあちゃん」とジェレミーは宣言しました。「僕はこれからママのところに行きたいよ」

私はジェレミーを抱きしめながら言いました。「ジェレミー、私もメアリーに会いたいわ。だけど彼女は天国にいるのよ」

「だったら、僕も死んで天国に行くよ」

私はジェレミーの身体を私から離して、痩せた肩の上にしっかりと手を置いて言いました。「ジェレミー、聞きなさい。それはできません。あなたが天国に行くときはまだ来ていないの」

「でも、ママに会いたいよ」

私はジェレミーをベッドに寝かしつけ、毛布を整えながら言いました。「私はあなたのママではないけれど、あなたをとっても愛しているわ。あなたが元気になれるように力になると約束するわ」

私は家族部屋に戻り、いつもの場所に座って、カーテンに写っている光の十字架を見ました。〈神様、あなたは背負いきれない荷物は与えないと約束なさいました。この幼い子どもは父親に虐待され、今や母親を亡くしてしまいました。神様、彼は幼すぎてどうしたらよいのか分かりません。自力で克服するのは不可能です〉

その時、私を呼んでいるジェレミーの声がかすかに聞こえたので、寝室へと走っていきました。

「おばあちゃん、ここに来て」と言いながら、自分のそばに座るようにと私を手招きしました。ジェレミーの目がキラキラと光っています。涙で光っているのではありません。

「おばあちゃん」とジェレミーは囁きました。「今、僕の守護天使が見えたんだよ」

「何ですって？」

「守護天使が僕のベッドの上に浮かんでいたんだ」

「どんな様子だった？」

「キラキラと輝く真っ白なガウンを着ていてね、髪の毛はちぢれっ毛だったよ。目は凄いブルーだった。それと翼があったよ」。これほど真剣で自信たっぷりのジェレミーを見るのは初めてでした。

「天使さんは何か言った？」

「神様が僕のことを見守っているって言ったよ」

「そうね、神様はあなたのことを見守っているわね。私もあなたのことを見守っているからね」と私は言いました。

ジェレミーはそれからの数週間、とても安らかに過ごしていました。しかし、二年生の新学期が始まってもこの変化が続いてくれるかしらと私は心配でした。すると、ある日の午後、担任の先生から電話が入りました。

「ミッチェルさん」と先生は切り出しました。「お知らせしたいと思いましてね。生徒たちが作文コンテストのために作文を提出したのです」。ああ、またかと私は思いました。「ママがいなくて寂しい」とまた書いたのではないかと想像したのです。

「ジェレミーはこの夏の体験、天使を見たという体験について作文を書いたのです。この作文が二学年全体の最高作品に選ばれたのですよ」と先生は続けたのです。

そのとき、ジェレミーは本当に癒されたと私は確信しました。それから四年たった今、ジェレミーがそのときの作文の表紙用に描いた天使の絵はまだ冷蔵庫のドアに貼ってあります。ジェレミーの天使は私の天使でもあると思うようになりました。この天使さんは、神様は約束を守るということを思い出させてくれる証しであり、私も約束を果たさなければならないと思い出させてくれるのです。

第18章 道を守る天使

ほとんどの人は毎日、家を出て散歩をしたり、自転車を走らせたり、車で道路を走るものです。道は別な道へとつながっていて、「ここ」から「そこ」まで連れていってくれたかと思うと、元いた場所へと連れ戻してくれます。私たちはふだん、自分がどこに向かっているかよく分かっています。それでもときとして、あてもなく進み、道に迷ってしまうこともあります。

同じことが、人生の道についてもいえるでしょう。ときとして、私たちは人生の道で迷ってしまいます。そんなとき、正しい道に戻れるように神様は見知らぬ人をメッセンジャーとして送ってくれるのかもしれません。ただし、私たちが注意を払っていればですが。

父と放浪者

ヴァレリー・キャップスーウォルトン

私の父は働き者で、社交的で、歌をうたったり話をするのが大好きな人でした。私たちが住んでいたミズーリの小さな町で父は皆に好かれていました。しかし、父は大酒飲みで女性に目がないという人でもありました。

私の最初の記憶の一つは、土曜日に父と出かけたときのものです。二、三週間に一度、父はモデルAフォードのベッツィーに私を乗せて新しい西部劇を見に町に行くのでした。それから、うちの農園で作っている作物を卸しに食料雑貨店に行きます。あとは町にある二つの酒場のどちらかに寄るか、または両方の酒場に寄ります。その間、私は酒場の片隅で一人で遊ぶか、お客さんの誰かと話をして待ちます。酒場を出る頃には空は満天の星です。酔っ払っている父は舗装されていないデコボコ道を、まるで車も酔っ払っているかのように走らせていくのです。私は車のダッシュボードに両手をついて、早く家に帰りたいとばかり思っていたものです。

しかし、もう一カ所、停まる場所があるのです。町はずれにあるうらぶれた木造家屋の前に来ると、「すぐに戻るからな。ちゃんと座って待ってろよ」と父は呟くように言うのですが、いつも長いあいだ待たされました。車に一人残された私は、黒く見える小麦畑が風で揺れるのをじっと見ていたものです。時々、コオロギの鳴き声の中を女の甲高い笑い声が聞こえてきます。父が車に戻ってくる頃は、私は車の後ろの大きな座席で寝たふりをしていました。

父はウイスキーと安っぽい香水の匂いをプンプンさせながら、ドアを開けてよろめくように家の中に入っていくのでした。私は大急ぎで弟や妹が寝ている部屋に行きます。母は泣き声をあげ必死になって懇願し、父は悪態をつき怒鳴っているのが聞こえます。私は毛布を頭にかぶって、昼間に見た映画のことを考えようとしたものでした。

翌日の朝早く、母は私たちを起こして教会へと出かけます。父は玄関に立って叫びます。「俺のためになんか祈るなよ。本気だからな、絶対に祈るなよ。善良ぶった連中に俺の魂のために祈ってもらうなんて、ごめんこうむるよ、分かったか！」

教会に行くと、母は父の警告を一切無視して祈ります。「神様、彼は良い人です。彼がアルコールから遠ざかり、正しい道を進むことができますよう、道をお示しください」。ときには、教会の会衆のすべてが父のために祈る母の言葉に唱和したこともありました。毎週毎週、神様が父に導きを与えてくださるようにと祈り続けました。けれども、父の土曜日のふしだらな行為は止まりませんでした。しかし、一九五五年の夏のとても蒸し暑い土曜日の午後に、それが変わったのです。

車は町の大通りに入ったところでした。私はこれから起こることを考えないようにしましたが、できません。映画を見ている私の肩に父が腕を回してくるその重み、バターつきのポップコーンの匂い、食料品店で選ばせてもらえるキャンディー。

蒸し暑さのためにシャツがべっとりと身体にまとわりつきます。私は車の窓を開けて顔を突き出しました。風が顔に心地よく感じられます。そのときです、彼が見えたのは。ゆったりとしたズボンをはき、白いシャツを着て袖を肘のところまで捲《まく》りあげた男が、ゆっくりと道の端を歩いているのです。黒い髪の毛は少しモジャモジャしています。ひげを剃っていないようです。

「パパ、見て！」と私は叫びました。町では見知らぬ人を見かけることはあまりないのです。

「頭を引っ込めなさい」と父は私の肩を引っぱりながら言いました。「パパにも彼が見えるよ」。その男は開いている窓の方にのんびりと歩いてくると、私には目もくれず父をじっと見ました。

「こんちは！」と、射抜くような青い目で父を凝視している男に向かって父は運転席でちょっとモジモジしてつくり笑いをして言いました。

「乗ってください。町まで乗せていきますよ。こんな暑さの中で歩くのは人にも動物にもよくないよ」

男はドアを開けて私のそばに座りました。私は父の方に身を寄せ警戒して見知らぬ男を観察しました。彼はまだ一言も発していません。

父はベッツィーのギアを入れて、人っ子一人いない道路に車を乗り入れていきました。父が誰かといるときにこんなに静かにしているのは見たことがありません。

ついに見知らぬ男が話しはじめました。その声は優しく音楽のように滑らかです。二人は天候や車、あたりの風景など、差し障りのない話をしていました。すぐに私は二人の話に注意を払うことをやめて、映画に行く前にドラッグストアでストロベリー・モールトを買ってもらうにはどうすればよいか作戦を考えていました。そのとき、父の声の調子が変わったのに気づいたのです。

「それはどういう意味ですか？」と父が不服そうに聞いていました。

「ときとして人間は、毎日の生活をするなかで、何が正しくて何が正しくないか、見失ってしまうことがあるものです」と見知らぬ男は静かに答えました。「そのつもりはないのに、神を遠ざけてしまうことがあるものです。しかし、誰にもセカンドチャンスを与えるべきだと思いませんか？」

〈まずい〉と私は思いました。これでストロベリー・モールトのチャンスはゼロになってしまった。お説教ほど父の機嫌を悪くするものはなかったからです。

私は身体をちぢこませて父の怒りが爆発するのを待ちました。ところが何も起こらないのです。父の方をチラッと見ると、実におかしな表情をしているのです。

「あそこで降ろしてください」。道路と交差している砂利道を指差しながら男が言いました。父は車を停めて男は車から降りました。

彼は父に向かって優しく微笑みかけ、「クラレンス、それが神様の思し召しなら二年後に会うことになるね」と言って両手をポケットに突っ込んで少し歩きかけて、立ち止まって肩越しに私を見ました。すると、夏の暑さとは無関係の暖かさを私は感じたのです。それから、彼は父をじっと見て言いました。

「十分だけ待ってから行くといい」。私たちは彼が森の中に消えていくのを見守っていました。

「あの人、誰？」と私は父に聞きました。お互いに紹介はしていませんでした。「どうしてパパの名前を知っていたのかな？」

「分からんよ」と父は顔をしかめてポケットに入れておいた腕時計をチェックしてから、ギアを入れながら言いました。「どっかの馬鹿だろう」。父がこのことに触れたくないのは明らかでした。

ベッツィーは二度ガタンと揺れたかと思うと、エンジンが発射音を出して停まってしまいました。父は悪態をつきながら車のボンネットを開けてワイヤーをゆすったりして、もう一度、エンジンをかけようとしましたが、だめです。父は深く座席に座ってフロントガラスをじっと見ているだけです。私は父が話をするか、笑うか、悪態をつくか、とにかく何かしてほしいと思いましたが、聞こえるのは二人の息づかいだけです。

やっとのことで父がもう一度、車のエンジンをかけようとイグニッションを回しました。今度はエンジンがすぐにかかりました。父は腕時計を見て何かぶつぶつと呟いてから、車を発進させたのです。しばらくの間、私たちは何も言わずにドライブしていくと、ミラー農場の近くの丘を登りつめたあたりで、道路の前方から黒い煙が立ちのぼっているのが見えます。父は急ブレーキを踏み、車はスリップしながら急停止しました。ミラーさんが父のところまで歩いてきて言いました。

「トラックがスピードを出しすぎてコーナーを回れなかったんだよ。気の毒に」。ミラーさんの声は震えていました。炎上するトラックの炎がすでに熱くなっているあたりの空気を焦がしています。ミラーさんは汚れたハンカチをポケットから取り出して額の汗を拭きながら言いました。「ちょうど十分前に起こったばかりだよ」

これを聞いた父はハンドルをあまりにも強く握りしめたために、指の付け根の関節が真っ白になっていました。父は前方を見つめ燃えさかる炎を見て、その場に釘づけになったようです。それからしばらくして、父は血の気の失せた顔で私を見つめ、私を胸に抱き寄せて私の顔を炎から隠しました。

その日、私たちは町に行きませんでした。父は車の方向を一八〇度回転させて家に帰ったのです。帰り道で父は何も言わず、交通事故について母に教えたのも私でした。なぜか分かりませんが、あの見知らぬ男のことは母に話しませんでした。その後も、父と私が彼について話すことはありませんでした。

けれども、あの夏の日以来、父はすっかり変わりました。土曜日に映画を見に行くことは続けましたが、父が酔っ払ったり、あの女の家に行くことは、まったくなくなったのです。父は私たちと一緒に教会にさえ行きはじめました。時々、罵《ののし》るような言葉を吐き出すこともありましたが、そんなとき、父は空を見て恥ずかしそうに言うのでした。「神様、すみません。努力はしてるんですが、何しろ聖人ではありませんから」

あの放浪者と出会ってまもなく、父は小川で洗礼を受けました。ずいぶん遠くの人たちも父の洗礼を見にやってきました。それから父が亡くなるまでの二年ほど、母が幸せそうにしているのを見た記憶はありません。

「二年後に会うことになるでしょう」とあの放浪者は言いました。斎場で母の傍らに座っていたとき、私はあの日のことを思い出し、ついにそのことを母に話しました。私が話し終えると母はニッコリと笑って私を抱きしめながら言ったのでした。

「あなたのお父さんは本当にラッキーな人だったのよ。地上で天使さんと話をすることができたのだから」

私の目の前を飛びゆく天使よ
天国への旅へと私を誘い
この旅のためにお力をお与えください

クリスチーナ・ロセッティ

クオーターホースと呼ばれて

ウエイン・ハーンドン

私が運転してカリフォルニアのベーカーズフィールドに向かっているトラックの中で、「ウエイン、時速何キロで走っているの？」と妻のスーザンが聞きます。すでに百回もしている質問です。「スピード違反で捕まるわよ」。今回の仕事で彼女とチームを組むことに同意するなんて、俺はいったい何を考えていたのだろう？　確かに彼女もトラックの免許を持っている。何しろ、この仕事を通じて出会ったのですから。それでも、私はトレーラーの運転歴は十八年もあり、他人に運転をとやかく言われる筋合いはないのです。

私は道路に目を据え、足をペダルに置いて運転を続けます。十八時間前にオレゴンを出発してから二人の間のテンションは高くなるばかりです。私は問題を話し合う代わりに、ずいぶん長い間、口をつぐんだままでした。

「後ろに行って本でも読むわ」。ついにスーザンが言いました。座席と寝台を仕切っているカーテンを彼女はいらついたように閉めました。あと二時間でベーカーズフィールドに到着ですが、それまで二人が一緒にいることができるかどうか、まったく自信はありません。

私は「**Kennesaw**」（ケネソー）という文字が書かれた冷凍トレーラーを引っ張ってインターステート5号線を走り続けます。このあたりにトラックは見当たらなかったので市民無線バンドに、「こちらブレーカー、ワン・ナイン」（ブレーカーはアメリカで市民無線ラジオのチャンネルに割り込んで交信を求める通信者のこと）。私はチャンネル19に話しかけましたが、これはほとんどのトラックの運転手が使っている局です。

「どうぞ」という声がすぐに応じました。「あなたのコールサインをどうぞ」

「ボディーガード」と私は応じます。愛想のよさそうな話し相手ができて元気が出てきました。

「皆は俺のことをクオーターホースと呼んでるよ」と相手が言いました。それぞれの位置について情報を交換すると、クオーターホースは私の一・五キロくらい先を走っていることが分かりました。

「調子はどうだい？」とクオーターホースが聞いてきました。

トラックが私の左側を疾走して駆け抜けました。私は、スーザンに運転ぶりをけなされたことを思い出し、あまり調子よくないと認めました。相手の声の何かが私をリラックスさせてくれたようなのです。

「この仕事はペアで引き受けているんだけど、正直言って、えらく厳しくてね」

トラックの運転手であるクオーターホースは、二十四時間のうち十時間以上、一人の運転手が運転してはならないという規則を承知しているに違いありません。ペアを組めば交代で運転することができるので、一日に倍の距離を走ることができます。確かに効率的ではありますが、もう一人の運転手と狭い空間に何時間も閉じ込められることになります。場合によっては、数日ということもあるわけです。プライバシーはなく、スペースも十分ではなく、もちろんトラックにはシャワーもありません。

「お互いの神経に触れてイライラしているみたいだね」とクオーターホースが言いました。

私は妻とペアで運転していることを話し、自分でも気がつかないうちにスーザンをとっても愛しているけれど、それを表現できない悩みを打ち明けていました。トラックの速度制限や車をきれいにしておくべきだとか、スーザンと口論などしたくないのだけれども、どうすればそれをやめることができるのか分からないのです。

「クオーターホース、どうして俺が間違っているのか皆目見当がつかないんだ」と私は言いました。

「私も前はそういう風に感じたもんだよ」と彼も認めました。「それでカウンセラーに相談するか、それとも離婚するかのどっちかだって妻に言われたときは、迷わずにカウンセラーのところに行くことを選んだよ。そこで妻を尊敬すること、そして自分自身を尊敬することの大切さを学んだよ」

私はスーザンを自分がどのように扱っているか考えてみました。スーザンに向かって声を荒げたことすら一度もないのです。いったい、どうすればいいというのでしょう。

「もっと尊敬の気持ちを持てというけど、具体的にどうすればいいのかな?」

「彼女を信頼しなければいけないよ」とクオーターホースはあっさりと言いました。「彼女の判断を信頼して、言うことに耳を傾けることよ。彼女が君を愛してるってことを信頼するんだ」

トラックを運転して道路を走る仕事をしていると、自分のことは自分で責任をとるということが身につくものです。他人を信頼するということ、仮にその人が愛する人であったとしても、それは簡単なことではありません。

私のトラックが目的地のベーカーズフィールド手前の最後の休憩地点に近づいたとき、クオーターホースは話を切りあげると言って、距離計を読みあげました。〈まだ一・五キロ先か〉と私は思いました。私はこの一時間、彼に追いつこうとスピードを出して走ってきたのですが、どういうわけか距離がぜんぜん縮まっていないのです。

「クオーターホース、ありがとう。考えてみるよ」と私は言いました。

そのとき、新しい声が市民無線バンドに入ってきました。「やあ、ケネソー(私のトラックの横に書いてある『Kennesaw』)」と彼は言いました。「話をしているのを聞いたけど、誰と話してるの? さっき、君のトラックを追い越してずっと走っているけど、道路にはほかに誰もいないぜ」

そのとき、私も分かったのです。私が市民無線バンドで話していた相手は普通のトラックの運転手ではないということに気づいたのです。私はパーキングエリアに車を入れてブレーキをかけ、後部の寝台座席に入っていきました。スーザンは読んでいた本から目をあげて、また喧嘩になるのかと身構えましたが、それから表情を和らげて言いました。「ウエイン、どうしたの？」

私は優しく彼女の手から本を取り、しおり代わりにその辺にあった紙を挟んで、両手を握って言いました。「ハニー、話し合おうよ」

スーザンはまったく怒っている様子もなく、じっと私を見ました。私の話を聞く心の準備はできているようです。だけど私は正直に話をする心の準備ができているだろうか？「彼女を信頼するんだよ」とクオーターホースが言っていたのを思い出しました。私は深呼吸をして言いました。

「ハニー、俺は頑固だからね、謝るよ。人を信頼するってことが、なかなかできないんだ。だけど君を尊敬していないわけじゃないんだ。これからは違った態度がとれると思うよ」

「ウエイン、私も謝るわ」とスーザンは目に涙を浮かべて言いました。彼女は両腕を広げて私を長いあいだ抱きしめました。

このことがあってから、トラックを運転して家に帰るまで、休暇のような楽しさでした。

私は再び、一人でトラックを運転しています。スーザンは家で赤ん坊の面倒を見ているのです。時々、夫婦でチームを組んでいる人たちが、お互いの神経に触れてイライラしているのを見たりすると、尊敬と信頼について分かち合います。私は天使ではありませんが、クオーターホースという天使が与えてくれたメッセージを皆と分かち合うことならできますから。

第19章

店にいた天使

店の棚に商品を並べたり、レジを打ったり、これぞという贈り物を探したり、一週間分の食料品を買い込んだり、店ではいろいろな光景が見られますが、そんなときですら、私たちは一人ではありません。天使が私たちを守り導くために近くにいてくれるのです。

コンビニエンスストア強盗事件

カレン・デイビス

三月のある夜のことです。私はレジ係として働いているケンタッキー州のパドカにあるコンビニエンスストアに入っていきました。ドアを開けたところで、店の明るい蛍光灯の光に目を慣らすために立ち止まりました。仕事を始めて二週間目で深夜の勤務とは、まだ、なんとなく落ち着かないものがありました。それでも、仕事が見つかったことはラッキーだと思わなくてはと自分に言い聞かせていました。

その年は運のない年で、息子は交通事故で重傷を負い、夫は二回も脚の手術をしなければなりませんでした。私はといえば、勤めていた会社のリストラによって失業してしまったのです。新しい仕事を見つけるのは容易ではありませんでした。町にある会社はどこも雇用するどころか、従業員を解雇しているようなのです。あきらめかけていたときに、家からさほど遠くないところにあるガソリンスタンド兼コンビニエンスストアの仕事に応募しました。マネージャーが私にレジ係の経験があることを知って、「午後と時々深夜勤務できる人が必要ですが、どうですか?」と聞きました。

ノーと言えるはずがありません。

昼間の勤務はお客さんがいつも出たり入ったりしているので気に入っていましたが、最初の深夜勤務のときなどは、早く終わらないかと一分ごとに時間が過ぎるのを数えていたほどです。暗い夜が怖いということもありましたが、お客さんは入ってきてもすぐに出て行きます。家でテレビを見るか寝るかなのでしょう。大急ぎで帰って行きます。すると私は、また一人きりになり、時間がゆっくりと過ぎてゆくのです。それでも、できるだけ朗らかに、早番の勤務のレジ係にも元気よく挨拶をしたところです。レジの引き出しの中をチェックし、硬貨が入っている袋も調べて、深夜勤務の準備完了というところです。ここからは私一人です。

それでも仕事に就けたのだからと私は自分に言い聞かせ、カウンターの後ろに並べてあるカラフルなライターをきちんと揃えました。神様がいつも見守っているということを私は信じていました。でも、本当でしょうか?　時々、道路脇のこの明るい蛍光灯で照らされた店にいる私のことなど忘れてしまったのではないかしらと思うことがありました。

十時四十五分頃に、一人のお客さんがガソリン代を払いに店内に入ってきました。それから車にガソリンを入れ、それが終わると彼は店内にもう一度入ってきて言いました。「娘が車の中で待っているのだけれど、この店の脇道に男が一人でいるのが見えたと言うんだ。たぶん、何でもないと思うけど、念のためにね」

私は彼の後について店のまわりを見てみました。とくに変わったことはありません。「ありがとうございました」とお客さんに礼を言い、お客さんは帰りました。

それでも注意した方がいいと思い、硬貨がたくさん入った袋をレジスターの下に隠し、コンビネーションの番号を私が知っている金庫の鍵を閉めました。店の大型の窓から外の様子を見ましたが、時々、車のヘッドライトが暗闇の中を駆け抜けていくだけです。〈ここで何かが起こっても、誰も気づかないだろうなあ〉

怖れの気持ちを紛らわせるために、棚の商品の補充に集中することにしました。スープの缶詰をきちんと並べながら、神様に、守ってくださいとお願いしました。そしてクッキーの箱の補充をしている頃には外のことはすべて忘れていました。

ところが、棚から目をあげた瞬間、拳銃が私の顔に突き付けられていたのです。拳銃を持った男は背が高く痩せていて、汚れたテニスシューズを履き、ジーンズとスエットジャケットを着てスキー帽子をかぶっていました。ブルーのバンダナで鼻と口を隠しています。

私は反射的に両手を上にあげて、「イエス様、私を助けてください!」と叫びました。

「金を出せ!」と男が吠えるように言いながら、拳銃でレジの方を指しました。私は誰か外にいる人が気づいてくれないかと思いながら両手をあげていました。〈冗談でしょう、こんなに遅い時間に誰も来るわけないわ〉。外には誰もおらず、助けてくれる人はいません。

「手を下ろせ」と男は言って、私を先に歩かせてカウンターの方についてきます。

私は男を刺激しないようにゆっくりと移動します。私をカウンターの後ろに立たせ、自分は通りから見えないようにかがみ込むと、「レジを開けろ！」と要求しました。目は恐ろしげにギラギラしています。

ブルブル震えながら言われた通りにします。〈拳銃の弾って痛いんだろうな〉と私は思いました。私は指で鍵を探ります。〈私は死ぬのかしら？〉

引き出しがガチャンと音を立てて開きました。低い姿勢のままで男は手を伸ばして現金をつかみ、それから立ちあがりました。私たちは顔を突き合わせて立っています。二人の間にある空間は一〇センチもありません。

その瞬間、すべてが変わったのです。店にいるのは男と私だけではありません。誰かが来てくれたのです。〈神様、ありがとう〉

強盗の頭上に巨大な、この世のものとは思えない存在が漂っているのが見えたのです。それまでもずっと私を見守ってくれていた存在を、ついに目にすることができたのです。強盗はそれに気づきませんでしたが、突然、力の均衡が崩れました。

「金庫を開けろ！」。男は命令しました。

「コンビネーションの番号を知りません」と私は静かに答えます。これは半分真実でした。私は金庫の一部のコンビネーションしか知らないのですから。

「俺を甘く見るなよ」と男が言いました。

「コンビネーションを知らないのです」と私は静かに繰り返しました。強盗は私の何かが変わったことに気づきました。気遅れした男は硬貨の入った袋を前に突き出しました。その中には二〇〇ドル足らずしか入っておらず、彼はもっと欲しいのでしょう。

「お前の財布はどこだ?」と、ついに男は言いました。そろそろ切り上げなければならないと必死なのです。

財布は事務所に置いてありました。私はドアが開いている事務所の方をチラッと見ました。〈どうしたらよいだろう?〉。男に事務所までついてこられるのはまずいと思いました。私は挑戦的に男を見ました。電話が鳴って私たちの切羽詰まった状態に水が差されました。「もし、この電話に出なければ、何かおかしいと思われるでしょう」と私が素早く言うと、男は店から駆け出しました。

私は受話器を取って、「強盗です!」と言いました。

911の交換手が答えました。「すでに連絡が入っています。警官隊がそちらに向かっています」

そのとき、裏道で叫び声が聞こえ、タイヤのキーッという音がしました。警察のサイレンが鳴り響き、パトロールカーが店の前に停まったとき、私は店の中を見渡しましたが、天使の姿はすでにありません。

あとで分かったことですが、その夜、私は一人ぼっちではなかったのでした。店の裏に住んでいるサニー・フォンドーさんが夜ふかしをしていて、彼の家と店の間にある裏道に男が車を停めてタバコを吸っているのを見ていたのです。男が車から出てバンダナで顔を隠すのを見て、すぐに911に電話を入れてくれたのです。警官隊はまさにいいタイミングで到着し、男は逮捕され、一連の強盗事件に関して告発されました。

このことがあってからというもの、仕事に出かけるとき、私は「日常の天使さん」たちに囲まれていることを自覚するようになりました。それは男のことを注意するように警告してくれた父娘とか、サニー・フォンドーさんとか、電話を受けてすぐに適切な行動をとってくれた911の交換手のような人たちのことです。それに一日二十四時間、一杯のコーヒーや氷を買いに来て挨拶してくれるお客さんたちです。

あれは火曜日の夜でしたが、神様は私を見守るために「日常の天使さん」も使うのだということを私は発見したのでした。そして、時々は「特別な天使さん」も使うということも。

完璧なプレゼントを求めて

ナンシー・ボーギーズ

夫のマイケルと私が里親になることに決めてから、数多くの子どもたちにシェルターを提供してきました。ごく短期間のこともあれば、一年間ということもありました。なかでも、一人の里子のことは私たちの心に永遠に残ることでしょう。

マサチューセッツ州にある私たちの家にちぢれっ毛の二歳の女の子がやってきました。ジョージーはキラキラと輝く茶色の目をしていて、丸ぽちゃのほっぺたでニッコリと笑うのでした。ジョージーは私たちの子どもとすぐに打ち解けました。九歳のマイキーと十二歳のリズが私たちの子どもです。

ジョージーはずっと私たちの家族だったように感じました。ジョージーは洗濯カゴの中に入るのが大好きで、マイキーとリズが洗濯カゴを押しながら部屋の中を回ると「チューチュー」と叫んで大はしゃぎです。

ある夜のこと、ジョージーが私の膝に這いあがってきて優しい声で歌っていました。マイケルが分かっているよという目つきで私を見ているのに気づきました。私が何を考えているか分かっているという目つきです。〈この子は手放したくないわ〉

ジョージーの母親は麻薬中毒のために子どもの面倒を見ることができません。ジョージーには虐待ないしは放置を体験した子どもによく見られる症状がありましたが、二年間、私たちと過ごすうちに明るく活発な子どもに成長しました。

母親は一度も訪れることはなく、やがて音信不通になりました。州政府がジョージーを養女として迎えてくれる人を探す法律的な手続きを開始するのは時間の問題でした。

私たちのとるべき行動について考え、祈りました。マイケルと私は二年間、ジョージーの親だったのです。これまでのほかの子どもたちには、神様に委ねてさよならを告げることができましたが、ジョージーはそうはいきません。彼女を手放せば耐え切れないほどの悲しみを体験することになるでしょう。

マイケルは腕を私に回して「神様の意思がなされるよ」と言いました。マイケルも私と同じくらいジョージーを愛し、一緒にいたいと思っていましたが、それは彼女を養女に望む親類を州政府が見つけることができない場合、初めて出てくる可能性だということをよく承知していたのです。

社会福祉事務局がジョージーの親類を探しはじめてまもなく、南部に住む従姉《いとこ》の所在が判明しました。彼女と夫は、いずれも三十代でしたが子どもがおらず、ジョージーを養女にすることを望みました。私は失望のあまり言葉もなく、ただ祈るだけでした。〈神様、このお二人が善良なる方々でありますように、

ジョージーを常に愛し、慈《いつく》しんでくれますように〉

マリアとチャールズが町に到着したとき、私たちは二人を家に招待しました。「ホテルで会うよりも、この家で会った方がジョージーも安心だと思いますから」と私は電話で言いました。

「本当にその通りですね」とマリアは何のためらいもなく言いました。これを聞いて、私の不安は少し薄らぎました。マリアとチャールズはジョージーを第一に考えていることが分かったからです。

二人が私たちの家に来る日は緊張していました。私は居間の椅子をきちんと並べたり、ソファーを直したり、ジョージーの髪の毛がきれいになっているかなど、気を遣いました。しかし、ドアのベルが鳴って、ジョージーの新しい両親が玄関でニコニコ笑っているのを見て落ち着きました。

チャールズが最初にしたことは、床に座ってジョージーと一緒に遊ぶことでした。この人は子どもを知っていると私は思いました。この人たちなら、ジョージーは大丈夫だ。しかし、それでも、これこそ神様が計画されたことだという確証が何かほしいと思っていました。

マリアとチャールズがジョージーを家に連れていく日が迫ってくる中で、二人に何かプレゼントをしたいと思いました。ジョージーと同じくらい特別な何かをプレゼントしたいと思ったのです。しかし、何も心に浮かびません。そこで大好きな店に行くことにして、神様に〈どうぞ完璧なプレゼントが見つかりますように〉と祈りました。

店の中を見まわしていると、向こうの方で『ジーザス・ラブズ・ミー』を奏でているオルゴールの音楽が聞こえました。ジョージーはこの歌をちょうど覚えたところでした。これこそぴったりのプレゼントです。急いでそちらに行ってみると、すでに買い手がいて、それが最後だというのでした。

がっかりした私は店の中をぶらぶらと歩きながら、本をめくったり、セラミックの人形を見たりしていました。その間にも、ジョージーのことが心を離れません。〈明日から二度と会えなくなるんだわ〉

ついに、額に入った一枚の絵が目に入りました。それはよく知られた絵で、守護天使が橋を渡る二人の子どもを見守っているものです。この絵はあまりにもポピュラーなので、特別というものではありませんが、ほかのものを探す時間はありません。

次の日、マリアとチャールズがジョージーを真ん中にして長椅子に座り、マリアがプレゼントを開きはじめました。絵の上にかけてあった薄紙を取ったとき、マリアはあっと息を呑みました。それから、私を見て泣き出したのです。

「マリア、ごめんなさい」と私は言いました。「この絵は好きじゃないですか?」

「いいえ、好きです」と涙を拭きながら彼女は答えました。「大好きです。でも、どうしてこれが分かったのですか?」

私は答えようもなく、ただ黙って彼女を見ていました。

「私たちの家族は、これがしきたりなのです」とマリアは説明してくれました。「私の家族は最初の子どもが生まれたときに、そのお母さんに、この守護天使の絵がプレゼントされるのです。チャールズと私には子どもが生まれなかったので、こういう形でこの絵をもらうなんて夢にも思っていませんでした」

完璧なプレゼントでした。神様が私の祈りに答えてくださったのです。神様はいつもジョージーを見守っていることを、こうして知らせてくださったのです。

神より遣わされる天使よ
我が守護天使よ
神の愛は地上にいる私を
あなたに託しています。
きょうという日も
どうぞ私の傍らにあって
私を光で照らし
私を守り
私を支配し
私をお導きください。

伝統的な祈りの言葉

第20章

混乱の最中に現われた天使

「大海原に君臨するイエスよ、救い主よ、どうぞ私の水先案内人となってください」。賛美歌の作詩者、エドワード・ホッパーにとって、大海原の嵐や強烈な潮流は人の人生における混乱を象徴するものでした。荒れ狂う海においても、神の導きの手は差し出されるのです。

次に語られるエピソードは、生命の危機に瀕している人びとを救助しようとしている人たちを神が神秘的な方法で導いてくださるということを教えてくれます。帆船が転覆してミシガン湖の氷のように冷たい水に投げ出された父と息子、巨大なミシシッピー川で溺死寸前だった幼い子どもの話です。

オリシア号の遭難

ダン・カルチスキー

「お父さん、見てよ！」と私は港内を泳いでいる優雅な番《つがい》の白鳥を指差しながら言いました。ミシガン湖で二十五年以上もセイリングをやってきて、鴨、ガン、そして何千というアホウドリは見たことがありましたが、白鳥を見るのは初めてでした。思わず見とれてしまいました。なんという優雅な美しさでしょう。秋の午後の日差しの中で白い羽根がキラキラと輝いています。父と私はウイスコンシン州東部の岸の沖合いのワシントン島で、北東に位置するロック島を一周する短いクルーズに出かけるべく一七フィート（約五メートル）のスループ帆船オリシア号の出港準備をしているところでした。

私たちはしばらく白鳥を見物した後、港を出発しました。出発したのは午後一時頃で、準備万端整っての出発です。風は穏やかで、私が舵をとっているオリシア号は波を切ってスムーズに進んでいきます。

「こんな日にはミシガン湖を横断することもできるよな」と父が笑いながら言いました。ミシガン湖の幅は一〇〇マイル（約一六〇キロ）以上あります。

ロック島の先端を西側から回り、すべて予定通りのコースです。南に向かって進んでいましたが、父が叫びました。「風向きが変わった。方向を変えなきゃいけない」

それまでスムーズだった湖面がまもなく荒れてきました。気温も急速に下がり、オリシア号の帆は鞭《むち》のような鋭い音を立てています。三時頃、やっとのことで島の東側を回ることに成功し、ロック島とワシントン島の間の通路に達することができましたが、風が物凄い強さになっていました。風は島の崖にぶつかると方向を変えて湖面にぶつかって強烈な渦巻きをつくっています。

「風上に進路を変えろ！」と父が叫びました。「三角帆とメーンスルを下ろす！」

「モーターのエンジンをかけるよ！」と私も叫びました。

しかし、風と潮流が強すぎて私たちの小船は振動しながら左舷に傾き、マストの天辺が急に傾いて水しぶきをあげて湖面を叩きました。私たちは船縁に投げ出されました。

「つかまって！」と私は叫びましたが、遅すぎました。父と私は湖に投げ出され、オリシア号も喘ぐように転覆し、帆も水に浸かってしまいました。

私はなんとか船体につかまって沈まないようにしていました。水は物凄い冷たさで骨の髄まで凍みるようです。

「お父さん！」と私は必死にまわりを見ながら叫びました。すると父が私の袖を引っぱり、傍らに浮上して喘ぐようにして息を吸い込みました。私は船体に登って父を引っぱりあげるべく手を伸ばしました。私たちは船体の上に倒れ込み、竜骨を握って身体を安定させましたが、濡れた衣服が身体にまとわりつき、あまりの寒さに震えが止まりません。そのとき、波が船体を襲い、私は湖に投げ出されました。「お父さん！」

父は竜骨を片手でしっかりと握りながら、もう一方の手を私の方に差し出しました。泡立つ波が激しくオリシア号に打ち寄せたために、父はグリップを失って凍るような水の中に再び落ちました。父の手を握っていた私とともに水中に沈みましたが、再び浮かびあがってなんとか竜骨にしがみつくことに成功しました。

激しい風がこの巨大な湖の中央へと私たちを押しやっていきます。船は沈みかけていて、水面には船体が三〇センチくらいしか出ていません。波が凄じい音を立てて襲いかかり、私たちは陸地からどんどん遠くへ流されていきます。

そのとき、水面下でマストが岩礁にぶつかり、その衝撃で私たちは再び湖に投げ出されてしまいました。私たちはなす術《すべ》もなく、竜骨が波の下に姿を消すのを呆然として見ていました。

船体のごく一部がまだ水面から出ていましたが、それにつかまって浮かんでいることは不可能です。この激しい波の中を陸地まで泳ぐのも不可能です。私はほとんどあきらめの心境で、竜骨と一緒に沈んでもいいという気持ちになっていました。

しかし、そのとき、父の腕が私をつかむのを感じたのです。父は私をオリシア号の方へと押しやり、私たちは船体に登り、竜骨が入っていた細長いすき間に凍える手を入れてしがみつきました。私たちは身体を丸い船底の上に横たわらせていましたが、水中に沈んでいる方が水面に出ている部分よりも多かったでしょう。この通路に入ってから、ほかの船はまったく見かけませんでした。唸るような風が吹いている今となっては、湖に出る船はありません。私は父を見ながら、〈望みはないな〉と思いました。

夜になりました。私たちは祈るしかありません。一緒に、そして別々に声を出して、また声を出さずに祈りました。命を助けてくださるように、救助の手を差し向けてくれるようにと祈りました。

月が出て、腕時計を見ると八時でした。ということは、水中に五時間いることになります。父と私は話を続けて意識を失わないようにしましたが、口が回らなくなってきました。それが何を意味するか、私は知っていました。死に至る低体温が始まっているということです。私はあまりにも長い間、身体が冷えていたために、逆に温かいと感じるようになりはじめました。

「動くのをやめるな！」と父が言いました。私たちは腕を伸ばしたり、両脚を振ったり、血液の循環をよくするために考えられることはすべてやってみました。

満月が真っ黒な水面に怪しげな光を映しています。腕時計を見ると、ほとんど真夜中です。九時間が経過しました。私たちの救助を求める祈りは、慈悲を求める祈りに変わりました。

「主よ、あなたの意思がなされますように」と父は言いました。死が目前に迫っていました。

突然、頭上にブーンという音がしました。サーチライトが真っ黒な水面を照らし出し、波に反射しました。ヘリコプターです！

「ここだあ！」と私は残されたわずかな力を振り絞って叫びました。

父も「ここだあ！」と叫びましたが、それは私の叫びよりも弱々しいものでした。二人でもう一度叫びましたが、ヘリコプターの爆音にかき消されてしまいます。サーチライトが私たちの右を照らし、それから左を照らしましたが、私たちの上は素通りです。突然、ヘリコプターは飛び去ってしまいました。〈湖はあまりにも大きすぎる。見つけられるはずがない。私たちは二つの小さな点に過ぎないのだから〉

ヘリコプターがもう一度やってきました。私たちはありったけのエネルギーを出して叫びました。ヘリコプターは何度か戻ってきましたが、私たちはもう声を出すこともできません。父と私は消耗しきっていました。船はさらに深く沈み、私たちは息を吸うために頭を水面から出していました。

そのとき、北の方向に何かがいるのに気づいたのです。目を凝らしてみると、白い羽根が見えます。蜃気楼？　いや、それは白鳥でした。二羽の白鳥です。港を出るときに見たのと同じ二羽の白鳥です。その白鳥が月の光の中で波の上に浮かび、長い首が神秘的なダンスを踊っているかのように揺れています。こんなところでいったい、何をしているのだろう？

「お父さん！」と私が言うと、父も頭をあげました。

白鳥は実に美しく、私たちは置かれている窮境もほとんど忘れるほどでした。白鳥を見ていると、別なサーチライトが私たちの方に向かってきます。船です！　しかし、そのサーチライトも私たちから遠ざかり、あっという間に希望は失われました。父が深いため息をつきながら頭を下げました。

「だめだー！」と私は叫びました。まるで私の叫び声が聞こえたかのように、サーチライトが私たちの方に戻ってきたのです。

「見て」と私は言いながら、手を貸して父の顔をあげました。「きっと戻ってくるよ！」

ブリッジ（船橋）から強烈なサーチライトが放たれ、私たちを光が取り囲みました。私たちに気づいたのです。私たちは直ちに船に引きあげられました。

「別な方向に行こうとしたんだよ」と漁業用曳き船の船長が言いました。「ところがそのとき、光の中に二羽の白鳥が見えたような気がしたんだ」

もう一度その方向を見たとき、そこに白鳥はおらず、代わりに父と私を発見したというのです。父と私は、自然よりも偉大な慈悲深い力に導かれて白鳥が来てくれたことを知っていました。

光るドレス

パム・S・プライアー

七月の蒸し暑い夕暮れどきでした。

「あなた、明日は魚のフライが食べられそう？」。私は二歳になるキラを膝の上でジャンプさせながらフィアンセに呼びかけました。

私はミズーリ州のセントジュヌビエーブを流れるミシシッピー川沿いの急斜面の土手の上に座っていま

す。フィアンセのシェルビーと二人の息子たち（九歳のジェシーと六歳のシーニー）が、再び釣り糸を川に投げ入れるのが見えます。まる一日かかってもまだ数匹しか釣っていませんが、笑い声が聞こえてくるところをみると十分楽しんでいる様子です。私はその光景を遠くから見ていることで満足していました。泳ぎにはあまり自信がなく、茶色に濁っている川の流れを見ていると不安になります。

「みんな見ろ」とシェルビーが叫びました。「ジェシーの針に大きいのがかかったらしいぞ！」

「ジェシー、頑張って手繰り寄せて！」と私も声をかけます。キラは両手を叩いて笑っています。空気中に水滴が見えるほどに湿度が高い中で魚と格闘しているジェシーのTシャツは汗でびっしょりです。

「ママ、暑いよ」とキラが言いました。

「そう」と私は言って、キラのシャツを脱がせてオシメだけにしました。「この方がいいわね」

ジェシーが魚と格闘しているうちに暗くなってきたので、釣り糸を切るように言おうとすると、ジェシーの失望した呻き声が聞こえました。それからすぐ息子たちは土手をあがってきました。シェルビーは心臓が弱いために、無理をせずにいちばん後ろからあがってきます。

「釣り糸が切れてしまったんだ」とジェシーが私に言いました。「もう少しのところだった」

「この次は成功するわよ」と私が言うと、ジェシーはニッコリと笑いました。

あと片づけをして荷物を車に積み終えたとき、キラのお気に入りのコップがないことに気づきました。〈土手から落ちたのかしら？〉。キラがついてくるとまずいので、彼女を助手席に置いて「キラ、ここにいてね。すぐ戻るからね」と言いました。私は川面を見下ろしながら土手を降りていきます。男の子たちもあとをついてきます。

探し物が見つかるようにとシェルビーが車のヘッドライトをつけてから、土手を降りてきます。石の間を探しているとガクンという大きな音がしました。見あげると、車が土手を降りてくるではありませんか！　キラ！

「気をつけて！」と私はジェシーに向かって叫び、車の前から離れるように突き飛ばしました。私は車の前に行って全力を振り絞って押し戻そうとしましたが、華奢《きゃしゃ》な私の身体と力では坂を降りてくる二トンの重量には歯が立ちません。私は押すことをあきらめて、車は川の中に落ちていきました。

テールライトが水の下に浸かっています。一瞬、パニックを起こした私は身体が硬直状態です。キラが開いている車の窓から私を見ています。車に水が入るにつれて、川の流れはすでに車を下流に押し流しています。どうにかしなくてはと思い、私は川に飛び込みました。シェルビーも私の後に続きました。私たちは全力を振り絞って車に向かって泳ぎます。

「パム、ブーツが重くて参った」とシェルビーが言いました。

「蹴って脱げば！」と私は怒鳴り返しました。私は簡単に靴を脱ぐことができましたが、シェルビーの靴は仕事用のブーツでなかなか脱ぐことができないようです。

「悪いけど、俺はこれ以上無理だ。心臓が……」とシェルビーが叫びました。

キラを車から助け出すことができるかどうか、望みは私一人にかかっています。〈神様、私に力をください〉と私は囁くように祈りました。私は持てる力のすべてを駆使して、幼い娘と車に注意を集中しました。車はだんだん私から遠ざかっていきます。

泳いでいる私の腕もほとんど見えない暗闇ですが、なぜか前方のキラが見えるのです。彼女のまわりの空気がキラキラと輝いているのです。それは悪い夢を見たときに、私が寝ている寝室のドアのところに立っているキラを廊下の明かりが丸く映し出しているのと似ていました。彼女を包んでいるぼんやりとした光のお陰で、下流にいるキラを見失わずにすんだのです。

車に近づいたとき、「ママー」と叫んでいるキラの声が震えています。水はハンドルのところまであがっていて、キラが座っている席は今にも水浸しになりそうです。

「ママはここにいるわよ!」と私は叫びました。キラは窓に登りはじめました。

「だめよ、キラ」と私は叫びました。「そこにいなさい。ママが行くからね」

私は車に向かってぶつかるように突進し、片手でドアのハンドルをつかむことができ、もう一方の手でキラを抱きあげようとしました。すると、私の手がつかんだのはキラの裸の身体ではなく、何か布切れのようなものです。それをしっかりと握ることができて、引っぱりあげると、キラがゆったりした夏物のドレスを着ているではありませんか。その純白のドレスはまるで光を発しているように見えます。〈ドレスを着てるわ〉と私は思いました。

この不思議なドレスのことを考えている暇はありません。しがみついている車はすっかり水がいっぱいになり、車と一緒に川底に引っぱり込まれたら大変です。私はドアから手を離して、疲れた身体で泳ぎはじめました。私の力ではそんなに長く浮かんでいることはできそうにありません。ましてキラが必死に私の首につかまっている状態ではなおさらです。

川の真ん中に近い方から声が聞こえました。漁船です! 私は船の方向に向かって泳ぎはじめました。

「助けて、赤ん坊をお願い! 私はもうだめ」

「赤ん坊もいるぞ」と船の誰かが叫びました。「ランディー、飛び込め！」

ザブンという音がしました。一分もたたないうちに、男の強い腕が私たちを支えていました。

「休んで！」と彼は言って、キラを抱きました。「僕がしばらく抱いてるよ。友達が船を回してくるから」

私の呼吸が整ったところで、彼はキラを私に手渡しました。船を待っている間、私たちは交代でキラの頭が水面に出ているように必死に頑張りました。

しかし、彼の友人の船が来る前に、新たな危険がやってきました。係留されている平底荷船の巨大な船体が私たちの頭上に迫っていたのです。このままでは数秒のうちに巻き込まれてしまいます。助けに来てくれた男性はザブンと潜りました。私も深く息を吸って、キラの鼻と口を手でふさいで平底荷船の下に飛び込みました。キラが息をつめてくれることを祈りながら、キラの鼻と口を押さえていた手を離して水面へと浮上しましたが、船底にぶつかってしまいました。私は必死に船底を押して離れます。

やっとのことで水面に達し、新鮮な空気を吸い込み、頭を水面の上に浮かべています。もうこれ以上、闘うエネルギーは残っていません。私は必死になって、私たちを助けるために川に飛び込んでくれた男性を目で探しました。岸の方を見ながら思いました。〈あなた方のところに帰りたいけど、キラと一緒でなければこの川を離れるわけにはいかないわ〉

キラの顔を見ましたが、呼吸していません。「キラ！」。私は泣き叫びました。

そのとき、男性が再び私の前に現われ、キラを私の腕から受け取ってキラの胸を押しました。するとキラはせき込んだあと、ワッと泣き出しました。キラの泣き声を聞くのがこんなに嬉しいことだなどとは、今まで考えたこともありません。

そのあとすぐに、この男性の友人たちが到着し、私たちを船に引きあげ、岸まで送ってくれました。救助隊員たちがすぐに救急車に運んでくれました。

「シェルビーはどこ?」と私はボーッとしたまま聞きました。

「ここにいるよ」とシェルビーが私の手を握って言いました。

救急室の医師たちがキラと私をチェックしました。心の動揺は別として何の問題もありません。それから家に帰って初めて、あの不思議な白いドレスのことを思い出しました。

「キラのドレスはどうした?」と私はシェルビーと友人のグランマ・パットに聞きました。

シェルビーは不思議そうな顔をして、「ドレスってどのドレスのこと?」と聞きます。

私は、沈みかけている車からキラを引っぱりあげたときに見たドレスのことを話しました。「純白だった。絶対に気がついたはずよ」

「あなた方をあの人たちが連れてきてくれたとき、キラはオシメしか着けていなかったよ」とシェルビーが言いました。

「あのドレスは本物だったわ」と私は食い下がります。「だって、私は触ったのよ。しっかりと握ったのよ。神様に誓って言うけど、あのドレスがなかったらキラをつかまえることは絶対にできなかったわ」

「ひょっとしたら、それは神様がキラに着せてくれたんじゃないのかな」とグランマ・パットが言いました。

それはひょっとしたらではなく、確実なことでした。私たちを助けるために飛び込んだ男性もあとで教えてくれたのです。私たちの周囲に見えた白い光があったから、私たちのところまで来ることができたというのです。あのドレスに違いありません！

オシメしかしていなかったキラに、誰があのドレスを着せたのでしょうか？　キラのところまで泳ぐ力を私に与えてくれたのは誰なのでしょうか？　ミシシッピー川でもがいている私たちを助ける人を、いったい誰が派遣してくれたのでしょうか？

あのとき、キラにとっての唯一の希望は私だと思いましたが、実はそうではなかったのです。私が唯一の希望であるということは決してないでしょう。いつも神様と、そして天使たちが一緒にいるのですから。

第21章

失業者に寄り添う天使

「失業中」。もしもあなたが自分を表現するためにこの言葉を使ったことがあれば、それがどういう感情を惹起するか知っているはずです。自己不信、憂鬱、失意落胆といった感情です。しかし、失業中という困難な時期に、ロンダ・リン・マクラウドとエドという男性は天使から希望のメッセージを受け取り、そのお陰で絶望から立ち直り、最終的に仕事に戻ることができたのです。彼らの話に耳を傾け、信頼の道を歩くことの大切さを噛みしめたいものです。

愛とゆるし

ロンダ・リン・マクラウド

ある冬の夜のことでした。何カ月もの間、燻《くすぶ》っていた対立がついに爆発したのです。十四歳になる娘が、またまた門限を破ってアパートの中によろめきながら入ってきました。私は娘を寝室に呼んで言いました。

「ケリー、私はあなたを愛している。でも、これ以上耐えられないわ。あなたのこういう行動をこれ以上ゆるすわけにはいかないわ」

ケリーは顎を挑戦的に突き出して私を見ました。私のあの無邪気な娘がいったい、どうしてグレたティーンエイジャーになってしまったのでしょう。私には、彼女の中に優しくて傷つきやすい幼い少女がいるのは分かるのですが、どうすればその彼女と接触できるのかが分かりません。

ケリーと私は前学期の最中に、カリフォルニア州のハンティントンビーチに引っ越してきました。新しい学校に慣れるのは彼女にとって容易なことではありませんでした。ですから、遊ぶことが最優先の年長の生徒たちとつき合いはじめても、最初は目をつぶっていました。ケリーは、かつて教師だった私が望むように勉強に真剣に取り組んだことは一度もありませんでした。〈少なくとも友達がいる〉と私は自分に言い聞かせて納得しようとしていました。

ケリーはだんだんと帰宅が深夜になり、目はどんよりと光がなくなり、吐く息からはアルコールがプンプン臭うことが多くなりました。

「あなたには失望したわ」と私は非難を繰り返しました。「あなたに期待しているのよ。あなたにはその期待に応える能力があると私は信じている」

ケリーは耳を貸そうとはしません。それどころか、彼女の行動はエスカレートしました。

あの二月の夜、私の忍耐は限界に達しました。

「アルコールと麻薬は絶対に許しません」と私はきっぱり宣言しました。「私と同じ屋根の下で暮らすかぎりはね。ここにいるならば、私の方針に従ってもらいます」

「いいわよ！」とケリーが激しい口調で言いました。「それじゃ家を出るわ。そうすれば、私のことなんか心配しなくてもいいでしょう！」

「あなたのことを心配することがなくなるなんてあり得ない」と私は抗議しました。「私はあなたの母親なのよ」

一言も言わず、ケリーはハンドバッグをつかんで家を出て行きました。

「ドアはいつでも開いているわよ！」。私はか細い声であとを追うように叫んだのです。

二晩かそこら、女友達のところに行くぐらいだろうと高《たか》を括っていました。それでも、極度の恐怖心に襲われました。もしもケリーが私のアパートから出て行っただけでなく、これっきり、私の人生から姿を消すことになったらどうしよう。

私はベッドに倒れ込みました。これほどの絶望感を感じたのは初めてでした。つい最近、私のフィアンセは婚約を解消しました。それは離婚したときと同じくらい心の痛む体験でした。今や、娘も私のもとを去ってしまったのです。私は長い間、妻になり、母になることを夢見てきました。惨めにも、そのどちらも失敗してしまったのです。私は何の役にも立たない存在なんだと思いました。絶望感に襲われ、絶望感に屈服し、呼吸することすらできなくなるほど泣きじゃくりました。

泣き疲れてなんとか気持ちを持ち直そうと立ちあがって洗面所に行き、鏡に映る自分の顔を見て自分が置かれている絶望的な状況にまた打ちのめされました。妻として、母としての大切な責任を果たすことができなかっただけでなく、ほんのわずかな達成感を与えてくれるかもしれない仕事すら見つけることができない自分なのです。

私の顔を見れば、誰だって雇いたいとは思わないはずです。他人を責める気にはなれません。私の顔全体が醜い水泡で覆われているのです。骨髄炎の副作用です。それは九年前、歯の治療中のちょっとした事故が発端でした。金属のヤスリの切片が歯髄に挟まって、顎の骨に炎症が起きました。治療をしても効果がなく、身体のほかの部分にまで炎症が広がっているのです。この顔を見れば、私だって恐ろしくなります。

私は鏡から顔を背けました。寝室に戻って窓のそばで立ち止まりました。星がいっぱい輝いている夜空を見ながら私は祈りました。神様が濃い紫色の毛布でケリーを包み込んでくださっているところを想像しながら祈りました。〈神様、どうぞケリーをお守りください〉。ケリーのことは神様に頼るしかないと分かっていました。〈そして、どうぞ私がこの人生でやすらぎを見出すことができますように、手をお貸しください〉

私は再びベッドに横になりました。目を閉じる前に、クリスマスの飾りつけの一つでしまわずにベッドの上に吊るしてある明かりがついている天使を見ました。その暖かなぼんやりとした明かりは私に慰めを与えてくれました。まるで絶望的なまでに必要としていた慰めをもたらしてくれるようでした。〈神様、どうぞこの苦しみから私を解放してください。これ以上、人生を生きることに何の意味があるでしょうか？　私の愛する人が皆、私のもとを去っていくのですから〉

眠りに就いてまもなく、私はベッドから出ようとしている自分に気がつきました。玄関を出てバルコニーに立ち夜空を見あげます。天蓋のような真夜中の夜空は濃いブルーに見えます。すると、驚いたことに私はバルコニーの手すりから浮かびあがり、ベルベットの夜空へと昇りはじめたのです。夢を見ているに違いないと思いましたが、意識はとてもはっきりしています。

星がすぐ近くにあって、触れずにはいられないほどです。触ると雪のように手の中で溶けてしまうのです。もっとよく見ようと目を凝らすと、私のまわりに限りなく小さな天使たちが大勢いるではありませんか。キラキラと輝くクリスタルのような衣装を着ている天使たちは雪片のように見えます。何かを囁いて私のそばを通り過ぎ、風に吹かれてどこかに漂っていきます。

気がつくと、私は雲の上にいます。誰かが私の傍らに立っています。誰だろうと思ってチラッと見ると、純粋で限りない愛がその存在から流れ出ていて、私はたちまちのうちに宇宙的な幸福感に満たされます。私はキリストの前に立っていることを知りました。キリストは天使たちに指示を与え、神の仕事をするために地上へと派遣しているのです。

彼は優しく左の腕を私の左の肩に回して、私を抱き寄せました。二人とも言葉を話しませんでしたが、コミュニケーションはスムーズに流れました。〈私はあなたの兄弟です〉と彼は言いました。〈私は常にあなたと一緒にいます〉

私は頷きました。〈今の私にはそれが分かります。でも、もう一つ知りたいことがあります。地上での私の使命は何でしょうか？〉

彼は一瞬のためらいもなく答えました。〈愛を与え、愛を受け取ることです。ゆるしを与え、ゆるしを受け取ることです〉

「愛とゆるし」。目が覚めたとき、私の唇からこの言葉が出てきました。生まれ変わったようで、疲れも吹き飛んでいました。でも、私は誰を愛しただろう？　誰をゆるす必要があるだろう？

それからの数日間、私はリストを作りはじめました。そのリストに書かれた一人ひとりの名前を言いながら祈りました。私のかつての夫、ケリーの父親ですが、挫折した結婚についてゆるしました。私にも原因がありました。そして、歯医者さん。歯の治療をしているときに顎の骨に炎症を起こさせてしまったことをゆるしました。それは不運な事故であり、彼も責任を感じていることは知っていました。さらに、フィアンセ。私たちの関係を終わらせたことについて彼をゆるしました。お互いにとってそれでよかったのです。徐々に私は怒りと自分に負わせた傷を手放していきました。

でも、ケリーはどうすればいいのでしょうか？　家を出て六カ月になるのに、まだ帰ってこないのです。厳密にいえば、家出ということにはなりません。というのは、時々、私の母のところに顔を出して元気な顔を見せていたからです。ケリーと話がしたくて仕方がありませんでしたが、ケリーには私との関係を再確立する心の準備がまだできていないという事実を受け入れなければなりませんでした。彼女が私から離れている時間が長くなればなるほど、娘も一人の独立した人間であるという事実を受け入れられるようになりました。〈私が願っていたようなまじめな生徒にならなかったことをゆるすわ〉。心の中で彼女に語りかけました。〈頭が良くて、創造的で、自由な精神の持ち主のあなたを、そのまま受け入れるわ〉

心の傷が癒されていくのを感じました。祈りのお陰で、これまでならば私を絶望のどん底に突き落としていたいろいろな問題に耐えられるようになったのです。

しかし、なぜか、まだ過去の苦痛から完全に解放されていない自分を感じました。〈まだ誰かに対してネガティブな感情を持っているのだろうか〉と思いました。

ある日の朝、例によって鏡で顔をチェックしてみると、顔の水泡がいつもほどひどくありません。顔の肌が快方に向かっているようなのです。病気が快方に向かっていることに驚きながら、神に感謝しました。

まるで神様が応えてくださったみたいに、夢の中でキリストが伝えてくれた言葉が蘇ってきました。〈愛とゆるし〉。鏡に映る自分の顔を見ながら、私が十全になる前に何をしなければならないかを自覚しました。それは長く複雑なプロセスです。しかし、私は自分を愛し、自分をゆるす必要があるのでした。

ケリーが家を出てから九カ月後に帰ってきてくれたことは、自分をゆるすうえで大きな助けになりました。

「ママ、愛しているわ」と彼女は言いました。「もう一度、挑戦したいの。もう一度、チャンスをくれる?」

「私にも、もう一度、チャンスをくれるならね」と私は答え、娘をしっかりと抱きしめたのでした。こうして娘を抱きしめることほど素敵なことは世界に存在しないと思いました。

ケリーがアルコール依存と麻薬依存の十二のステップから成る回復プログラムに通いはじめたと聞いたとき、娘を誇らしく思いました。感謝の気持ちでいっぱいになりました。ケリーが私と離れていたとき、神様が天使を派遣して見守ってくださったことを私は知っています。

私の人生に目的意識を感じさせてくれる何かを探すときです。電話でカウンセリングの仕事のことを思いつきました。この仕事であればクライアントが私の外見に不快感を持つことはありませんし、私の行動科学(人間の行動観察から諸概念を導き出す科学で、社会学・心理学などの一部門)の資格や人生体験は役に立つだろうと考えました。

地域の精神医療プログラム関係機関にコンタクトしてみると、自殺予防ホットラインの「ニューホープ」でカウンセラーを募集していました。訓練の初日に受け取ったマニュアルのタイトルを見て、正解の仕事を見つけたなと思いました。そこには、「愛を与えて生命を与える」と書かれていたのです。

それからまもなく、導かれて訪ねていったお医者さんが骨髄炎の治療に成功し、しばらくして顎の骨の炎症が完全に治癒しました。私の顔は正常に戻りました。

愛とゆるし。私が想像もできなかったような苦しみからの解放をもたらしてくれたのは、愛とゆるしでした。自分自身に対する信頼が増すにつれて、私の仕事も成長し、娘との関係も成長しました。

私は今、「ニューホープ」で新人のカウンセラーを訓練する仕事をしています。また、ハンティントンビーチで子育てのクラスも教えています。

ケリーは私の指導の下にホームスクーリングで高校卒業資格を取得して、今は地元の大学の学生となり勉強しています。まったく希望を失いかけた冬のあの夜から四年がたちましたが、神の祝福は今もとどまることがありません。祝福は天使たちの雪のような翼に乗ってやってくると私は考えています。

助けが必要ですか？

ジョン・パワーズ

三十年前の十二月二十三日の夜、どの方向に向かって歩いてもみぞれがブルーのユニフォームにまとわりつきました。どうしてパトロール巡査になんかなったのだろうと後悔するような夜でした。ニューヨークはクイーンズのサウスジャマイカにある工業団地の巡回をしているところでした。不気味なほどの静けさでしたが、町はずれにある工業団地の会社は、この時間にはすべて終業し、あたりには人っ子ひとり見当たりません。

九時ともなると風と寒さはさらに強烈なものとなり、大きな天蓋の下に入って、脚の血液を循環させるために靴の踵《かかと》をカチッと合わせてみました。やっとのことで上司が来て、シフトが終わるまで今の場所にいるように言われました。

パトロールカーが去っていき、こんな寂しい場所に一人でいることに不安を感じていました。〈パワーズ、油断するなよ〉。私は自分に言い聞かせました。〈びくびくするな〉

そのとき、足音が聞こえたのです。私は腰の拳銃に手を置いて、身構えながら振り返りました。

「すみません、おまわりさん。脅かすつもりはなかったんですよ」

〈白人男性、身長一七五センチ、体重一七〇ポンド（約七七キロ）〉。職業的な習慣で情報をすべてインプットします。〈年齢は五十代の後半か六十代の前半、年令の割りには若いな〉

「名前はエドです」

私は銃から手を離し、この男は安全だと判断して、「警官のパワーズです」と自己紹介します。

「こんな天候の中、外で仕事とは大変ですね」とエドは同情の気持ちを述べ、「おまけにクリスマスのシーズンだ」と言いました。「私も寒さの中、外にいなきゃならなかったことがありますよ。ちょうど今夜みたいな夜だった」

長い身の上話の始まりのようです。すべて話すまではやめないでしょう。しかし、私は話し相手が来てくれたことに感謝して耳を傾けました。

「三十五年前のクリスマスイブの朝でしたよ」とエドは語りはじめました。

「バワリー街（ニューヨークの大通りとその界隈で、安ホテルや飲み屋があり、貧民やホームレスがたむろするので有名）で、我が家と呼んでいたダンボールの箱から這い出したけど、二日酔いで頭は痛く、身体は半分凍えた状態です。降りしきる雪の中を見あげると、マンハッタン橋が幽霊みたいに空中にぶら下がっている。カナルストリートに着いた頃には、全身が震えて頭もぼんやりかすんでいました。しかし、私には計画があった。その日を人生最後の日にしようと決めていたんです。そびえ立つ鉄の幽霊が答えをくれた。マンハッタン橋を渡ってくるトラックの前に身を投げ出す。セミトレーラーで大丈夫だと思いましたよ」

というわけで、エドは一九三〇年代のあるクリスマスイブに、アルコールが原因で絶望感に襲われ、マンハッタン橋の袂に立っていたのです。そこに立ち続けることができたのは、もうすぐこの惨めな人生が終わると知っていて、それだけが希望だったのです。しかし、そこに数時間立ち続けてもトラックは一台も橋を渡ってきません。

「腹が減って我慢できなくなって、昔ながらの物乞いをやってみることにしたのさ」と言ってエドは笑いました。

カナルストリートに戻って最初に物乞いをした相手は、うんざりだという表情で顔を背けました。その次の人は立派な身なりの三十ぐらいの若者でした。彼は素敵ななめし革のコートを着て、ドレスシューズを履いていましたが帽子はかぶっていません。エドはそれがちょっとおかしいなと思ったそうです。「すみませんが、コーヒー代を恵んでもらえませんか?」とエドは言いました。

若者はあたりを見まわしてから、「私の後をついてきてください」と言って食堂の方に目をやりました。

そこでカウンターに座るようにエドを促し、自分にはコーヒー、エドにはデラックス・ブレックファーストを注文しました。

「一生忘れられない食事です」とエドは言いました。勘定を払う前に若い男はウエイトレスに熱いローストビーフのサンドウィッチとテイクアウトのコーヒーをエドのために注文しました。エドは見知らぬ人の寛大さに驚き、しばらくの間は絶望的な計画のことは忘れていました。

「暖かい昼食をコートのポケットに入れて路地裏の段ボール箱に戻って、しばらくうたた寝をしてから目を覚ましてそれを食べたよ。お腹はいっぱいになったけど、状況は相変わらずお先真っ暗で、生きる目的なんてどこにもない。計画を決行しようと、また橋に戻ったんです」

そこでエドは再び待ちました。午後の間ずっと待って、夕方まで待ってもトラックはいっこうにやってきません。天候状態が悪いためにトラックは橋を通れなくなっているとは露知らず、「神様、私はあと一晩も生きていたくないのです。どうぞ助けてください」とエドは祈りました。

それから再び、エドができることといえばそれだけだったから、あるいはただの習慣から、カナルストリートに戻って物乞いをすることにしたのです。出会った数少ない人たちも、家族のところへ帰ってクリスマスのお祝いをするために、厳しい天候の中を苦労しながら家路についていました。

ぼんやりしていたせいか、話しかけた人の一人があの若者であることに、エドは気がつきませんでした。「若者は私の目を見て〈助けが必要ですか?〉と聞いたんだ。その瞬間、身体全体がカーッと熱くなる感じがした。私の人生の中で何かが変わったと思ったよ」

若者は再びエドをその朝食事をした食堂に連れていき、上にパンが乗っていない熱い七面鳥のサンドウィッチと、クリスマスのさまざまな料理を注文してくれました。エドが食べている間に若者は、失礼すると言って外に出かけ十五分ほどして戻ってきましたが、吹雪の中を歩いてきたという形跡は一切ありません。まったくの話、おしゃれななめし革のコートにもしゃれた靴にも雪はまったくついておらず、濡れてもいないのです。

「急ぎましょう。友達と会う約束があるので」と若者は言って、財布をしまいエドをドアから外に押し出しました。若者は急ぎ足でエドを数ブロック離れた建物へと連れていきました。建物には「日雇い」という看板がかかっています。なかで若者の友達が、もしエドにその気があれば、二週間、クイーンズの倉庫番として働く仕事があると言いました。エドが若者に向かって頷くと、若者は友達に「手配を頼むよ。すぐに戻る」と言いました。

それから若者はエドを急がせて軍の払い下げ品専門店に行き、サイズを聞いて暖かな冬用のジャケットを一着、カーキ色のパンツとシャツ、仕事用のブーツ、下着の上下、靴下、毛糸の縁なし帽子をそれぞれ二組みずつ買いました。面食らって少し恥ずかしく思いながら買い物包みを抱えて職業紹介所に戻りました。そして職業紹介所のお手洗いで、つま先から頭のてっぺんまで新しく買った衣服を全部着込んだのです。「何ともいえないほど暖かく、乾いた服だ」とエドは言いました。

職業紹介所の建物を出る前に、若者はクイーンズの倉庫に行く地下鉄と道順をエドに教え、五ドル紙幣を彼に渡しました。ついにエドは若者の名前を聞きました。ジムでした。

「ジム、この御恩にどうすれば報いることができるでしょうか」とエドが言うと、若者はエドの肩に手を置いて言いました。「エド、ホームレスの暮らしをやめて、アルコールで身体を虐げることをやめてくれれば、それが私の報酬だよ」

二人は一緒に地下鉄の駅まで歩き、そこで別れました。「メリークリスマス！」とジムが別れ際に言いました。エドは手を振ってさよならを言い、地下鉄の階段を降りていったのです。

一時間半かかってエドがクイーンズの倉庫に着くと、オーナーの息子のフィルが両手を広げて歓迎してくれました。「私の家族の皆があなたに感謝してますよ」とフィルは言いました。それから二週間、エドが任されることになる昼夜勤務の仕事の説明があり、簡易ベッドがどこにあるか、近くにあるテイクアウトができる食堂などの説明もしてくれました。さらにいくつかの説明があって、前払いの賃金をエドに渡した後、フィルは帰っていきました。

「こういう風にして私はクリスマスイブの夜に、倉庫に寝る場所を与えられたのですよ。その数時間前までは人生の幕を下ろそうと思っていた私がね。ジムは私の命の恩人です。ジムを私の前に、一度ならず二度までも送ってくださった神様に感謝しました」

エドはもうこれ以上の幸せはないと思っていました。ところが、クリスマスの日に一台の車が倉庫の前に横づけされ、フィルと家族がエドに会いにやってきたのです。フィルは奥さんと二人の娘をエドに紹介し、奥さんと娘さんたちは七面鳥のクリスマスディナーをエドのために準備してくれたのです。それだけではありません。きれいな包装紙に包まれたクリスマスプレゼントまでもらったのです。包みを開くと、美しい太編みの茶色いセーターが入っていました。エドは思わずセーターを顔に持っていって、ウールの新しい匂いを嗅いだのでした。エドは突然やってきた幸運に夢うつつの状態でした。

二週間仕事をしている間に、エドはそこで働いている人たちとできるだけ仲良くなる努力をしました。

二週間が過ぎて、フィルが正式に働かないかと申し出たとき、エドはそのチャンスに飛びつきました。「それでは決まりですね。私の後についてきてください」とフィルは言って、工場の後ろにあるベニヤ板の建物へと案内しました。

ここまで話したエドは突然話をやめて、「いや、すみません、おまわりさん。こんなに寒いところで長話をしてしまって」と言いました。

しかし、私は正直言って話しに聞き惚れて寒さも時間も忘れていたのです。時計を見ると、私の勤務時間も終わりです。

「ちょっと中に入ってくださいよ。そうすれば私の話の完璧な締めくくりになりますから」

私はエドの後についていきました。ちょうど三十年前にエドがフィルの後についていったように。エドがドアを開け、明かりをつけました。

「入って、入ってください」とエドが言いました。それは3ＬＤＫの快適な住まいで、すべての生活用品が整い、壁紙も雰囲気に合っています。

「あれ以来、ずっとここに住んでいるのですよ。オーナーの家族もほかの従業員も祝日にはいつも私のことを考えてくれるし、クリスマスイブが私の誕生日だってことも覚えていてくれてね。ジムに生命を助けられて、私が生まれ変わった日ですよ。……それからね」とエドが言いました。

「しばらくして職業紹介所のジムの友人気付でジムにお金を送ったのですよ。すべて順調にいっていることを知らせたいと思ってね。ところが、お金が戻ってきて手紙が入っていました。職業紹介所の人は私のことをよく覚えていたけれども、ジムのことは知らないって言うのです。あのクリスマスイブの夜、どうやら私は一人だったというわけです。つまり、彼の目に見えていたのは私だけだったということなんですよ」

エドと別れた私の足取りはなぜか軽やかになっていました。彼の話のお陰でパトロールの厳しい巡回がどれほど助けられたことでしょう。この世界の善良な心遣いと神様の大いなる慈悲によって人生が一八〇度の転換を遂げた人に会えたのですから。そして、神様の慈悲はいつも雨のように天から私たちの上に注がれていることを知ることができたのですから。

第22章
休暇で出会った天使

休暇。それは日常生活から「脱出する」機会です。しかし、それは神や神の思し召しから脱出することを意味するでしょうか？　そんなことはありません。私たちがレジャーを楽しんでいるときでさえ、たとえば、グランドキャニオンでも、海岸に面したホテルでも、人里離れた砂漠の島でも、神と神のメッセンジャーはすぐ近くにいるのです。

ありない観光客

ヤン・スミス

私たち夫婦は二人ともテキサス生まれのテキサス育ちです。しかし、一九四六年、夫のハワードと私はどこかに引っ越そうかと考えていました。ハワードは海兵隊を除隊したばかりで、私たちは仕事を探しながらカリフォルニア北部に住むハワードの海兵隊仲間を訪ねました。これからどうするか、まったく分からないという状況でした。ついにドライブしながらテキサスに帰ることになりましたが、何も決まっていません。私は落ち込んでいました。ネバダ州に来たとき、地図を見ていた私にアイデアがひらめきました。

「ねえ、少し遊んでいきましょうよ。グランドキャニオンに行きましょう！」

そのためには北に迂回しなければならないので少し遠回りになります。しかし、ハワードも顔を輝かせて同意したのです。

グランドキャニオンに行きたいと長いあいだ思っていました。テキサスの家で写真を見ては、そこに行ける日を夢に描いていたのです。しかし、実物は写真も夢も吹き飛ばすほどに雄大なものでした。グランドキャニオンに着いたとき、私は我が目を疑いました。渓谷の端に立って無限ともいえる空間を目前にしながら、〈神様の創造の奇跡だわ〉と思いました。

その日は暖かい日で、大好きな赤いショーツと涼しいシャツを着ていた私は実に快適でした。グランドキャニオンの南端を窓を開けたままドライブしていると、そよ風が入ってきます。私はほぼ十五分ごとに「ここで止めて！」と叫んでは、車から飛び出して写真を撮りました。私の着ているものや白いテニスシューズはまもなく茶色になってしまいましたが、まったく気になりません。キャニオンの北西部に着いた頃にはフィルムがなくなりかけていました。

「最後の一枚」。道路脇の密生した生け垣の下に見晴らしの良いところがあるのに気づいた私が言いました。ハワードは車を道の脇に停め、私は車から飛び出します。生け垣の後ろ側に階段があって、その下に鉄のガードレールで囲まれた踊り場があります。私が踊り場に右足を下ろしたとき、ゴム底の靴が滑りました。豆粒ぐらいの大きさの小石が厚く敷かれていて、その小石に足を取られたのです。首にかけてあるカメラをしっかりと押さえながらバランスをとろうとしましたが、足が飛んだかと思うと両脚が空中に舞いあがって私は仰向けに倒れ、そのまま小石の上を滑りはじめたのです。踊り場は四十五度くらいの角度ですから、自分で止めることができません。私の身体は足の方から先に、口を開けて待っている渓谷に向かって滑り降りていきます。

〈ガードレールをつかんで！〉。私はガードレールの下の方の鉄棒をつかもうとしましたが、つかみ損ねてしまいました。痩せている私はガードレールの下をくぐり抜けてしまったのです。カメラが渓谷の壁にぶつかりフィルムが広がりながら空中に飛び、カメラのコードが首に食い込みます。頭の部分が踊り場を離れるのを感じました。渓谷の崖に生えている低潅木が、滑り落ちていく私の身体を引っかきます。見えるのは空と下に口を開けている渓谷だけです。私は両腕を頭の上にあげて何かつかまるものがないかと思いながら、祈りました。滑るのを止めようとしますが、空気以外に手に触れるものはありません。〈何かつかまるものがあれば……〉

手です！　誰かが力強く私の手首を握ってくれたのです。崖を滑っていた私が一瞬のうちに止まりました。何の苦労もなく、私の身体が止まった拍子にガクンとすることもなく、ただ止まったのです。両肩と背中は崖の壁にぴったりとついています。

「あなた、大丈夫ですか？」と白髪の背の高い老人が聞きました。優しい目をしていて、顔には健康そうな輝きが溢れています。おじいちゃんのように微笑んだ彼は、命を預けても大丈夫だと信頼できる人だと感じました。

「それじゃ上に行きますよ」と老人は言うと、一瞬の素早い動きで私を渓谷から持ちあげ、私は踊り場の上に安全に横になっていました。〈こんな老人にどうしてあれほどの力があるのだろう？〉

落ち着いて息を整えた私は、助けてくれた老人をよく観察してみました。おそらく七十代で、着ているものといえば流行遅れですが丁寧にアイロンがかけられています。私は彼が着ている糊のきいた白シャツ、高い襟、幅広なネクタイに見とれてしまいました。ピカピカに磨かれた黒い靴は先が細くて長く、靴紐がきれいに結ばれています。彼の横に背をかがめるようにして老女が立っていて、キラキラと輝く黒い目で私を見ています。プリント模様のドレスを着て、襟はレースの飾り模様で半円を描きながら豊かな胸もとまで下りています。喉の真ん中にカメオがあり、ストッキングは厚地の黒で、黒のハイヒールの靴は踵が幅広で、これもピカピカに光っています。二人には塵ひとつついておらず、まるで写真から抜け出したかのようです。

その老女が私を両腕で抱き、二人で私を助け起こし、囁きながら私を慰めてくれました。私の衣服の土を払い、壊れたカメラを首からはずしました。私が落ち着いたところで、私の両側に立って生け垣を回って階段を一緒に昇っていきました。ハワードは車の中で辛抱強く待っています。時間的には数分しかたっていません。何があったのかハワードはまったく何も知らなかったわけですが、私を見てびっくりしました。ハワードが私を車の中に抱きかかえて入れてくれたとき、痛さのあまり身体がビクッとしました。

「あそこに行けば治療してくれますよ」と老人が道路の左方向を指差しながら教えてくれました。

「病院があるわ」と老女が言いました。

「ありがとう」とハワードが言ってドアを閉め、急いで運転席に着きます。

「ありがとう」と私はできるだけ大きな声で言いました。さよならを言おうと振り返って手を振ると、二人はさっきの踊り場の方へと歩いていき、生け垣の後ろに姿を消したのです。

「どこに行ったのかな」とハワードが言いました。

「二人はどこから来たのかしら?」と私。

グランドキャニオンでは見かけそうにない時代遅れの晴れ着を着た二人の老人。あの老人は私の手首をつかんでくれたけれど、崖の淵に立っていたはずはない。あの時点では、私はもう崖の下の方まで滑り落ちていたはずだ。彼らは渓谷の急斜面を下の方から登ってきたのかしら? それはあり得ません。

病院は二人が教えてくれた場所にありました。お医者さんや看護師さんが処置をしてくれました。傷を洗い、身体中から小石を丁寧に取り除いてくれました。潅木による擦り傷が頭、首、肩にたくさんありました。皆、信じられないという表情で首を振っていました。それは確かに私が渓谷の崖を滑り落ちたという証拠でした。

私は今でもあの年老いたカップルを、あのときのまま思い浮かべることができます。二人が私の両脇に立ってくれたあの姿。あれから、私とハワードはしばらくテキサスにいるのがいいだろうという結論を出しました。そして、結局はテキサスにずっと住むことになったのでしたが、人生に変化がなかったというわけではありません。何か不安が訪れるたびに、あのとき体験した神の力強い手を思い出すのです。

主よ、主よ、
私たちがレジャーを楽しむときも
静かに休息するときも
太陽の光り輝くひとときを

あなたとともに、あなたのために
過ごすことができますように

フランシス・リドリー・ハヴェンガル

一月のバラ

キャシー・リー・フィリップス

夫を失ったとき、私はつれあいを失い、恋人を失い、友達を失ってしまいました。わずか六年の結婚生活の後に、私は三十五歳で未亡人になってしまったのです。二人で笑いながら長く続く幸せな人生を送るはずだったのです。夫を亡くした今、未来へと続く年月は果てしのない、誰もいないハイウェイのように見えます。

最初の虚脱感の後に圧倒的な悲しみに襲われました。鬱《うつ》状態に落ち込み、それは月が変わるごとに深まっていきました。時間は傷を癒してくれるといいますが、私の場合は時間はジェリーを私から遠ざける敵でしかありません。

私は強い信仰心を持っていました。ジェリーは牧師で、私はキリスト教会の教育責任者でした。にもかかわらず、悲しみと孤独が私の信仰心を圧倒し、かつて神の中に見出していた慰めは過去のものとなってしまったのです。

ときには仕事に打ち込んで我れを忘れ、友達と夕食を楽しむこともありましたが、玄関のドアを開けて家に入った瞬間、ジェリーのいない空虚な人生を思って圧倒されてしまうのです。居間に置かれたピアノを見ては、私がピアノを弾いて歌をうたうのをこよなく愛したジェリーのことを思ってしまうのです。居間のソファーは二人で寄り添いながらテレビを一緒に見たことを思い出させるのです。夜が来ると何時間も眠ることができず、ジェリーの暖かな身体がそばにあったらいいのにと思ってしまうのです。

特別な日、バレンタイン、ジェリーの誕生日、結婚記念日は、とくに厳しいものがあります。謝肉祭やクリスマスには他の家族と一緒ですから気が紛れそうなものですが、私には何の喜びも感じられないのです。

ジェリーの一年祭が近づいていましたが、私はその日に何をするか考えたくもありませんでした。ただ普通の日だという振りをして過ごすべきだろうか？　二人の写真を見ながら、幸せだったときの思い出に浸ることにしようか？

その日、心のやすらぎを見つけることができる場所は浜辺以外にはないとついに決めました。私にとって海は常に休息とやすらぎを与えてくれる場所でした。神が創造された海の音を聞き、海を感じ、あの鼻につんと来るしょっぱい海の空気を胸に吸い込みたいと思いました。そうすれば、ひょっとしたら生きて生命ある喜びを感じられるかもしれない、再び神の存在を近くに感じられるかもしれない。

フロリダのアメリア島のホテルに予約をとりました。そこは前に一度、滞在したところです。一人で内省し、リニューアルするのに理想的な場所であるように思えました。

一月十二日の朝、ホテルの部屋で朝早く目が覚めると、一年前のあの日の記憶が洪水のようにどっと心の中に蘇ってきました。ジェリーが病院で着ていたブラウンのウォームアップスーツ。それは私からのクリスマスプレゼントでした。午後は一緒に過ごし、糊のきいたベッドに二人で座って、彼が回復する間に私と一緒に留守番をしてくれるペットを探すために、案内広告の本をめくっていました。家に帰ると、病院からの緊急電話がありました。病院までは車ですぐですが、その時間のなんと長かったこと。そして、このうえなく過酷な言葉を聞きました。「ご主人を呼び戻すことができませんでした」

アメリア島の海岸を散歩すれば頭がすっきりするだろうと思っていましたから、無理してベッドから起きあがりました。窓から外を見ると、濃い灰色の霧が立ち込めています。霧のために、海も海岸もカモメも見えません。ホテルの中庭さえぼんやりと見えるだけです。海岸の散歩は無理な話です。

ガラスのドアを開けて部屋の外にあるバルコニーに出て、デッキチェアに身を沈ませます。海岸を歩きたいと、それだけを思っていました。

デッキチェアに座って恨めしそうに濃い霧を見ていると、波がリズム正しく岸に打ち寄せる音の中で囁く声が聞こえたような気がしました。

〈水辺は見えないけれど、そこに水辺があるのをあなたは知っているよ〉。何ですって？　すると、再びその声が聞こえたのです。〈水辺は見えないけれど、そこに水辺があるのをあなたは知っているよ〉

言葉が引いて、その後の静けさの中で私は理解しました。霧のために海は見えないけれど、空気の中に海のしょっぱさを感じることができる。波の音やカモメの啼き声も聞こえる。神様も同じかもしれない。

ドアを優しくノックする音がして私の考えは中断されました。誰だろうと思いました。この島に知人はいません。ホテルのメイドさんが薄いピンクの美しいバラの花束が入ったガラスの花瓶を持って部屋に入ってきました。

「気に入っていただけるのではないかと思って」と言いながら、サイドテーブルに花瓶を置いて、バラを直しました。私は驚きのあまり声も出ません。きっとそれが表情に出たに違いありません。

「すみません。驚かせるつもりはなかったのです」と彼女は謝りました。

「そうじゃないんですよ」と私は涙を止めることができないままに言いました。

「ホテルの別な場所にこのバラはあったのですが……、うまく説明できませんが何者かが私にバラをここに持っていくようにと告げたのです」と彼女は説明しました。

私は花束をもう一度、間近に見てみました。〈不思議だわ。十二本でもなく、六本でもない……〉そこで私は彼女に、ジェリーについて、私の孤独について話したのです。この見知らぬ人に心の底まですべて打ち明けたとき、苦痛の霧が晴れていきました。

「ジェリーは特別なことがあると、私にピンクのバラをくれたものでした」と私は言いました。「ジェリーが生きていたら、今年は七年目の結婚記念日になるところだったのよ」

メイドさんは私をしっかりと抱きしめてくれました。

「まだ彼のことを思って悲しんでおられると思いますが、生命は悲しみ以上のものですからね」と彼女は約束するように言うと部屋から出て行きました。

部屋の真ん中に立って、私は花束をじっと見つめました。七本のピンクのバラです。もう一度、あの囁きが聞こえました。〈水辺は見えないけれど、そこに水辺があるのをあなたは知っている〉

神様、ジェリーがあなたと一緒にいることを教えてくださってありがとう。私はこの人生を生き続けます。七本のピンクのバラとバラの花を届ける天使さんを送ってくださってありがとう。

第23章 戦場の天使

戦争で危機に直面するとき、最も勇敢な男女といえども自分の限界に直面するものです。しかし、そのような人間の忍耐を超えるような状況においてすら、神は自らの存在を知らせてメッセージを送ってくださるのです。「勇気を持ちなさい。私があなたの心の中に授けた大きな平和を探しなさい。心の中の平和こそかけがえのないものです」

私を見守ってくれた顔

ラリー・ホーン

一九六八年、十九歳の私は衛生兵として南ベトナムのタン・アンという村の前線応急救護所に配属されていました。若さのゆえに死を怖れるという体験はまだしたことがありませんでした。しかし、それはテト攻勢によって一変することになります。テト攻勢はベトナム戦争でも最も熾烈な戦いの一つでした。

普通、衛生班は戦場で戦うことはありません。ベトナム戦争以前の戦争においては、衛生兵は非戦闘員であり、戦場で傷ついた兵士が野戦病院に運ばれる前に応急手当をするのが仕事でしたが、ベトナム戦争は別でした。そうした決まりはすべて崩壊したのです。すべての人、すべてのものが攻撃の対象でした。衛生班であろうとなかろうと、私たちは敵から身を守らなければなりませんでした。

数夜連続して、ベトコンの攻勢があるとの警報が発せられ、私たちは塹壕《ざんごう》に入っていました。しかし、来る晩も来る晩も、攻撃はありませんでした。二月二十八日、再び警報が発せられました。

「ホーンとジャコブズ、防御の位置につけ」と、私たちの上司である第一軍曹が、私と親友のビル・ジャコブズに命令を下しました。それは彼が発する最後の命令であり、ビルが聞く最後の命令でもありました。

ビルと私はM－16のライフルを持って塹壕に入りました。塹壕は地中に掘られた五フィート（約一・五メートル）四方の穴で、砂袋を四フィート積みあげて強化したものです。十分か十五分ほどおしゃべりをして、そのうちすべて異常なしの知らせが来るだろうと高《たか》を括って待っていました。

そのとき、恐ろしい音が頭上で聞こえ、ヒューッという迫撃砲の音がしたのです。突如として夜の静寂《しじま》は破られ、「敵弾だ！」という叫び声があたり一面にあがりました。最初の砲弾は私たちの塹壕から三〇メートルほどの地点にドスンと落ちて大地を揺るがしました。玉のような汗が顔を流れ落ちます。ビルと私は爆発音が近くになってくる中で、大地にひれ伏しました。再び、ヒューッという恐ろしい音がしましたが、今回は爆発音が聞こえる代わりに、目も眩むような真っ白な閃光が見えただけでした。突然、私の全身が浮きあがり、体重がなくなり、時間が止まりました。

意識を取り戻したとき、私は塹壕から数メートル離れた地点に仰向けになって横たわっていました。燃える肉と火薬の入り混じった臭いが鼻をつきます。私のライフルが迫撃砲の爆発によって生じた高熱のために、弾をポンポンと発射している音が聞こえます。周囲で死闘が繰り広げられ、迫撃砲のヒューッという音に負傷した兵士の悲鳴、死にかけている兵士の呻き声が混じり合って聞こえてきます。

どういう状況なのか、少しずつ働きはじめた頭で考えてみました。下半身には何の感覚もありません。背中は熱くべっとりとドロドロしたものの上に横たわっていますが、それは私の身体から出た血液が土と一緒になったものだということに気づきました。砂とさまざまな破片によって目が見えなくなっている私は、最後の勇気を振り絞って腰の下に手を伸ばしてみました。すると、ギザギザの折れた枝みたいなものに手が触れたのです。私は素早く両手を引っ込めて顔を覆いました。まるで救護所にやってきた負傷兵を慰めるように、自分を慰めようとしていました。

私は真っ暗闇の中に一人で横たわっています。砲弾があたり一面に炸裂し、硝煙が充満しています。口はカラカラに渇いて身体の細胞の一つひとつが水を求めています。全身が震えてどうしようもありません。私はマサチューセッツの家族のことを思いました。もう会えないのだろうか、二度と家に帰ることはないのだろうかと思っていました。

負傷していたにもかかわらず、痛みはありません。死にかけていると思ったとき、まったく心が静かになりました。しかし、救護所に配備されている戦車の音が近づいてくるのが聞こえたとき、その感情はパニックに取って代わったのでした。私は戦車が向かってくる方向のど真ん中にいるのです。

乗員に私が見えなかったらどうしよう？　手をあげて叫び声をあげようとしましたが、できません。私の頭から三メートルのところを通過した戦車は、大地を揺るがせながら地面を掘り起こすようにして土を巻きあげて戦闘体制をとりました。私は危ういところで助かったのです。

戦車による攻撃が始まって敵は撃退されました。銃撃がやんで沈黙が訪れた瞬間に、仲間の衛生兵が私のところに来てくれました。ビルは死にました。目はよく見えませんでしたが、衛生兵の表情から私の状態が相当ひどいものであることは分かります。治療室で液体を私の目にたらし、輸血のために二本の注針を入れようとしましたができませんでした。出血多量のために腕に十分に血液が循環していないのです。ヘリコプターに乗せて第24撤退者病院に運んでいくしか手はありません。

第24病院のトリアージ室は混乱の中にも秩序整然としていました。敵はその夜、数カ所の軍事施設に攻撃を加えたために多数の負傷者が出ていたのです。医師や看護師たちが瀕死の重傷を負った兵士や死にかけている兵士たちがたくさん横たわっている部屋の中を歩きまわり、助かる見込みのある兵士を見分けて治療をしています。血液と硝煙の臭いが部屋いっぱいに重く立ち込めています。私のズボンの一部はまだ燻《くすぶ》っています。これこそまさに地上の地獄です。医療班の兵士が一生懸命に私の手当てをしています。私の身体にまだこびりついている制服を切り離し、メチャメチャになっている脚に一生懸命に止血帯を巻いているのが見えます。私の存在の奥深いところから、純粋なヒステリックな感情が湧きあがってきます。それは普通の人間的な怖れでもなく、パニックでもなく、死に対して最後の闘いを挑もうとする感情のようなものだったかもしれません。

その決定的な瞬間、死と生命の淵をさまよっている私の目の前に、一人の人の顔が現われたのです。五十代の後半、あるいは六十代前半の男性の顔です。彼の目の奥には、まるで静かな宇宙が見えるようです。彼の存在はあたりの悲惨な状況をすべて締め出しています。暖かい手を安心させるように私の肩の上に下ろした彼から、次のような言葉が流れ出ました。

「君は大丈夫ですよ。これから首の両側に二本の注射針を刺すところだから、静かにしていてください」。そう言うと、彼は何も感じさせないようなやり方で私の頭を両手でつかみました。針が首に刺されてもほとんど何も感じません。私は目の前にいる穏やかな顔に完璧に見とれ、彼の顔をじっと凝視していました。

血液が私の体内に流し込まれています。一本、二本、四本……、血液が体内に入るとともに生命が蘇り、同時に痛みが戻ってきました。私は両脚の痛みに耐えかねて、コントロールできずに脚をバタバタと動かします。見知らぬ人の優しい手が私の顔をしっかりと押さえ続けています。血液を注入している針が首の血管を破ってしまうようなことがあれば、それまでです。

突然、私はパニックに襲われ叫びました。「俺は死ぬ！　俺は死ぬ！」

「いや、君は死なないよ」と男は静かな慰めに満ちた声で言いました。「私の顔を見なさい。ゆっくりと静かに息を吸って私を見なさい」

私は目を彼の顔からそらすことなく恐怖感と必死に闘っていました。顔に刻まれた細いシワは叡智と強さを象徴しているようです。目の色は完璧な春の空のように薄青く澄みきっています。髪の毛はグレーで白いものが少し混じり、短く刈り込まれていて、一センチ足らずの長さです。彼の様子はそのとき、私が必要としていたもののすべてを体現していました。保護、安心、やすらぎ……、彼から目をそらそうとしても、それは不可能でした。彼の何かが私をしっかりとコントロールしていたのです。

医師たちが輸血を十分に終えたところで、初めて手術の準備が完了しました。命が助かるのか、両脚とも助かるのかどうか、私は何も分かりませんでしたが、麻酔をかけられる前に彼が言いました。「大丈夫だよ」

確かに大丈夫だったのです。手術の四日後、第24病院の部屋の一つで目を覚ましました。腰から下には何の感覚もありませんでしたから、看護師さんが毛布を剥いで血だらけで包帯を巻かれた脚を見たときには実にほっとしました。青く腫れあがった足の指よりも美しいものはないと感じたほどです。すぐに脚にも感覚が戻り、同時に強烈な痛みも戻りました。

トリアージのときに私を見守り導いてくれた男性にぜひ会ってお礼を言いたいと思いました。しかし、私が描写した風貌に合う人はいないと看護師さんたちは言います。病院すべてのスタッフで四十歳以上の人は一人もいないというのです。まして白髪の人など一人もいないというのです。牧師さんに会って探してくれるように依頼しましたが、彼も同じ知らせを持って帰ってきました。そういう人はいなかったのです。

「それでは、私は誰に会ったというのですか？　何を見たというのですか？」

「ラリー、私は知らないけれども、名前をつけたいというなら神様の顔を見たということじゃないでしょうか」と牧師さんは言いました。

私はそれ以来、長い年月が経過する中でいろいろと考えてきました。私が神の顔を直接見たのではないと思いますが、天国と地上の間を往き来する存在たちがいて、そういう存在の目の中で神の顔を見せられた、私はそういう体験をしたのではないかと思っています。

真実の告白

ポール・カランティ

私は、アメリカの戦争捕虜たちが「ハノイ・ヒルトン」とあだ名をつけている暖房のない尋問室の木の腰掛けにロープで括りつけられていました。背後で手を縛りつけているロープが手に食い込みます。身体の前方一メートルぐらいのところに、水っぽいお粥《かゆ》が入った錆びたブリキの缶が置いてあります。拷問と尋問が始まって今日が十日目です。

一九六九年の一月、その時点で私は北ベトナムの捕虜となって二年半が経過していました。九十七番目の戦闘出撃で撃墜されて捕虜となっていました。破損して飛べなくなってしまった愛機、ネイビー・スカイホーク爆撃戦闘機からパラシュートで脱出した私は、降下中に敵の銃弾を首に受けました。私は捕えられハノイの捕虜収容所まで十二日間、歩かされたのでした。収容所で私を〝解体する〟プロセスが開始されたのです。それはアメリカ人のすべての戦争捕虜に対してなされたことですが、〝戦争犯罪〟を告白する書類に署名をさせるためのプロセスでした。

私は薄汚い、凍えるような寒さの部屋の中でブリキの器に目をやりました。部屋にいるネズミも見ています。ブリキの缶に入ったお粥を食べるには、椅子を揺すって前方に倒れなければなりません。それから、飢えた動物のように一日に一回だけ与えられるこの食べ物を膝の上に乗せて食べるのです。外にいる看守が部屋に入ってきて早く元の位置に直してくれることを祈ります。さもないと、ネズミたちが私の顎についているお粥を食べに来るからです。

しかし、こういう時間は息抜きです。まもなく拷問が始まるでしょう。拷問は一度に何時間も続くこともあります。彼らはロープを使って私の手足をプレッツェル（紐を結んだ形のカリッとしたビスケット）のような形にして、ロープを締めあげると、その痛みは耐え難いものとなり、意識される唯一の現実は痛みだけという状態になります。意識が朦朧《もうろう》としてくると、拷問者に罵声を浴びせかけられ、平手打ちを食らい、また、その現実へと引き戻されます。

ある意味でもっとひどいのは、尋問と尋問の間の時間です。薄汚い独房へと引きずられて戻り、世界から見放されたような生活をしなければなりません。仲間の捕虜と話すことは禁じられ、時々、囁き合い、壁を叩く秘密のコードでコミュニケーションを図ることができるだけです。

毎日がほとんど沈黙の中で過ぎてゆきます。正気を保つために、戦争が終わって解放されたら開始するビジネスプランを、これ以上は不可能という程度まで綿密に練りあげることに何時間も費やしたものです。ときには、私たちが「ハノイ・レーシング・スパイダー」と呼んでいた大きな毛むくじゃらのクモを観察したものです。このクモはネズミを追い払う能力すら持っていて、ひび割れの入った壁を走り抜けるトカゲを捕まえては貪り食らうのでした。

私はお粥から目を離すことができません。この尋問室でまもなく始まる野蛮な拷問に耐え抜くためには、このわずかな栄養が必要なことを自覚していました。しかし、椅子と一緒に倒れ込んで、ブリキの器を膝の上に乗せて食べるだけの力が出ないのです。私はその力を出すために祈りました。〈神様……〉

ハノイ・ヒルトンに入ると、私のような似非《えせ》の宗教心しか持たない男ですら、規則的に祈りを捧げるようになります。私は数多くの勲章を与えられた空軍大佐の息子で、世界中にある基地の宗派を超えた教会の礼拝にずっと出席してきました。しかし、信仰は私にとってたいした意味はありませんでした。戦闘爆撃機のパイロットが惹起する、タフで女の子を追いまわしているようなライフスタイルに、より関心があったのです。フィリスと結婚してからはそれほどでもなくなりましたが、それでも、宗教は日曜日の午前中だけといった感じに過ぎませんでした。

しかし、ハノイ・ヒルトンの日曜日の朝、私はついに信仰との深い絆を築くことができたのです。捕虜の誰一人として、神に背を向ける余裕などありませんでした。独房の壁が三回、意図的にドスンドスンと叩かれると、私たちは皆、独房の中に立って神への礼拝が始まるのです。それぞれの独房の中で、「主の祈り」を唱え、「忠誠の誓い」（米国民の自国に対する忠誠心を表わす厳粛な誓い）を唱えるのです。すると独房の外の細い通路に私たちの声が入り混じって響きます。

今、拷問者が戻ってくるのを待っている間に、汚いブリキの器の中に入っている冷たい薄粥でも食欲が出ますようにと思いながら、もし神様の助けがあったとしても、もうこれ以上、やっていけないと感じていました。力は失せ、打ちのめされていました。彼らが強要している自白に署名するつもりはまったくありませんが、これ以上、苦しみに耐える自信がありません。食べても何の意味もありません。いずれ死ぬのですから。肉体も心もボロボロで、それは決して苦痛だけが原因ではなく、生きる意味の喪失といったものが根本にあるのでした。生き続けることそのものが犯罪である、そのように感じられる段階にいたのです。食べるのはよそう。食べずに死のう。

椅子の上でぐったりしながらスピリチュアルな意味でも心理的にも王手をかけられたその瞬間に、私は強烈な体験をしたのです。その体験は今に至るまで、私の人生に深い影響を及ぼしています。

私は突然、この荒涼たる部屋の中にいるのは自分だけではないということを極めて明瞭に感知したのです。苦しみのヴェールが取り除かれ、私の傍らに立っている人物の姿をはっきりと見たのです。彼は、私がこれまでに見た地上のいかなる衣服よりも鮮やかな真っ白なガウンを身に着けていました。彼の容貌ははっきり見えませんでしたが、顎ひげを生やしていることは分かります。それから、彼は言ったのです。

「ポール、あなたは大丈夫ですよ。私が常にあなたと一緒にいますからね」。私は全存在をかけて彼の声に耳を傾けました。

私は縛られたままでしたが、突然、解放感が訪れたのです。絶望の炎は慰めと確信によって消されてしまったのです。その言葉は、キリストの言葉が天使を通して伝えられたものであることを私は知っていました。生命を司るのはキリストのみであり、キリストとともにあればいかなる苦しみにも耐え、いかなる苦痛も癒されると彼は言ったのです。

突然、彼の姿は消えました。そして目の前には、粗末な食べ物があるだけです。しかし、その食べ物が物凄いご馳走のように私を招いています。私は椅子を倒して倒れ込み、感謝しながら食べたのでした。

そのときの尋問はそれから二週間続きました。そしてハノイ・ヒルトンでの捕虜生活はそれから四年間続きましたが、私はそれに耐えました。

一九七三年、私はついに我が家に帰ることができ、長い孤独な時間を潰すために考え尽くしたビジネスの計画を実行に移すことができました。あの日、天使が私にメッセージをもたらしてくれ、それによって私の生命は救われました。その日、私は本当の自白をしたのです。それは信仰の告白でした。私の生命は一度救われただけでなく、永遠に救われたのでした。

第24章

特別な物語の天使

本書に述べられている実話のどれ一つをとっても、ありきたりの話ではありません。しかし、待ってください。ここで二つのとっておきの話を紹介しましょう。信じられないほどに危険な状況においても、神の守護は顕現することを実証しているエピソードです。覚悟はいいですか？

目に見えない守護

アマンダ・プロクター（仮名）

最初に申しあげておきますが、カールは現在、家庭内暴力治療センターで専門家による治療を受けているところです。彼が回復するチャンスを減じないために、彼のアイデンティティーが分からないようにさせていただきました。名前を変え、場所を変えてあります。それ以外のことについては、一九九四年五月十日の夜に起こったことを、すべてありのままに書きます。

カール・ブロダリックと彼の奥さんのマリーは、テキサス州ルボックの町はずれにある私の家の大家さんであり、同時にお隣りさんでした。私たちが共有しているものといえば、家の駐車場に至る私道ぐらいのものでした。私は一九八七年型のプリモス・ヴォイジャーを運転していましたが、カールの車はブロンコの新車、奥さんはといえばシルバーのキャデラックでした。彼らの家は大きく、私の家は小さいものでした。彼らは猫が好きで、私には犬がいました。ジャーマン・シェパードの雑種で、彼の性格を正確に表わしているから、というよりは願いを込めて「セイント」（聖人）という名前がつけられていました。

共通点はほとんどない私たちでしたから、彼らの貸家に引っ越すとすぐにマリーと気が合って友達になれたのには驚きでした。マリーは荷物を解いたり、バンガローの三つの部屋に家具を配置する手伝いをしてくれ、セイントが道路に出ないように庭のフェンスの修理まで手伝ってくれたのです。前の間借人が窓に打ちつけておいたベニヤ板を取る手伝いもしてくれました。

「どうして板なんか打ちつけたのかしら？」と私が聞きました。

「電話だわ」と言ってマリーは急いで出て行きましたが、電話は鳴っていません。前の人は車が怖かったから窓に板を打ちつけたのかしらと私は思いました。

引っ越してから七カ月ほどたったときです。台所にいると、カールが怒って怒鳴っている声が聞こえてきました。それから沈黙があり、また怒鳴り声が聞こえました。数分して、マリーがグレーになりかけている髪の毛を振り乱しながら、私道を走ってきました。

「少し口論をしたのよ」と彼女は言いましたが、泣いていたようでした。カールに殴られたのかと聞くと、そんなことないと否定しましたが、私は怪しいと思いました。

ポール・ベイリーとマシュー・ネルソンはマリーが子どもの頃からの友達で、マリーの夫の行動について心配し、マリーの身を案じていました。ポールはすぐ近くに住んでいて、とても小柄で、左の耳にイヤリングをしていて、どんな問題でもすぐに解決しようとする行動派でした。ルボックに妻と一緒に住んでいるマシューは優しい、がっちりとした体つきの、長距離トラックの運転手でした。私は二人とも好きでしたが、セイントは違いました。セイントはマシューが気に入らないのです。不思議なことに、身体の大きいマシューは犬を怖れていました。犬にはそれが分かりますから、マシューが家の敷地に入ると、首の毛は逆立ち、物凄い声で吠え出すのです。それは〝マシューのためだけの鳴き声〟で、人を歓迎する喜びの声ではなく、低音の、半分唸り声のような吠え方です。

一九九四年五月十日、夜八時頃、例のカールが怒鳴ってマリーが避難してきた出来事の三週間ぐらい後のことだったと思います。ルボックで医療技術士としての仕事を終えて車で家に向かっていると、暗闇に覆われはじめたハイウェイをマリーが私の方に向かって走ってくるのを見て驚いてしまいました。道路脇に車を停めると、マリーが転げるように車の中に入ってきました。ブラウスは裂け、髪の毛は乱れ、顔と手に血がついています。

「カールが狂ってしまった！」とマリーはすすり泣きました。「私を殴って、キャデラックも壊してしまったのよ」

マリーは打ち明けてくれました。カールのアルコールと麻薬の習癖が、またぶり返したのです。そのことをマリーが責めると、カールはマリーを小突きはじめました。マリーは外に逃げ出してキャデラックの中に入りました。カールは車のドアをこじ開けて、マリーの髪の毛を持って車から引っ張り出し、地面に投げつけました。それから、キャデラックを運転してガレージの側壁を破って出ようとしました。カールが車のへこんだドアを開けようともがいている間に、マリーは道路へと逃げ出したのです。側溝に身を潜めていると、カールのブロンコがガレージから出てきて西の方向に走っていくのが見えたのでした。

私はすぐに警察に行くべきだと思いましたが、マリーは世間の人に知られたくないと言って、家まで車で連れていってくれるようにと私に頼んだのです。カールが戻ってくる前に、ちょっとした荷物をまとめて安全な場所に避難するというのです。

不承不承、カールが戻ってこないかどうか用心しながら私道に入りました。ガレージの木の側壁が破れて、シルバーのキャデラックの後部バンパーが突き出ているのが見えます。マリーは家の中に駆け込みました。一泊するために必要なものを詰め込んだバッグを抱えて出てきたマリーは、マシューの奥さんのところに電話をしたら、今夜、泊まるように誘ってくれ、マシューが仕事から帰り次第、迎えにきてくれることになったと言いました。

マリーは近くに住むポールにも連絡をして、マシューを待っている間、一緒に私の家にいてくれるようにと頼んだということでした。ポールはすぐにやってきて、「カールの銃はどこだ？」と聞きました。マリーは家の中に走っていきましたが、出てきた彼女の顔は真っ青でした。銃がなくなっているのです。

「アマンダ、君の家に行こう。君の家でマシューを待とう」とポールが言いました。

ドアの鍵を開けて真っ暗な家に入ると、セイントが歓迎して吠えました。安心のために三つの部屋を一つひとつ点検して明かりをつけます。マリーが私のすぐ後ろをついてきます。

彼らが見えたのはまずベッドルームからでした。

「見て！」と私はマリーに囁きました。

家の外にあるフェンスのまわりに、肩と肩を寄せ合って何十人もの壮大な光を放つ存在たちが立っているのです。背の高さは七メートル、いや、それ以上あるかもしれません。まるで身体が光でできているみたいに、暗闇迫る夜空を背景にして光を放ちながら立っているのです。背中を私たちに向け、外側を向いて立っています。それぞれが盾を持ち、傍らに長い槍を持っています。奇妙なことに、彼らを見ても私はまったく驚きませんでした。彼らがそこにいることが正しいことであり、自然なことのように思えました。

「何を見ろというの？」とマリーが聞きました。

「この人たちよ……、天使かな、何て言ったらいいか。マリー、百人ぐらいいるのよ」

マリーは窓に近づいて、外を見て言いました。「あなた、大丈夫？　外になんて誰もいないわよ」。彼女は私の腕をとって台所に連れていきました。

「アマンダは庭に天使が来ているって言うのよ」とポールに言いました。

ポールはキッチンの窓から外を見て、それから私を見て「そう」と言いました。「ここには椅子が二つしかないな」と、話題を変えることができてよかったという調子で言いました。居間からロッキングチェアを持ってきました。

外は真っ暗でした。九時になりましたが、マシューは来ません。それから、九時十五分になると、セイントがマシューだけのための鳴き声で吠えました。

「彼が来たわ」と言って私は立ちあがり、セイントの首輪をつかみました。「静かに！」とセイントに言いましたが、低く唸り続けます。

私はドアに行こうとしましたが、「誰か分かるまでドアを開けてはだめだ」とポールが警告しました。窓に行って外を見ると、輝く存在たちがフェンスの外に立っているのが見えますが、ほかには誰も見えません。

「どうして吠えるのかな?」とポールが言いました。

「分からないわ。外には誰もいない……、彼ら以外はね」と私は言いました。

「天使たちはいるの?」とポールが聞きました。

さらに四十五分がたち、十時になりました。私は二つ目のポットのコーヒーを作りました。

「マリー、僕が車でマシューの家に連れていくよ」とポールが言いましたが、マリーはマシューはもうすぐ来るからと、言うことをききません。

すると、またセイントの首筋の毛が立って、例のように吠えはじめたので、大男のマシューがドアをノックするのを待ちましたが、いっこうにマシューは現われません。十時四十五分にセイントは同じことを繰り返しました。

「セイントがああいう具合に吠えるのは、マシューに対してだけだって君は言うけど、マシューはいないじゃないか。本当はカールが戻って外にいるんじゃないか?」とポールが言いました。

「セイントはカールには決して吠えないわ」と私は強く言いました。

十一時半にマリーもついに降参して、ポールの家に行くことに同意しました。ポールの家の居間にはソファーベッドがあります。私も来るようにと言われましたが、マシューが来るかもしれないので、私はここに残った方がいいと思いました。

ポールが外を見て聞きました。「彼らはまだいるの？」

「いるわ。私もこんなに安全だって感じたことはないわ」と私は答えました。

ポールとマリーが去った後、私はコーヒーカップを洗い、ロッキングチェアを居間に戻してベッドに入りました。目を閉じて神様に感謝しました。私たちを守るために天使を送ってくださってありがとうと感謝したのです。それから明かりを消してすぐに眠りに就きました。

翌朝、私は窓から外を見て光の存在たちがまだいるかどうか確認しました。フェンスの角にそれぞれ一人ずつ立っていて、全部で四人しかいません。〈もう軍団は必要なくなったのかな〉と私は思いました。

ポールから電話が来ました。カールは戻っていないと話すと、ポールがマリーを連れてすぐにやってきました。

「あなたの天使さんたちは、きょうはどうですか？」とポールが笑いながら聞きました。

私は「まだ四人いて、ガードしている」と言いました。

するとポールは「そうだろうね」と応じました。

十時頃、セイントが再び唸りはじめました。間違いなくマシューに対する唸り声です。確かに、玄関の方に歩いてくるマシューの姿がキッチンの窓から見えました。犬を寝室に入れて、三人でマシューを迎えに玄関に出ます。

「夕べ、どこに行ってたの？」とポールが答えを求めました。

「俺がどこに行ったかだって？　君たちこそ、どこにいたんだい？」とマシューが言いました。

「ここにいたさ」とポールが言うと、マシューは笑って言いました。

「いや、いなかったよ。俺は夕べ、三回ここに来たんだよ。誰もいなかった。犬が大騒ぎしていただけだよ」

ポールはどかっとソファーに腰を落とし、マシューの話をあっけにとられて聞いたのでした。マシューはだいたい四十五分おきに来たというのです。

「そういえば、君たちの車はあったよ。考えてみれば変な話だ……。中に入ったりしたらセイントに食われちゃいそうだから、家のまわりを歩きまわって窓から中を覗き込んだよ。そしたら、ロッキングチェアがキッチンにあるのが見えたよ」と彼は言い、不思議そうな顔で続けました。「しかし誰もいなかったよ。もし、みんながここにいたと言うなら、透明人間みたいに見えなかったんだ」

私は彼をじっと見ながら言いました。「だとすれば、あなたも透明人間みたいに見えなかったのよ。私たちにもあなたは見えなかったし、何も聞こえなかったのよ」「しかし、カールがもしどこかにいたとしたら……」とマリーが言いました。

「そして俺たちがマシューを家の中に入れるためにドアを開けていたら……」。私たち四人は五月の朝の明るい陽光の中で思わず目をしばたかせながら座っていました。なんという保護のヴェールがこの家のまわりにかけられていたのでしょう。フェンスのまわりに立っていた天使たちの話をマシューにしたのはポールでした。

理解できないことがたくさんありました。むしろ、理解すべきものではないのかもしれません。あの夜、暗闇の中にどんな危険が潜んでいたのか、今の私たちには知る由もありません。カールはアルコールと麻薬のため、あの夜のことは何も覚えていないと言います。

しかし、その邪悪なものが何であったにせよ、私たちを見つけることができなかったのです。数多くの光の存在たちが、私たちを目に見えない存在にしてくれたのです。

そんな犬はいないよ

カーター・アレン

一月の初めだったと思います。その夜、ガールフレンドのドーンと私は遅くまで外出をしていました。車に乗って家路につく頃には雪が激しく降っていて、そこからだいたい一六キロ離れたところにある私の母の家まで行くことにしました。私はゆっくりと車を走らせ、小型自動車のヘッドライトが降りしきる雪の中に白いトンネルを穿ちながら進んでいきます。

午前一時半頃、町を出発して三十分たっていましたが、ミネソタ州北部の町、ウォーカーに近い田舎に住む母の家につながる道に入りました。母の家まで約三キロあるこの側道には住居は二軒しかなく、誰がこの道を通るか母はすべて知っていました。

その頃までには雪は猛吹雪となって荒れ狂っていました。フロントガラスのワイパーは、窓に積もる雪に抗議するかのように呻き声を立てながら動いています。吹きだまりが道路を覆い、私は車をゆっくりと走らせ、ギアもローにしました。ドーンが事の重大さにハラハラしているのを見て、私は言いました。

「心配しないで。大丈夫だよ」。そう言った直後、雪でまったく見えなくなっていたくぼみに車が突っ込んでしまいました。車は横に傾いてしまいました。

「つかまっていて」と言いながらアクセルを踏みましたが、車輪が空回りするばかりです。

「どうするの?」とドーンが囁くように言いました。

「スコップで雪を掘って脱出するしかないよ」と私は言って、後部座席の床に手を伸ばしました。あるものといえばスノーブラシだけ。ドーンと私は車から出て、彼女はブラシを使い、私は手でタイヤのまわりの雪を除けようとします。しかし、いくら雪を取り除いても、すぐにまた雪が容赦なく埋めていきます。

私たちは絶望し、互いに顔を見合わせました。風の冷却効果も計算すれば、気温は零下になっているに違いありません。強い風が、道路脇の平らな畑の上を悲鳴をあげるように吹いています。私たちが身に着けているテニスシューズやセーターではどうにもなりません。暖をとるために車に戻ってエンジンをかけましたが、エンジンも十五分すると止まってしまいました。

「排気口が雪で塞がれているからだ」と私はため息をつきながら言いました。私たちは少しの間、静かに座っていました。ヒューヒューと鳴る風があらゆるすき間から入ろうとします。厚い霜がフロントガラスにつきはじめました。

〈考えるんだ〉と私は自分に言い聞かせました。母の家まで、まだ三キロは十分にある。この悪天候で歩くには遠すぎる。

「一キロぐらい戻ったところにあったあの家を覚えている?」と私はドーンに聞いてみました。彼女が頷くのを見ながら、「あそこの人に助けてもらえるかもしれないね」と言いました。

「そうね、それ以外、方法がないみたい。行きましょう。行ってみる価値があるわ」と彼女も同意しました。

私たちは再び吹雪の中に足を踏み出しました。吹雪というよりも、ホワイトアウト（吹雪のために、何も見えない状態）です。私たちは膝まである雪の中をその家に向かって歩き出しました。十メートルほど行ったところで振り返ってみると、ドーンが見えません。視界は一メートル足らずしかありません。「ドーン！」と私は呼びかけました。「聞こえるかい？」。雪についた足跡を辿って戻っていくと、ドーンを見つけることができました。ドーンは意識が朦朧《もうろう》としているようです。

「あなたのすぐ後ろにいると思っていたのだけれど」と彼女は言いました。

彼女には無理だと私は判断して、車まで連れていって車の中に落ち着いたのを見届けてから、できるかぎりのスピードであの家に向かって歩き出しました。

やっとのことでその家の玄関に着きましたが、明かりはついていません。ドアをドンドン叩くと、しばらくして玄関の明かりがついて、男の人がドアを開けるのが見えました。

「こんな時間に起こしてすみません」と私は切り出しました。「車が溝にはまってしまって、ガールフレンドと私の二人なのですが……」

男は表情を変えることもなく、「助けることはできません」と言いました。彼はドアを閉めようとしました。見れば老人で、若者を家の中に入れることを怖れているようです。しかし、私も必死で頼みました。

「お願いします。電話をお借りできればいいのです」

「電話はないよ」と彼は言いました。「車は故障しているし、助けることはできないよ」。彼はドアを閉め、明かりを消しました。

〈いったい、どうしたらいいだろう？〉。車に向かって歩きましたが、思わず流れ出た涙は頬で凍りついてしまいました。荒れ狂う吹雪に向かって全身を緊張させて歩き続けましたが、一歩、歩くごとに身体の力が抜けていくような感じです。よろめきながら歩いていましたが、おぼろげに何かが後ろをついてくる気配を感じていました。しかし、疲れきって痛いほどの寒さの中で、足を一歩ずつ前に踏み出す以外のことは何もできません。後ろを振り返って何がついてくるのか確かめるだけのエネルギーも残っていなかったのです。くたくたに疲れた私は、これはあまりにも厳しすぎると思い、「神様、いま私たちを助けることができるのはあなただけです」と言いました。

その後、意識は真っ暗闇の谷底に落ち、雪の吹きだまりの中へと倒れ込みました。気がつくと、ゴワゴワした毛がいっぱい生えたものが私をまるで毛布のように覆っているのです。〈いったい、何だろう？〉と私は思いました。何か非常に巨大な犬のような動物が私の上に横になっているのです。

「いい子だね」と動物の首の下のゴワゴワした毛を両手で撫でながら私は言いました。〈野生だろうか？〉と思いました。飼い犬であれば、こんな天候のときに外に出ているはずはありません。私は動物の目をじっと見つめました。私を助けたいと思っている気持ちが伝わってきました。まるで、なぜ私たちがこういう出会いをしているのか理解しているようなのです。

私は彼の厚い毛に顔を埋めて、彼の体温で温まった息を吸い込みました。犬は立ちあがりました。〈なんという見事な動物だろう！〉と私は思いました。こんな種類の犬は見たことがありません。私は新しい力が漲《みなぎ》ってくるのを感じながら、立ちあがって車の方に向かいました。その犬が私と一緒に来ることを半ば期待していましたが振り返るとその姿は見えません。私を助けてくれた真っ黒な犬は吹雪の中に姿を消してしまったのです。車に戻ると、ドーンが震えていました。

「あの家では助けてもらえなかったよ」と彼女に言い、それから話を続けました。「だけど、帰る途中に信じられないことが起こったんだ」

私たちは車の後部座席で一緒に身を寄せ合って暖をとりました。それから、私は不思議な黒犬との出会いについて話したのです。

「どんな感じの犬だった？　美しい犬だった？」とドーンが聞きました。

私は犬との出会いを詳細に至るまで丁寧に話して、話がなるべく長く続くようにしました。この話をしているだけで身体が温まるような感じがして、ドーンも私の両腕の中でリラックスしているのが感じられました。

朝の陽射しが雪で覆われた車の窓越しに差し込んできたとき、除雪車の大きな音が聞こえたかと思うと、誰かが窓を叩きました。親切な人で、車で母のところまで連れていってくれたのでした。

「あの吹雪の中、ずっと外にいたの？　きっと神様が見守っていてくださったのでしょうね」と母が言いました。

私の命を助けてくれた黒い犬の話を母にすると、母はそんなことはないという顔をして、「この道路界隈のことは何でも知っているけど、このあたりに、そんな犬はいないよ」と言いました。それから、母は目を大きくして言ったのです。「だけど、私は黒い狼がそのあたりを徘徊しているのを二度、見たことがあるわ」

そこで母は話をやめましたが、母も私もそのとき理解したのです。犬、狼、どちらにしても、それはただ徘徊していたのではなく、神様によって派遣されたのだということを。

第25章

庭に現われた天使

オクラホマ市の爆破事件はコニーとアート・スミスの人生に劇的な変化をもたらしましたが、神のメッセンジャーとの出会いによって、彼らの信仰と結婚は新しい目で見直すことを促されました。家の庭でそのメッセンジャーとの出会いがあったのです。エリザベス・パーディーはある九月の午後、家の窓の外を見てあっと驚きました。

読者のあなたにもそういうことが起こるかもしれません。明日にでも、ちょっと気をつけて家の外を見渡してください。あなたの家の外にどのような喜びを神様が用意してくださったか、チェックしてみてください。

芝生の成長が止まったとき

コニー・リン・スミス

六月だというのになんて暑いのでしょうと思いながら、私は家の庭に立っていました。新しい表土を運んできてくれることになっているトラックがそろそろ着く頃だと道路の方を見ていました。運転手から正午に電話があって、カンザス市の郊外にある私たちの家の道順を聞いてきました。三十分後にもう一度、電話がありました。それで夫のアートが、「そこで待っていてください。私がすぐに迎えに行きましょう」と言って出ていったのです。

その時点まで、私たちの人生はすべてが狂ってしまった状態が一年以上も続いていました。問題は一九九五年の四月十九日に始まりました。その日、オクラホマ市の連邦政府の建物が爆破されたのです。犠牲者の中にはアートの弟であるマイクも含まれていました。マイクには三人の子どもがいましたが、皆、十代の若者で、彼らはその一年前にすでに母親を亡くしていたのです。

マイクの葬儀の後、アートは三人の子どもたちの法律上の保護者に任命されました。マイクの長女は十七歳で、オクラホマ市の友人の家に住むことを希望し、二人の男の子たちはカンザス市の私たちと住むことになりました。それからの九カ月は医師、セラピスト、弁護士、非行問題の関係者が、入れ代わり立ち代り、家にやってきました。男の子たちのためにできることはすべてやりました。

ついに、カウンセラーが子どもたちはオクラホマ市に戻った方がよいだろうという結論を出したのです。オクラホマ市では爆破事件で親を亡くした子どもたちの特別なプログラムなども用意されていました。

アートも私も限界でした。アートはオクラホマ市に何度も行かなければならず、仕事もそのたびに休まなければなりませんでした。それによって私たちは相当な借金をしていました。アートはマイクの子どもたちの保護者としての義務を果たす中で、自分の弟の死を悲しむ暇もありませんでした。私はといえば、深刻な耳の病気に罹ってしまいました。

私たちの結婚は岩のようにしっかりとしたものだといつも思っていましたが、この一年の出来事のストレスのために、私たちはいつも口論するようになってしまったのです。二人の人生で初めて、お互いに心のやすらぎを失っていました。

それとともに庭の芝生が枯れてしまったのです。大災害というわけではありませんでしたが、私たちにとっては、これでもかという最後の一撃でした。水をやり、種を蒔き、肥料も与えました。それでも芝生は蘇《よみがえ》らず、最後の手段として、新しい芝土を盛る方法が残されていました。しかし、最初に低いところに表土を置く必要がありました。私はその日、表土の到着を待ちながら祈りました。〈神様、どうぞこれを、アートと私の再出発の日にしてくださいますように〉

ついにアートの車が角を回って姿を見せ、続いて表土を載せたトラックがガタガタと音を立てながらやってきました。トラックが停まって、明るい感じの人が降りてきました。

「コーキーです」と彼はニコニコしながら私に挨拶しました。コーキーは額の汗をハンカチで拭って、奥さんのトルーディーと、天使のようにポチャポチャして愛らしい息子さんのジェームズを紹介してくれました。それから、大人四人で表土をトラックから降ろす作業を開始しました。

うだるように暑い日でしたが、コーキーは仕事を楽しくするコツのようなものを身につけていました。スコップに寄りかかりながら、庭に置いてあるメアリーの彫像を見て言いました。

「キリスト教徒なのですね？」。私が頷くと、「私たちもそうです。プロテスタントですよ」と言いました。

その瞬間、アートと私が信仰に対する毎日のコミットメントを怠っていたことに気づいたのです。いろいろな問題に気をとられているうちに、神様との関係を蔑《ないがし》ろにしてしまったことに気づいたのです。汗をかきながらの仕事が終わったところで、玄関先に座り、みんなでアイスティーとレモネードを楽しみました。トルーディーが言うには、最近、アトランタからカンザス市に引っ越したばかりで、やっと落ち着きかけたところだということでした。

私たちのことを話すと、「神様を信頼することですね。神様が助けてくれますよ」とコーキーが言いながらアートを見て、それから私の方に目をやって言いました。「あなた方はお互いに頼り合えるようなご夫婦でしょう」

私は手を伸ばしてアートの手を軽く叩きました。アートが微笑みながら言いました。「その通りです」

その瞬間、私たちが十九年間分かち合ってきた親密な関係が一〇〇パーセント戻ってきたのです。このまま、玄関先での休憩が終わってほしくないと思いました。コーキーと彼の家族と一緒にいると、私たちのいろいろな心配事が消えてなくなっていくようでした。

「どうぞ、夕食を召しあがっていってください」と私が言いました。

「ありがとう。でも、残念ながら無理なんです。トラックを返却しなければならないもので」とコーキーが答えました。トルーディーも立ちあがり、私と抱き合いました。

「信仰を忘れないでね」と彼女が囁きました。

私はポンコツのトラックがガタゴトと音を立てながら角を曲がって姿を消すのを見守りました。アートと私は大きな肩の荷物が下りたように感じました。

「天使たちだって、これ以上の仕事はできないよね」とアートは言ったものです。

この訪問をきっかけにして私たちの結婚生活は蘇り、信仰もさらに強いものとなったのでした。借金の多くも災害救済事業のお陰で返却することができました。アートの姪と甥たちは今も悲しみを克服しようと努力しています。アートもついに弟の死を悲しむ時間を持つことができました。今ではアメリカ中の人びとが私たちのために祈ってくれたことに感謝しています。

庭の芝生がどうなったかですって？　今はゴルフコースの芝生と同じくらい青々としています。あのとき、届けられた表土には何か特別な力があるようでした。

アンバーの天使たち

エリザベス・D・パーディー

バスが通る主要な道路から、私たちが借りたばかりの家までは約一・六キロありました。その道は曲がりくねりながら丘を登り、小川を渡り、家畜脱出防止溝を通って家の玄関先まで続いているのです。途中にある大邸宅は人が住んでおらず、草木に飲み込まれてしまいそうに見えます。一四〇エーカー（約九万八千坪）もあるこの敷地は長いあいだ手入れがされておらず荒れていましたが、この農園のマネージャーの家だった建物をただ同然で借りることができたのもそのためでした。私は誰にも邪魔されることのない静けさが大好きでした。三人の小さな子どもがいましたが、生まれたばかりの赤ちゃんと、十八カ月の赤ちゃん、そして三歳の子どもたちは、こういう場所に引っ越したからといって、静かになることはありません。しかし、六歳のアンバーにとっては難しいことになるかもしれないと心配でした。アンバーは秋から幼稚園に入ることになっていました。

ありがたいほど安い家賃でしたが、それでも生活は大変でした。夫は建築関係の細々とした作業の仕事を見つけては、一週間に六十時間も働いていました。夜、仕事をすることも多く、週末ですら働くことがありました。そして私は三人の子どもたちの世話に、少なくともそれと同じくらいの時間をかけなければなりません。アンバーは喜んで私の手伝いをしてくれるので大助かりです。小さなお母さん役をするのが大好きなのです。独立心旺盛で、自分のことは自分でやってくれます。でも私は心配でした。何しろ六歳の子どもですから、誰かが彼女の面倒を見てあげなければかわいそうです。

幼稚園に入る手続きをしたとき、アンバーは大喜びでしたが、幼稚園でずっと一日過ごすことになれば、私は一緒にいる時間が少なくなってしまうと思いました。

入園の日、アンバーは赤い縞のスカートをはいて、階段をトントンと元気よく降りてきました。細い茶色の髪の毛が顔のまわりに渦を巻いて、大きな黒い瞳を引き立たせています。アンバーは私が三人の赤ちゃんたちを車に乗せている間、辛抱強く待っていました。

朝は車に乗せて主要道路の郵便ポストのところまでアンバーを送っていき、スクールバスを待つことができます。しかし、アンバーが幼稚園から帰ってくる午後には、昼寝をしている赤ん坊を置き去りにするわけにはいきません。バスから降りたら一・六キロも一人で歩いて家まで帰らなければならないことを、アンバーも納得しました。スクールバスが近づいてきました。

「アンバー、玄関で帰りを待っているからね」と私は言って、アンバーにキスをして抱きしめました。アンバーはバスに乗って手を振り、徐々にバスは見えなくなりました。

その日一日、私はアンバーが小さな机に座って、ぬり絵をしたり、アルファベットを朗誦したり、新しい友達と遊んでいる姿を想像していました。〈アンバーは大丈夫だわ〉と私は自分に言い聞かせました。しかし、午後になって玄関先に立ったとき、ずっと離れた小高い丘を赤い小さな点が全速力で走ってくるのを見てハッとしました。小さな脚を一生懸命に動かしながら、雑草が覆いかぶさっている道を走ってきます。近づくにつれて、泣きじゃくっているのが聞こえます。アンバーの目は恐怖で大きく見開いています。

「アンバー、ママはここにいるわよ！」。私は彼女に向かって庭を駆け抜けながら叫びました。

「ママ！」とアンバーは泣き叫びながら、私の腕の中に身体を投げ出しました。「一人で歩いて帰るなんてできないよ」と息を詰まらせて言いました。私はアンバーが落ち着くまで抱きしめ、髪の毛を撫でていました。顔には涙の筋ができ、片方の靴下はくるぶしのところまでずり落ちています。

その夜、子どもたちに『旧約聖書』の一節を読んだとき、勇気と守護についての文章を選びました。それから赤ちゃんたちを寝かしつけた後、アンバーのベッドの端に座って話しました。

「一人で歩いて帰るのは怖いかもしれないよね」。アンバーを毛布で包んであげながら続けました。「でもね、神様があなたのことを見守っているのよ。ママだって見守っているしね」。アンバーはこっくりとうなずいて、私は額にキスをして明かりを消したのです。

翌朝、スクールバスが迎えにくるところまでアンバーを送っていき、アンバーに言いました。

「忘れないでね、家の玄関先でママは待っているからね」

すでに一度、歩いて帰ってきたので、今日はそれほど怖いと思わないかもしれないと期待していました。

しかし、その日の三時頃に玄関のドアを開けると、アンバーが泣きながら走ってくるのです。それから、同じことが毎日繰り返されました。目を凝らして、アンバーが家から八〇〇メートルほどある丘の頂上から全速力で走ってくるのを見ながら、私は罪の意識を覚えずにはいられません。アンバーにとっても私にとっても、何かもっと安心できるような方法があるに違いないと思いました。

その週末、夫と家族全員でその道を歩いてピクニックをすることにしました。子どもたちにジャケットを着せ、ブーツを履かせて、午後いっぱいかけてバスが停まる郵便ポストのところまで皆で歩いていき、それから同じ道を歩いて戻りました。歩きながら、道に落ちている美しい紅葉の葉を拾いあげ、いちばん美しい葉はいちばん背の高い木から落ちたことなどを話しました。家畜脱出防止溝の枕木をよろけながら乗り越え、枕木の上を歩くとき、どうすればバランスがとりやすいかをアンバーに教えたりしました。牧場にいる牛に名前をつけたり、歌をうたったり、蝶も一羽、捕まえました。蝶を手のひらに乗せて見せてあげると、アンバーは驚いた表情で見ていました。

かつては立派な太邸宅だったけれど、今では廃屋になってしまった建物を探検し、森の中を歩き、川を歩いて渡り、いちばん高い丘にも登りました。実際に歩いてみて、この道がどんなに起伏の多い道であるか、私も初めて知りました。

一日中、アンバーは私たちと一緒に頑張って歩き、元気なリーダー役を務めてくれたのでした。一人のときも、このようであってくれたらと願わずにはいられません。

月曜日、アンバーは泣かずに家まで帰りました。しかし、それから二、三日すると、川の中にいる蛇や森の中の生きものに対する恐怖心が戻ってしまったのです。

「あの大きなおうちには幽霊がいるよ」とアンバーは言います。「森の木は大きくて意地悪なの」。私はどうしたらよいか途方に暮れました。

ある夜のことです。声を出して『旧約聖書』を読んでいると、アンバーが「天使って何？」と聞くのです。私はしばらく天使のことは考えたことがありませんでしたから、ちょっと考えて答えました。「神様は私たちを守るために天使を遣わされるのよ。神様は天使たちに私たちを見守るように言いつけるのよ」

アンバーは目を輝かせて叫びました。「私が幼稚園から歩いて帰るときに天使が一緒に歩いてくれるようにお祈りしようよ！」

そこで私たちは祈りました。アンバーは天使が来てくれるようにと祈り、私は神様がアンバーの祈りを聞き届けてくださるようにと祈りました。

翌日の午後、赤ん坊たちを寝かしつけた私は、玄関先に立って様子を見ていました。〈神様、あてにしていますからね。どうぞ、アンバーのために天使を派遣してください〉と私は祈りました。緊張のあまり胃が痛くなりそうです。

アンバーが丘を降りてくるのが見えたその瞬間、何か違うことに気づきました。アンバーは走っていません。急いでもいません。いったい、どうしたのかしら？　アンバーはスキップしながら、いや、踊りながら草の生い茂った丘を降りてくるようです。そして、何かが彼女のまわりを動いているのです。蝶です！　何百羽、何千羽という蝶が、繻子《しゅす》のように輝くアーチをアンバーの頭上につくっているのです！　アンバーが蝶のアーチの下でくるくる回転すると、蝶たちは彼女の目の前の地面に降りて、まるでカーペットが敷かれたみたいです。アンバーは笑いながら、蝶のカーペットの端までそっと歩いていくと、蝶たちはパッと飛び立って彼女の頭上まで行き、帯状の長い列をつくって優しくリードしていきます。丘の上まで飛んで行ったかと思うと、滑るように降りてきます。アンバーは慌てて走っていって蝶たちを迎えます。すると蝶たちはアンバーの頭上にアーチをつくり、それから前方へと飛んでいきます。

この何とも素晴らしいパターンを繰り返しながら、丘を登り、丘を降りて、森を抜け、小川を渡って、このデリケートな飛行集団はアンバーを玄関先までエスコートしてきたのです。私の前まで来ると、蝶たちはさっと舞いあがり、家の後ろにある山へと飛び去っていきました。

「ママ、見た?」とアンバーが跳びあがりながら言いました。「私の天使たちを見た?　私がバスから降りたら、郵便ポストのそばで私を待っていたの」。私は思わずアンバーを抱きしめました。

「家に歩いて帰ることなんて、もう絶対に怖くないわ」とアンバーは笑いながら言ったのです。

自然というのは無限の放送システムで、
神様がこのシステムを使って
毎時、毎時、私たちに語りかけている。
私はそう考えるのが好きです。
もっとも、人間に耳を傾ける気持ちがあればですが。

ジョージ・ワシントン

第26章

決定的瞬間で待つ天使

軍隊では決定的な行動の瞬間を「ゼロ・アワー」という言葉で表現します。このエピソードのいたるところに、災難をぎりぎりの瞬間で回避する神の力を感じます。最後を締めくくるエピソード、「心の掃除」は神様のメッセンジャーはさまざまな姿でやってくることを私たちに思い出させてくれます。誰が慈悲の天使なのか見当もつかないことでしょう。

人ではない声がして

ロバート・J・ケアン

私は組立工として、ペンシルベニア州ニューキャッスルのペンシルベニア工業で午後のシフトに就いていました。鉄鉱石の不純物を燃やす製鉄所の溶鉱炉を造る仕事です。

たいていの工場がそうであるように、実にうるさい場所で、巨大な鉄の切断機が床を響かせ音を立て、溶接機械の耳をつんざくような音、男たちがハンマーで鉄を叩く音がいつもしています。

九年間もそういうところで仕事をすると騒音にも慣れるものです。私の仕事は溶鉱炉のために金属製の円錐状の蓋《ふた》を作ることでした。六十一歳の私はA級の組立工であることを誇りにしていました。複雑なユニットを組み立てるには相当な技術が必要です。組み立て終わったら、それを溶鉱炉の上に据えつけるのですが、溶鉱炉は建物にすれば二、三階の高さがあります。蓋は直径およそ七メートルで、三メートルの高さがあり、十二の三角形のユニットで形成され、溶接されて丸い円錐形になっています。

一つの三角形ユニットの重さは一トン半で、約四センチの厚みの金属ででき、底辺は二メートル、高さが三メートルあります。これらの三角形のユニットは円錐形の蓋の基底部に溶接されます。蓋の基底部は高さが約六〇センチある巨大な鋼鉄の輪です。鋼鉄の粉の臭いが漂う中で、私は三角形のユニットを組み立てるために輪の中に立っていました。一つひとつのユニットが鋲《びょう》で留められ、溶接されていきます。

最初のユニットを助手と一緒に溶接していたとき、問題が起こりました。ユニットの上部は大きなクレーンで支えられています。床から突き出している鋼鉄の山型鉄材（L字形の金属の棒）もユニットの上部を支柱として支えています。ネジ金具を使って巨大な三角形のユニットを鋼鉄の輪に接続する作業を開始したとき、現場監督が「ボブ！」と喧騒の中で私の注意を引くために大声で叫びました。「溶接部門でクレーンが必要なので、移動させるぞ」

私はびっくりして彼の顔を見ました。クレーンの支えがなければ、三角形のユニットは山型鉄材の支えしかなくなってしまいます。現場監督の指示ですから私にはどうしようもなく、仕事を続けるしかありません。

私は山型鉄材にまたがって、三角形のユニットを少しずつ輪にはめる作業を始めます。近くの溶接機の悲鳴が耳をつんざく中で、その作業に集中していました。あと数センチというところで「ボブ、移動しろ！」という大声が聞こえたのです。それは威厳のある声でした。
人間の声ではありません。三角形ユニットの反対側に助手がいるだけで、ほかには誰もいないのです。しかし、私は本能的にまたがっていた山型鉄材から飛び降りて横に移動しました。その瞬間、一トン半ある三角形のユニットが凄じい音を立てて倒れ込んできたのです。肩をかすめたために、私は床に投げ出されました。もしも、山型鉄材にまたがったままだったら、私は真っ二つになっていたところでした。あの声に従って移動したお陰で、脚の複雑骨折と足首の脱臼ですんだのです。

一週間の入院と長い療養生活を経て、松葉杖を使って歩くことができるまで回復しました。それ以来、仕事はできず、いまだに足を引きずって歩いていますが、命を助けてくださった神様に感謝の気持ちでいっぱいです。

思うに、神様はいたるところにおられる。もしも、私たちが耳を澄ましさえすれば、神の声を聞くことができるのです。喧騒の中にあって、あの危機的な瞬間に、神様が送ってくださった天使の声を私が聞くことができたように、誰にでも聞くことができると思うのです。

心の掃除

マリー・タフト・ターリー

十六歳になったばかりの夏、私は父が配属されている陸軍基地のカフェテリアでテーブルを片づけ、食器を洗う仕事をしていました。常連のお客さんは軍人や民間人が入り混じって、いつも賑やかでした。彼らはクロムメッキのテーブルの光り具合で私がそのテーブルの担当であることが分かるなどと言ってくれました。

洗濯を終えてアイロンをかけたばかりの茶色のユニフォームを着て、糊《のり》のきいたエプロンをつけ、ピカピカに磨かれた靴を履いてダイニングルームを歩いて回ります。どこから見ても大佐の娘という感じです。コーヒーカップの音やジュークボックスの喧騒の中で、お客さんと冗談を言い合いながら、フォーミカ（加熱硬化性樹脂の一種で商標名）のテーブルを、ふきんを四回往復させて磨きあげます。この仕事のすべてが秩序正しく完璧でした。ただし、一つの例外を除けば、という話です。その人が今にも現われる時間です。

午前十時四十五分きっかりに、私の手に負えない敵がドアから入ってくるのです。彼は時間に正確で、必ず姿を現わします。もしかすると、それだけが彼の長所かもしれません。

私が磨きあげたブースに、このみすぼらしい浮浪者が座るのを見て私は溜息をつきます。私がせっかくきれいにした場所も昼食で混雑する頃には台無しです。彼はだらしなく髪の毛もバサバサで、おまけに気配りというものがありません。おそらく、これまでの人生で一日も正直に働いたことがないのでしょう。

お客さんが多くなって、私は自分の仕事に集中していました。テーブル32番から聞こえる乱暴な言葉や、もうもうと立ち込めるタバコの煙を無視するのは容易ではありません。私は彼らのテーブルの脇を通りながら、〈声をもっと低くしてください。ほかのお客さんたちに見られても恥ずかしくないのですか？〉と声に出さずに彼らを叱りつけます。

三人の中でも粗末な衣服を着て、長髪をグシャグシャに束ねたろくでなしが最悪でした。彼はブースの片側に一人でだらしなく前かがみに座り、ところかまわず噛みタバコを吐き出します。彼の友人ですら彼から距離を置いて座っています。〈あなた、文明社会に住んでいるのだから、もう少しエチケットを守ってくださいよ〉

やっとのことで彼らが帰ると、嵐が通り過ぎたみたいに散らかったテーブルをきれいにする仕事が待っています。〈神様、あなたは彼を愛しておられるでしょうが、彼のお陰で私の仕事は大変です〉

彼らが座っていたブースのテーブルと座席を拭き、テーブルに散らかっている人口甘味料の使用済みの袋を新しいものと交換していると、胸がむかついてきます。ふきんで最後の仕上げをした私は、キッチンのお皿を洗うシンクの蛇口に行き、高圧で噴出してくるお湯で手を洗います。もう一度、石鹸で手を洗いながら、大好きな『聖書』の一節を思い出していました。〈主よ、私の中に清らかな心をおつくりください。私の中に正しきスピリットを再生してください〉

仕事を終えてカフェテリアを後にした私は新鮮な外気を吸いながら、家までのかなりの道を歩いて帰ることにしていました。しかし、何回も深呼吸をしても、あのブースのひどい悪臭を払い落とすことができません。町の通りをブラブラ歩いていると、何か変な予感がしました。立ち止まって肩越しに振り返ると、あの浮浪者がすぐ後ろにいるではありませんか。

私は早足で歩きはじめましたが、彼も同じ方向に向かっています。角の信号が赤で、止まらざるを得ません。背後には彼の息が感じられるほどです。

その臭いたるや圧倒されるばかりです。〈私は仕事中ではないのですからね。あなたとは関係がないこ

とが分かりませんか？〉

私は苛立った素振りをしながら、ムッとして前の老婦人と犬を追い越し、その前に立ちました。〈彼は汚いだけでなく、危険かもしれない〉

浮浪者は大股で歩いて私のすぐ後ろに来ました。信号が青になった瞬間、私は両側を見て歩き出そうとしました。その瞬間です、彼の強い手が私の肩をつかんで引き戻したのです。〈離してよ！〉

そのとき、白いセダンが角を曲がって物凄いスピードで私の前を走り去っていきました。あと一歩踏み出していれば、それは私の最後の一歩になったに違いありません。

恥ずかしさと感謝の気持ちでいっぱいの私は彼の手を握りしめました。私は初めて彼の外見を忘れて目を見ました。

「あなたは私の命を助けてくれました。ありがとう」と私は言いました。彼はニッコリと笑って立ち去っていきました。

次の日、十時四十五分になるのがもどかしくて待ちきれませんでした。テーブル32番からタバコの煙が立ちはじめても憤りを感じません。頑迷な裁きの思いが心から洗われて消えてしまったからです。彼が私の悪い習慣を洗い流す手伝いをしてくれたお陰で、彼が汚したテーブルを掃除するのが今では楽にできるようになりました。あの日から、彼を浮浪者と呼ぶ代わりに、友達と呼ぶようになりました。

訳者あとがき

本書は『Angels Ever Near : Everywhere from A to Z』の邦訳です。原書の出版社であるガイドポスト社では『Guideposts』という雑誌を毎月発行し、その中でさまざまな人たちが、希望とインスピレーションに溢れた天使との遭遇体験を語っています。そのような話の中から、とくに反響の大きかった体験談をまとめて一冊の本にしたのが本書です。

本書では五十二人の体験談が語られています。天使の姿を実際に見た人もいれば、天使が人間の姿をとって現われて、奇跡を体験した人もいます。でも……と、読者のあなたは疑問を持たれるかもしれません。「天使なんて本当にいるの？　私はまだ見たことがないけど」。多くの人が、そのように思うに違いありません。かく言う翻訳者の私も、天使の姿を実際に見たことはありません。にもかかわらず、私には天使の存在がリアルに感じられて仕方がありません。ここに、その理由を皆さんと分かち合いたいと思います。

妻のジャネットと私には三人の子どもがいます。今では三人とも成人していますが、子育てをしていた頃に、実に不思議な体験をしました。それは今から十七、八年前、子育ての真っ最中でした。当時、本書はまだ本になっていませんでしたが、私たちは雑誌の『Guideposts』を購読していましたので、さまざまな天使との遭遇の話を読んでいました。子育てをしているといろいろなことがあります。一日が終わって、さあこれから眠りに就こうとするときに、子どもは暗闇を怖れて寝付けなかったり、悪夢にうなされたりすることもあります。あるいは、きょう一日を振り返って何か心が落ち着かない、というようなこともあります。明日のことを心配してなかなか眠れないというようなこともあるかもしれません。そんなとき、私たちはこの雑誌に掲載されていた天使との遭遇の物語をひとつ読んであげました。すると、まるで奇跡が起こったように、それまでむずかっていた子どもが安らかになって眠りに就いたのです。そういうわけで、子どもにとっては、眠る直前にこの話を読んでもらうのが大きな楽しみになり、親の私たちにとっては、とてもありがたい眠りと安らぎをもたらす妙薬だったのです。

こうして子どもたちに天使の体験談を読んでいたジャネットは、あるとき突然、はっとしました。彼女は大学時代に人類学を専攻し、二十歳のとき、アフリカを一人で旅した経験があります。ケニヤではヒッチハイクをしながら移動していました。安全のために行く先を告げるサインはつくらず、道路の脇に立っていたそうです。停車してくれた運転手が信頼できそうな人で、安全な状況と思われるときだけ、車に乗ることにしていました。しかし、その日は道路の脇に二時間立っていても、まったく車が通りませんでした。熱い太陽に照らされて絶望的になっていたとき、一台の車が通りがかり、喜んだ彼女は、いつも守っている決まりを忘れて、車に乗り込みました。車に乗り込んだ瞬間、〈これはまずい〉と思ったそうです。運転手の男性が誠実な人でないことが、はっきりと感じられたのです。荷物はすでに車に積まれ、結構ですと言って降りることなどできない状況です。あたりは人っ子一人いない野原なのですから。

そのとき、左肩に何かずしりと重い感じがしました。そして、声が聞こえました。〈この人に信頼の言葉を語りなさい〉。信頼できそうにない人に、信頼していますと言いなさいというのです。そこで、彼女は運転手の目を信頼のまなざしで見つめ、「私はあなたを信頼しています」と言いました。会話をしながら機会があるごとに、いかに信頼しているかを語り続けたのです。最後に、その男性は回り道をしてまで、彼女を目的地に送っていってくれたそうです。

ジャネットはその頃、天使の存在をリアルなものとして考えていませんでした。しかし、いま振り返ってみると、あれは自分の守護天使だったとしか思えないと、子どもたちに天使との遭遇の体験談を読んでいて、突然、そのことに思い当たったのでした。

天使というと、西洋では昔からたくさんの絵に描かれていて、日常生活の一部になっています。西洋の人たちの誰もが、天使の存在をリアルなものと思っているかどうかは別にしても、とにかく、天使はお馴染みの存在です。しかし、日本の伝統的な文化の中では、天使という言葉は使われていません。それでは、日本の人たちは天使と遭遇していないのでしょうか？　私は遭遇していると思うのです。天使という名前で呼んではいないけれど、天使のような存在との遭遇を体験しているに違いないと思います。

私の母は二〇〇五年、あの世に旅立ちました。九十一歳で亡くなったのですが、とくに、これという病気はなく、亡くなる直前まで意識もしっかりとしていました。

ある夜のことでした。亡くなる五日ほど前のことでしたが、妻と私が一緒に病室にいると、母が突然、私たちの背後を指差して、「あの人誰？」と聞きました。私たちには何も見えなかったのですが、母が指差している方向と角度を見ると、私たち人間よりも大きい存在のようでした。「どういう感じの人ですか？」と聞くと、「とっても美しくて、愛情が溢れているような優しい感じの人」と答えてくれました。妻のジャネットが、「天使さんが迎えに来てくれたのね」と言うと、母は「そう」と答えていました。こういうことが二度ありました。

この話を友人にしたところ、親を亡くしたことのある人は、同じようなことがあったと話してくれました。本書の中でも、まもなくあの世に旅立つ人のところに天使が迎えに来た話が語られています。

私が言いたいことは、天使を信じるか信じないかは別にして、本書の話を読んでみてくださいということです。そこで、ご自分に何が起こるか観察してほしいのです。

私の体験を話しますと、これまで三十冊ほどの本を翻訳していますが、その最中に、これほど泣いたことはありません。話の中で天使が登場する場面が来ると、どっと涙が出てくるのです。それは悲しみの涙でもなく、喜びの涙というのでもありません。いや、喜びの涙にかなり近いかもしれないのですが、この世の真実に出合えた感激かもしれません。辛い人生を生きている人間、死に直面して苦しみの最中にある人間に、天使が助けの手を差しのべてくれるとき、希望が湧いてきます。一見すると、たくさんの苦しみがあるように思われるこの世の中にも、希望があるのだという発見、それが涙を流させるのかもしれません。

こうして涙を流したあと、何か自分が優しくなっているように思うのです。この人生も捨てたものではないじゃないか。目には見えないけれど、天使という存在がいて私たちに援助の手を差しのべてくれる、心強い話です。

しかし……と、読者のあなたはここでも疑問を感じられるかもしれません。世の中にはずいぶんひどいことが多すぎるじゃないか。戦争で人は殺され、世界中で人はさまざまな苦しみの中にあり、最近の日本では、幼い子どもが殺されるというような事件が、後を断たないじゃないかと思われるかもしれません。天使のような存在がいるならば、このような人たちはどうして助けてもらえないのだろうと思われるかもしれません。

確かにその通りです。この世の中には説明不可能なことがあります。これも、そういうことの一つかもしれません。しかし、大切なことがあります。本書に登場する五十二人の人たちは、いずれも天使の存在を信じているということです。もう一つの点は、自分ではどうにもならないと観念したとき、目に見えない存在に助けを求めているという事実です。

「叩けよ、さらば開かれん」という諺《ことわざ》があります。ひょっとしたら天使という存在も、一つのドアなのかもしれません。そのドアを叩くのは私たち人間でなければならない。天使のドアを叩いたとき、天使さんたちがドアを開けてくれて、苦しみから解放された喜びの世界に入ることができるのかもしれません。本書を読んで、天使さんという可能性のドアを叩いてみたいと思われたら、そっと叩いてみたらどうでしょうか。

翻訳を終えた本書の原稿を読んだ編集者の片田雅子さんが、こういう話をしてくれました。まず一つは、私と同じように、原稿を読みながら何度も涙したということ。もう一つは、本書の体験談を読んだあとに、何か自分が優しくなったような気がするというのです。これまでは車の運転をしていて、交通違反や危険な運転をしている人を見かけると、あまりいい気分はしなかったそうですが、今では、〈天使さん、どうぞあの人を守ってあげてください〉と心の中で思うようになったというのです。

読者のあなたが、どのような体験をされるか分かりませんが、天使さんに遭遇した人たちの話を通して天使さんと出会ってみてください。よかったら友達になってみてください。これまでには考えられなかったような人生の楽しい冒険のきっかけになるかもしれません。

最後に次の方々に心から感謝申しあげます。本書の出版を快く引き受けてくださった、太陽出版社長の籠宮良治氏、いつも喜びの波動の中で、誠実な仕事をしてくださる編集部の片田雅子さん、素敵なカバーデザインをしてくださった日比野智代さん、いつも愛情と喜びに満ちたサポートをしてくれる妻のジャネット。そして、この本を手にとってくださっているあなた、本当にありがとう。

二〇〇六年五月二十二日　新緑の山中湖にて

大内　博

訳者紹介

大内　博（おおうち・ひろし）
1943年、福島県生まれ。上智大学外国語学部英語学科卒業後、英語教師となるが、後に東西文化交流センター留学生として、ハワイ州立大学大学院で第二言語としての英語教育を専攻。現在、玉川大学文学部教授。著書に『感情表現の英語』（研究社）、ジャネット夫人との共著に『名言の英語』（講談社インターナショナル）、『言葉の波動で生き方が変わる』（大和出版）、訳書に『ゆるすということ』（サンマーク出版）、『聖なる愛を求めて』『生命の贈り物』『愛の使者トーマスからのメッセージ』（いずれもナチュラルスピリット）、『プレアデス＋かく語りき』『プレアデス＋地球をひらく鍵』『ファースト・サンダー』『スーパー・アセンション』『愛への帰還』『ウエティコ　神の目を見よ』『光の翼』『黄金の約束』『聖なる探求』『ヴァーチューズ・プロジェクト 52の美徳 教育プログラム』（いずれも太陽出版）ほかがある。

＜訳者主催のワークショップ＞
『奇跡についてのコース』『ゆるすということ』『生命の贈り物』『光の翼』『黄金の約束』『聖なる探求』を基本にしながら、「安らぎのワークショップ」を開催しています。ゆるしによって心を解放し、自分を豊かにし、他人をも豊かにしながら、人生の無限の創作を楽しみませんか。

＜問い合わせ・申し込み先＞
大内　博――〒401-0502　山梨県南都留郡山中湖村平野3623-1
FAX――0555-62-3184
E-mail――hiroshi@mfi.or.jp
ホームページ―http://www.mfi.or.jp/hiroshi/

天使の証明

――神のメッセンジャーと遭遇した52人――

2006年7月7日　第1刷

［編著者］
エヴリン・ベンス

［訳者］
大内　博

［発行者］
籠宮良治

［発行所］
太陽出版

東京都文京区本郷4-1-14　〒113-0033
TEL 03(3814)0471　FAX 03(3814)2366
http://www.taiyoshuppan.net/
E-mail　info@taiyoshuppan.net

装幀・レイアウト=日比野智代
［印刷］壮光舎印刷［製本］井上製本
ISBN4-88469-475-9